WESTEND

WOLF WETZEL

Die drei Hälften meines Lebens

Opfer, Täter, Störenfried

WESTEND

Mehr über unsere Autoren und Bücher:
www.westendverlag.de

Die Deutsche Nationalbibliothek verzeichnet diese Publikation in
der Deutschen Nationalbibliografie; detaillierte bibliografische Daten
sind im Internet über http://dnb.d-nb.de abrufbar.

ISBN: 978-3-86489-455-8
1. Auflage 2024
© Westend Verlag GmbH, Waldstr. 12 a, 63263 Neu-Isenburg 2024
Umschlaggestaltung: Buchgut, Berlin
Cover-Motiv: Startbahn-West-Proteste, Frankfurt am Main am 23.1.1982,
© picture-alliance/ dpa | Roland Holschneider
Satz: Publikations Atelier, Weiterstadt
Druck und Bindung: Friedrich Pustet GmbH & Co. KG, Gutenbergstraße 8,
93051 Regensburg
Printed in Germany

Inhalt

Vorwort: Die drei Hälften meines Lebens

In der ersten Hälfte des Lebens lebt man fast nur das Leben der anderen ... der Eltern, der Lehrer, der Erzieherinnen, der Erwachsenen: der Übermächtigen.

In der zweiten Hälfte lebt man – wenn es gut läuft – gegen das, was bereits in einem ist und was von außen dazukommen will. Am besten gelingt das, indem man die Einflüsse der ersten Hälfte leugnet beziehungsweise nicht wahrnimmt.

In der dritten versucht man, zu sich selbst zu kommen, die erste Hälfte zu begreifen, die Fremdherrschaft nicht mehr zu leugnen, sondern die vielen Gesichter dieser Macht zu vermessen. Damit einher geht die Erfahrung, dass das Gegen-Leben in der zweiten Hälfte nicht frei war und dass man sich Zug um Zug daranmachen muss, im dritten Teil des Lebens über die ersten beiden Hälften hinauszuwachsen.

Neunmalkluge werden einwenden, dass man nach Adam Riese nur zwei Lebenshälften hat. Eine dritte gäbe es nicht. Das stimmt. Jedenfalls rechnerisch. Aber ich rechne ja nicht. Ich blicke auf mein Leben und versuche es zu begreifen. Dieses Buch ist also meinen drei Lebenshälften gewidmet.

Die erste Hälfte meines Lebens

Die Vergewaltigung

1925

Anne Fütterer wurde 1902 geboren. Ihr habe ich zu verdanken, dass ich einen Vater habe. Ich bin ihr zum ersten Mal begegnet, als ich 2002 in SS-Unterlagen, die im Wehrmachtsbundesarchiv in Berlin aufbewahrt sind, nach dem Leben meines Vaters suchte. Da habe ich sie kennengelernt.

Anne Fütterer, meine Großmutter, hatte eine Kindheit, von der ich nichts weiß. Gewiss stand ihr nicht die ganze Welt offen. Sie war Dienstmädchen im Schlossgartenhotel in Stuttgart. Dort kam es 1925 wohl zu einem Seitensprung aus den Klassenverhältnissen. Es war ein Geschäftsmann aus Wien. Ob es ein Seitensprung war, den beide wollten, darf man bezweifeln. Das Ergebnis hatte sie jedenfalls auszubaden, ganz alleine. Sie wurde schwanger.

Abtreiben konnte und wollte sie nicht. So wenig das Kind gewollt war, so klar war ihr mit ihren 23 Jahren: Sie kann dieses Kind nicht großziehen. Bevor es zur Welt kam, ging Anna zum Jugendamt in Tübingen. Sie gibt an, dass sie für dieses uneheliche Kind nicht aufkommen könne, und beantragt die Amtsvormundschaft. Dazu füllt sie einen Fragebogen aus, der unter anderem Auskunft darüber geben soll, wer der Vater dieses unehelichen Kindes ist:

Name: Josef Paul Günther
Geburtstag und -ort: 31 Jahre, Wien
Beruf: Kaufmann

Anerkennt er die Vaterschaft: Nein

Am 13.6.1926 bringt Anna das Kind zur Welt. Es bekommt einen Namen: Willy Fütterer. Irgendwann später wird es mein Vater. Die ersten Tage verbringt es im Säuglingsheim in Beil bei Tübingen. Dann wird es ans Steudelsche Kinderheim in Freudenstadt abgegeben. Das Jugendamt in Tübingen leitet Ermittlungen ein, die die Angaben der Mutter überprüfen sollen. Schließlich sind Kosten entstanden.

Das Schlossgartenhotel in Stuttgart bestätigt, dass sich dort ein Josef Günther, Direktor, geboren am 29.6.1895 in Wien, Wohnort Wien, eingeschrieben habe. Daraufhin werden die Behörden in Wien – im Rahmen der Amtshilfe – eingeschaltet. Nachdem seine aktuelle Wohnadresse feststeht, wird Josef Günther auf eine Wiener Polizeidienststelle vorgeladen und zur »Sache« vernommen. Josef Günther bestätigt, dass er »in Büroartikeln reise« und immer wieder geschäftlich in Deutschland zu tun habe. Auch sei er im Jahre 1925 in Stuttgart gewesen, mit seiner Frau und einem gemeinsamen Kind. Sie hätten im Hotel Zum schwarzen Hahn logiert: »Meine Frau reiste mit dem Kinde nach vierwöchigem Aufenthalt über München nach Wien zurück, während ich selbst meine Familie bloß bis München begleitete und dort verblieb. Nach circa drei- bis vierwöchigem Aufenthalte in München reise ich ebenfalls nach Wien.«

Auf die Frage, ob er einer Frau Anna Fütterer begegnet sei, gibt er zu Protokoll: »Eine Anne Fütterer ist mir gänzlich unbekannt.«

Das Rätsel, wer dann aber jener Josef Günther sei, der sich tatsächlich im Schlossgartenhotel mit seinem Pass eingeschrieben habe, löst Josef Günther mit einem Schwager auf. Dieser habe ihm 1925 seinen Pass gestohlen. Seitdem reise der unter falschem Namen. Ein paar Monate später sei der Schwager an der jugoslawischen Grenze im Zuge einer »Schmuggelaffäre« festgenommen und der falsche Pass eingezogen worden. Auf die Frage, ob er ein aktuelles Passbild habe, um es den deutschen Behörden zu überlassen, ist Josef Günther unpässlich: »Ein Lichtbild vorzulegen, bin ich derzeit nicht in der Lage, da ich keines besitze.«

Seine Frau, die ebenfalls vernommen wurde, widerspricht der Version ihres Mannes an entscheidender Stelle: »Mein Mann verblieb nach meiner Rückreise (am 1.6.1925) noch circa vier Wochen in Stuttgart und wohnte – meines Wissens – auch weiterhin im gleichen Hotel.«

Mehr geht aus den Unterlagen nicht hervor. Alleine die spärlichen Hinweise und die offensichtlichen Widersprüchlichkeiten hätten ausreichen müssen, die Ermittlungen weiterzuführen. Weder wurde den unterschiedlichen Angaben von Josef Günther beziehungsweise seiner Ehefrau nachgegangen, noch wurde die Behauptung überprüft, ob und wie lange die Familie Günther tatsächlich im Hotel Zum schwarzen Hahn in Stuttgart eingeschrieben war. Genau so wenig kamen die damit betrauten Beamten auf die raffinierte Idee, Herrn Josef Günther von einem Polizeifotografen aufnehmen zu lassen, um dieses Foto Anna Fütterer und den Angestellten im Schlossgartenhotel in Stuttgart vorzulegen. Doch die geradezu ins Gesicht springende Weigerung, behördlicherseits weiter zu ermitteln, lässt die Angelegenheit hier enden.

Die eine war eben nur ein Dienstmädchen und der andere ein Geschäftsmann aus Wien.

Vom Waisenbub zur Waffen-SS

1928–45

Zwei Jahre verbrachte der mit dem Namen Willy Fütterer in die Welt Gesetzte im Steudelschen Kinderheim in Freudenstadt, bis sich die kinderlosen Studienrats-Eheleute Wetzel entschließen, das »Mündel« in »kostenloser Pflege« zu sich zu nehmen. Alles schien gut zu gehen. Darüber gibt zumindest ein Schreiben des Steudelschen Kinderheimes Auskunft: »Ihr lieber ausführlicher Brief hat uns sehr gefreut … Es freut uns so, dass sich Willy nun so gut eingelebt hat und sie alle Freude an ihm haben. Sie dürfen mir glauben, dass es mir stets ein großes Anliegen ist, dass meine Schutzbefohlenen auch wirklich gut untergebracht sind und dann noch, dass die Eltern, die so arme Kindle aus Liebe annehmen, auch befriedigt sind und nicht enttäuscht werden. Dass das aber immer schwierig ist, dürfen und werden Sie mir glauben …«

Nur wenn die Pflegeeltern einmal enttäuscht waren, schimpften sie das »arme Kindle« als »Waisenbub« und drohten damit, es ins Heim zurückzubringen. So wuchs das Kind, mein späterer Vater, in ordentlichen deutsch-nationalen Verhältnissen auf.

Mit etwa zehn Jahren kam Willy zum »Jungvolk«, 1940 trat er in die »Hitlerjugend« ein. Im selben Jahr wurde die »Kindesstattannahme«, die Adoption, also urkundlich beglaubigt. Anna Fütterer, die zwischenzeitlich geheiratet hatte und in Berlin-Dahlem lebte, willigte ein. Auch Willy, nun 14 Jahre alt, unterschrieb einen »Annahme-Vertrag«.

Von 1941 bis 1943 besuchte Willy die Gewerbliche und Kaufmännische Berufsschule in Schorndorf. Dann überschlugen sich die Ereignisse. Mit noch nicht ganz 17 Jahren erklärte Willy Fütterer den Austritt aus der katholischen Kirche. Da er sich freiwillig bei der Waffen-SS melden wollte, rechnete er sich mit dieser antibürgerlichen Geste bessere Chancen aus, angenommen zu werden. Nur einen Monat nach seinem Kirchenaustritt wurde er am 24.3.1943 für tauglich erklärt. Zwei Monate später hielt er den Annahmeschein des Ergänzungsamtes der Waffen-SS in Stuttgart in seinen Händen: »Sie werden hiermit als Freiwilliger für die Waffen-SS, nachdem das Wehrbezirkskommando Esslingen/N. Sie hierfür freigegeben hat, angenommen.«

Er brach die Schule ab und wurde der 9. SS-Panzer-Grenadier-Division »Hohenstaufen« zugeordnet. Dieser SS-Kampfverband wurde 1942 in Frankreich aufgestellt und bestand aus etwa 70 Prozent Wehrpflichtigen und Teilen der »Leibstandarte Adolf Hitler«.

In Holland wurde er in aller Eile zum Grenadier ausgebildet. In den knapp eineinhalb Jahren, die Willy Fütterer bis zur militärischen Kapitulation blieben, wurde fast alles an ihm kaputtgeschossen. Wahrscheinlich in Belgien wurde er aus den Bordwaffen eines Flugzeugs der Alliierten beschossen und kam so zu seiner ersten Kriegsverletzung, zu einem Durchschuss der rechten Hand.

Während einer »Partisanenbekämpfungsaktion« hatte seine Einheit den Auftrag, ein Haus zu »säubern«. Dabei wurde er durch einen Stilettstich in den Hals schwer verletzt. Als er wieder kriegstauglich war, wurde Willy Fütterer 1945 in der Ardennenoffensive an die französische Front versetzt. Während eines nächtlichen Patrouillenganges kam es zu einem Nahkampf. Ein US-Soldat schlug ihm einen Spaten auf den Kopf und verletzte ihn schwer. Er wurde in den nahe liegenden Gefechtsstand gebracht, der kurze Zeit später unter Beschuss geriet und zerstört wurde. Nach dem Angriff barg man Willy Fütterer aus den Trümmern des Gefechtsstandes. Nach zweimonatigem Lazarett-Aufenthalt in Bad Ahrweiler schrieb man ihn wieder »kv« (kriegsverwendungsfähig) und versetzte ihn nach Wien.

Die letzte Kriegsstation als Mitglied der Waffen-SS sollte Ungarn sein. Der Roten Armee war es bis Ende 1944 gelungen, die Donau zu überschreiten, die Hauptstadt Budapest einzuschließen und auch südlich des Plattensees weit nach Westen vorzustoßen. Um die drohende Einkesselung der deutschen Verbände in Budapest abzuwenden, sollten zusätzliche Verbände herangeführt werden, um die »Verteidiger« der ungarischen Hauptstadt vor der Kapitulation zu bewahren. Trotz des Scheiterns der letzten großen Offensive an der Westfront befahl Adolf Hitler, die 6. SS-Panzerarmee nach Ungarn zu verlegen. Diese Panzerarmee war zumindest auf dem Papier mit der 1. SS-Panzerdivision »Leibstandarte«, der 2. SS-Panzerdivision »Das Reich«, der 9. SS-Panzerdivision »Hohenstaufen« und der 12. SS-Panzerdivision »Hitlerjugend« die beste Division der Waffen-SS. In Wirklichkeit war sie aber nur zum Teil einsatzbereit und bereits von hohen Verlusten und wachsender Demoralisierung gezeichnet. Aus dem »Unternehmen Frühlingserwachen« wurde ein Alptraum. So auch für Willy Fütterer.

Nach einem Artilleriebeschuss wurde er aus der offenen Panzerluke geschleudert und landete mit mehreren Splittern in Bein und Oberschenkel und einem Steckschuss am Oberarm im Graben. Man transportierte ihn in ein Lazarett nach Wien. Dort wurde er dienstunfähig geschrieben und in das Heimatlazarett nach Schorndorf zurückgeschickt. Einen Monat später marschierten die Alliierten in Schorndorf ein. Willy Fütterer wurde am 11.4.1945 festgenommen und im US-Internee Camp 74 der Dritten Amerikanischen Armee in Ludwigsburg interniert. Ihm wurde die Mitgliedschaft in der Hitlerjugend und in der Waffen-SS vorgeworfen. Im Kriegsgefangenen-Formular, das ihm im Internee Camp 73 der Siebten Amerikanischen Armee vorgelegt wird, machte er folgende Angaben:

An officer of the N.S.D.A.P. or one of its affiliates or approved organisations – Nein

Military Occupation – Schütze
Abt. oder Org. bei Gefangennahme – Infanterie der Waffen-SS
Auskunft über Dienststelle – Aufkl.Abt. LG
Auskunft über die Division – SS-Panzer-Grenadier-Division Hohenstaufen
Dienstgrad – SS-Schütze
Zuständiges Wehrbezirkskommando – Esslingen

Knapp anderthalb Jahre später wurde Willy Fütterer aus dem US-Internierungscamp entlassen. Ende 1947 stellte er aufgrund seiner Kriegsverletzungen einen Antrag auf Rente nach dem KB-Leistungsgesetz. Eine »Minderung der Erwerbsfähigkeit« (MdE) von 70 Prozent wurde festgestellt, was ihm eine Rente von etwa 300 Mark sicherte. 1950 wurde sein Rentenanspruch überprüft. Als »labiler Psychopath« wurde ihm die bislang gewährte Rente entzogen.

Ich kann nicht ausschließen, dass mein späterer Vater auch ein »Psychopath« war. Das ändert aber nichts an den zahlreichen Kriegsverletzungen, worunter ich – ohne in die medizinische Erkenntnislage einzugreifen – eine psychopathische Erkrankung dazuzählen würde, wenn man berücksichtigt, dass für einen 16-jährigen Junge die Waffen-SS eher ein Zuhause war als das Elternhaus, dem er entrinnen wollte.

Ich fragte oft meine Mutter, was sie über die Kriegserlebnisse meines Vaters wusste. Ich wollte von ihr hören, was sie dazu als Erinnerung abgespeichert hatte. Aber bei diesem Thema war sie sehr schmallippig. Ich musste ihr jeden Wurm aus der Nase ziehen, was meist in der Antwort endete: »Ja, so ähnlich wird es gewesen sein.«

Mir blieb bei dieser ganzen Fragerei nur eine Bemerkung hängen, die sich bei mir festhakte: »Na, da war noch etwas, irgendein Streit, der deinen Vater sehr belastet hat.«

»Um was ging es dabei?«

»Ich kann dir das nicht genauer sagen. Da musst du deinen Vater fragen.«

Das jedoch tat ich nie.

Das Schloss und die Nazis

1931–53

Fast ihre gesamte Kindheit und Jugend verbrachte meine Mutter im württembergischen Schloss Altmannshofen, einem geradezu märchenhaften Ort. Vielleicht kommt daher meine Liebe zu Burgen, Befestigungen und Wassergräben. 1931 hatte mein Großvater Gustav Pazaurek, Leiter des städtischen Landesgewerbemuseums in Stuttgart, das Schloss Altmannshofen für 20 000 Mark gekauft und hatte sich damit, kurz vor seiner Pensionierung, seinen Jugend- und Lebenstraum erfüllt. Gerade einmal vier Jahre konnte er seinen herrschaftlichen Alterssitz genießen.

Meine Mutter war fünf Jahre alt, als sie beobachtete, wie ihr Vater, im Sessel sitzend, plötzlich zur Seite hin wegkippte. Die Reaktion ihrer Mutter verriet ihr, dass etwas Schlimmes passiert war. Sie wurde sofort aus dem Zimmer gebracht. Gustav Pazaurek verstarb an diesem Mittag, dem 27.1.1935, in aller Seelenruhe.

Altmannshofen bestand aus nicht mehr als dem Schloss, ein paar vereinzelten Häusern und einer Kirche. Der ganze Ort zählte etwa 200 Einwohner. Die nächstgrößere Kleinstadt Leutkirch war für meine Mutter ihre Großstadt. Dazu gehörte auch ein Kino.

Während man über die enttäuschende Gebietsreform 1938 noch etwas erfährt, existiert der deutsche Faschismus in dieser Stadtgeschichte nicht. Auch wenn Leutkirch für die faschistische »Bewegung« nicht ins Gewicht fiel, so war die Zustimmung zur NSDAP doch beachtlich. Im Oberamtsbezirk Leutkirch ging die Reichstagswahl vom 5. März 1933 wie folgt aus:

Von 2 945 Stimmberechtigten wählten 1 166 die NSDAP, 1 263 die Württembergische und Hohenzollner Zentrumspartei, 121 die SPD und 67 die KPD. Fast 40 Prozent wählten also die NSDAP.

Mit welcher Inbrunst die Gemeinsamkeiten zwischen der nationalsozialistischen und deutschnationalen Zentrumspartei betont wurde, bezeugt ein Kommentar des *Allgäuer Volksfreund* vom 6.3.1933: »Die gestrigen Reichstagswahlen standen im Bezirk wie überall im Reich im Zeichen der Zunahme der nationalsozialistischen Stimmen. Andererseits hat sich die Zentrumspartei bei dem schweren Ansturm der Nationalsozialisten tapfer geschlagen und konnte sich im Wesentlichen behaupten. (…) In den meisten Landgemeinden hat sich das Zentrum recht wacker gehalten, während die Nationalsozialisten andererseits vielfach einen großen Stimmenzuwachs gegenüber der letzten Wahl registrieren können. (…) Sie konnten ihre Stimmenzahl im Bezirk von 2 922 auf 6 083 Stimmen erhöhen, also mehr als verdoppeln (…). Die Nationalsozialisten (…) haben in wuchtigem Ansturm und in vorbildlichem Eifer ihre Stellungen verstärkt und ausgebaut. Nun ist der Kampf vorüber. Nun kommt die Zeit der positiven, verantwortungsvollen Arbeit für Volk und Vaterland. (…) Möge es im neuen Reich allen gesunden, aufbauwilligen Kräften ermöglicht werden, sich für das Vaterland einzusetzen. Möge aller Hass und Groll, der sich im Bezirk über die Wahlzeit erhob, nun zu Grabe getragen werden und einer aufrichtigen, vertrauensvollen Zusammenarbeit zwischen den einzelnen Richtungen zwischen Stadt und Land Platz machen. Wir gehören doch alle zusammen und sind auf Gedeih und Verderb auf einander angewiesen. (…) Möge der gestrige Tag dem deutschen Volk das Tor zu besseren Tagen öffnen. Heil Deutschland!«

Der »Kampf gegen den Faschismus« war im bürgerlichen Lager ein Kniefall.

Ungefähr 70 Jahre später bat ich meine Mutter, mir Leutkirch zu zeigen und mir etwas über ihre Kindheit zu erzählen. Zuerst statteten wir meinem Geburtsort einen Besuch ab, dem damaligen städtischen Spital, das von der evangelischen Kirche unterhalten wurde. Wenig später kamen wir an einer Bäckerei vorbei.

»Guck mal. Da haben wir nicht nur unser Brot gekauft. Dort konnte man auch baden!«

»Wie, in dieser Bäckerei? Du willst mich auf den Arm nehmen!«

»Nein. Damals gab es noch kein Schwimmbad und ein Bad hatten die wenigsten. Selbst das Schloss Altmannshofen verfügte über keine Badewanne mit entsprechendem Ofen. So schlug die Bäckerei zwei Fliegen mit einer Klappe: Sie backten Brot und nutzten die Abwärme zum Erhitzen von Badewasser, das man im 1. Stock des Fachwerkhauses in einem Boiler sammelte. Dort stand in einem kleinen Zimmer eine Badewanne, in die man sich für eine Reichsmark legen konnte. Die Nachfrage war so groß, dass alles nur auf Vorbestellung lief.«

»Und woher wusstet ihr von dieser Möglichkeit?«

»Im Schaufester hing ein Schild: ›Wannenbad‹. Das war unsere Badeanstalt im Ort. Und ungefähr einmal die Woche habe ich mir diesen Luxus geleistet.«

Wir kamen an einem Platz vorbei, mit einem großen Gebäudekomplex in der Mitte. Ohne dass ich gefragt hätte, sprudelte es aus Gertrud, meiner Mutter, heraus: »Das war das größte Bekleidungsgeschäft damals. Es gehörte einem Herr Golowitsch, einem Judd.«

Ich schluckte, mit welcher giftigen Kürze das Wort aus ihr herausschoss. *»Du meinst, er war ein Jude.«*

»Ja, ja, das ist doch dasselbe.«

»Was machte er beziehungsweise seine Familie während der NS-Diktatur?«

»Ich weiß es nicht mehr genau. Irgendwann war er weg.«

»Und nach dem Krieg? Kam er zurück?«

»Ich weiß es nicht. Ich kann mich aber daran erinnern, dass er der Erste war, der mit Preisen wie 0,99 Mark geworben hatte.«

Der erste Satz roch nach einer glatten Lüge. Der zweite Satz stand in keinem Zusammenhang zu meiner Frage. Ich merkte, dass ich jetzt ganz vorsichtig sein musste, damit ihr Erinnerungsvermögen nicht schlagartig erlosch. Wir liefen weiter, wechselten das Thema, wurden etwas unverfänglicher und passierten das einzige Kino, das in seinem Äußeren zwischen Reminiszenz und Galgenfrist verharrte. Für meine Mutter war das Kino in den 1930er- und 1940er-Jahren das einzige Vergnügen, das sie sich leisten konnte. Nachdem sie meinen Vater kennengelernt hatte und die beiden gemeinsam im Schloss Altmannshofen wohnten, besuchten sie des Öfteren das Kino – was mit einer anschließenden dreiviertelstündigen Rückfahrt mit dem Fahrrad verbunden war.

Auf dem Rückweg kreuzten wir abermals den Platz, wo sich auch heute noch ein Bekleidungsgeschäft befindet, nur nicht mehr im Besitz des eigentlichen Eigentümers. Betont nebensächlich zeigte ich mit dem Kopf auf das Bekleidungsgeschäft: »*Wer hat das Geschäft nach dem Krieg weitergeführt?*«

»Es war ein Herr Fischer.«

»*Hat er das nach dem Krieg übernommen?*«

»Nein, das war noch während des Krieges.«

»*Das heißt doch, dass Herr Gollowitsch und seine Familie verhaftet und sehr wahrscheinlich im KZ umgebracht wurden! Danach wurde das Geschäft ›arisiert‹ und Herr Fischer neuer Besitzer?*«

»Schon möglich, ja.«

Gertrud sagte das in einer Knappheit, die signalisierte, dass sie sich nun an nichts Weiteres erinnern wollte. Und so war es auch.

Mit diesen wenigen, aber ausreichenden Andeutungen wandte ich mich an die Stadtverwaltung in Leutkirch. Dort wurde ich auf ein von ihr herausgegebenes Festbuch verwiesen, das die Chronik der Stadt Leutkirch zusammenfasst. Tatsächlich befasst sich das 384 Seiten starke Buch »In und um Leutkirch. Bilder aus zwölf Jahrhunderten. Beträge zum Stadtjubiläum 1993, Hsg.: Große Kreisstadt Leutkirch im Allgäu« in vierzehn Seiten mit dem Schicksal der Familie Gollowitsch. Verfasst wurde dieses aufschlussreiche Dokument vom damaligen Stadtarchivar Emil Hösch: »Die Gollowitsch in Leutkirch. Schicksal einer jüdischen Familie«. Diesem Bericht zufolge übernahm 1905 der Kaufmann Lippmann Gollowitsch das ansehnliche Gebäude. Das Geschäft lief so gut, dass er dazukaufte und sein ›Kaufhaus zum Anker‹ zu einem Textilgeschäft ausbauen konnte, das weit über das Gebiet der heutigen Großen Kreisstadt Leutkirch hinaus einen guten Namen und zahlreiche Kundschaft hatte. Wie stark die Familie Gollowitsch mit antisemitischen Ressentiments zu kämpfen hatte, erfährt man nicht. Der Bericht erwähnt hingegen das einschneidende Jahr 1938, als ihr Geschäft »arisiert«, also die Familie Gollowitsch beraubt wurde: »Die nach 1939 noch in Deutschland lebenden Angehörigen der Doppelfamilie Friedrich und Heinrich Gollowitsch wurden alle Opfer der nationalsozialistischen Judenverfolgung und -vernichtung; jeweils eine Tochter hatte sich diesem Schicksal durch Auswanderung entziehen können.«

Dankenswerterweise ist dem Bericht auch zu entnehmen, wie die »Arisierung« vonstattenging: Sie war ein Zusammenspiel aus Antisemitismus, Rechtsbrüchen und Geschäftssinn. Denn bei dem erzwungenen »Verkauf« des Gebäudes spielten die Stadtverwaltung, die Gerichte und deutsche »Investoren« blendend zusammen. Am Ende des »Enteignungsverfahrens« war die Stadtverwaltung mit 14 000 Mark dabei. Die andere Hälfte kam von »Leutkircher Volksgenossen, die nicht genannt werden wollen«.

1938/39 war meine Mutter dem Bund Deutscher Mädchen/BdM beigetreten. Da war sie gerade einmal zehn Jahre alt. Zweimal in der Woche hatte sie Dienst. Im nahe gelegenen Memmingen fanden die BdM-Gruppentreffen statt, an denen etwa 30 Mädchen teilnahmen.

»Was habt ihr da gemacht? Weißt du das noch?«

»Ich kann mich daran erinnern, dass wir in einer Gruppe von Mädchen Spielzeug gebastelt haben, Puppen zum Beispiel, die wir anschließend an kinderreiche und arme Familien verteilt haben. Und manchmal haben wir auch Lieder gesungen, also gemeinsam geübt. Ja, das war alles ziemlich locker. Man traf sich für ein paar Stunden, machte etwas zusammen, ja, so eben.«

»Und kannst du dich sonst noch an etwas erinnern? Ihr wart ja in einer Jugendorganisation der NSDAP organisiert. Da fanden doch bestimmt auch ideologische Schulungen statt …«

»Na, so war das auch nicht, nein. Na ja, ein paarmal haben wir auch Marschformationen geübt …«

»Wozu denn das?«

»Wenn es größere Feste gab, haben wir vom BdM dort Aufstellung genommen und irgendwann auch die Lieder gesungen, die wir vorher geübt hatten.«

»Bei dieser Art von Festen kamen doch bestimmt Nazi-Größen und hielten Reden?«

»Das kann schon sein. Ich weiß es nicht mehr so genau.«

»Und was für Lieder habt ihr da gesungen? Kennst du ein paar Titel?«

Gertrud lachte. »Die meisten Lieder drehten sich damals um den Osten.« Dabei zuckte sie mit den Schultern und fuhr fort: »Die Gefahr kam damals vom Osten, so wurde das jedenfalls gesehen. Ich weiß nicht mehr genau die Titel, aber so ähnlich wie ›Im Osten ist unsere Zukunft‹ oder ›Der Osten hat's uns angetan‹ müssten sie geheißen haben.«

»Das alles war ja während des Krieges. Habt ihr da nicht bestimmte Funktionen übernommen?«

»Irgendwann wurde ein Sanitätskurs bei uns abgehalten. Man nannte das Gesundheitsdienst oder so. Aber viel haben wir da nicht gelernt. Das hätte bestenfalls für kleinere Verletzungen gereicht.«

»Du warst da ja ein paar Jahre. Hast du nicht mit der Zeit eine höhere Funktion eingenommen?«

»Ich war damals Schaftführerin.«

»Was war das in der Hierarchie des BdM?«

»Das bedeutete den untersten BdM-Grad. Eine Schaft umfasste etwa zehn Mädchen. Die nächste Stufe war die Scharführerin, die für zwei bis drei Schaften verantwortlich war, und der war wiederum die Gruppenführerin übergeordnet. Also, wie gesagt, nichts Berühmtes.«

Das alles müsste sich zwischen elf und sechzehn Jahren abgespielt haben.

Als meine Mutter starb und ich ihre Wohnung auflöste, fand ich unter anderem Aufzeichnungen von einer »Feierstunde zum 1. September 1940 im Lager 15/92 Bockhorst«, an deren Durchführung Gertrud beteiligt war. Eine durchorchestrierte Mischung aus faschistischer Geschichtsschreibung und -propaganda, versetzt mit und umrahmt von deutschtümelndem Liedgut: Mit dem Lied »Volk will zu Volk …« wurde die Feierstunde eröffnet. Dem folgte ein Kapitel aus dem Buch »Blitzkrieg in Polen«: »Die Geschichte des polnischen Feldzuges ist bekannt. Das Versailler Diktat schaffte neben der Grundtendenz, Polen als ewigen Bedrücker im Rücken Deutschlands (…)«

Bei anderen Gelegenheiten ließ man die Festakte mit Liedern, Gedichten und Prosa, die in ihren Titeln von »Es tagt der Sonne Morgenstrahl« über »Mutter Erde« bis zu »Vaterland in tausend Jahren kam dir solch ein Frühling kaum« von Max von Schenkendorf reichten, ausklingen.

Ihre Mitgliedschaft im BdM spiegelte weniger ihre Überzeugungen, mit Sicherheit aber die großbürgerlichen, deutsch-nationalen Einstellungen ihrer Eltern wider. Meine Großmutter war kein Mitglied der NSDAP und hielt sich auch ansonsten von der »nationalsozialistischen Bewegung« fern. Der antibürgerliche, proletenhafte Ton der nationalsozialistischen Bewegung passte nicht zu der gepflegt deutsch-nationalen Gesinnung. Trotz dieses Abstandes zur

NSDAP war die Begeisterung im großmütterlichen Haushalt für Hitler groß. Daran konnte sich Gertrud noch eindrücklich erinnern: »Wenn Hitler eine seiner Reden hielt, kroch meine Mutter buchstäblich ins Radio. Wir alle versammelten uns um den Volksempfänger und lauschten andächtig. Die Faszination für Hitler hielt fast bis zum Ende. Mein Mutter war fest überzeugt, dass Hitler noch eine Wunderwaffe im Ärmel hatte, um das Blatt im letzten Augenblick zu wenden.«

Nach der Kapitulation bescheinigte ein Mitglied eines Entnazifizierungsausschusses meiner Großmutter, dass sie »es verstanden habe, sich aus der Partei herauszuhalten«. Mit Partei war selbstredend die NSDAP gemeint. Meine Mutter setzte ihre Ausbildung als Chemielaborantin fort.

Obwohl im Nachkriegsdeutschland nur selten an das Dritte Reich erinnert wurde, das eben alles andere als ein Werk des Führers, von ein paar Wahnsinnigen und vielen Verführten war, musste man sich nach Kriegsende doch noch an die »Schatten« dieses »dunklen Kapitels« erinnern. Das betraf auch den Leutkircher Stadtrat. Schon 1947 wurde auf Erlass der Militärregierung die Feststellung jüdischen Vermögens durchgeführt, um die Arisierung zumindest finanziell »wiedergutzumachen«.

Es kam dabei in vielerlei Hinsicht zu possenhaften Ereignissen und Ergebnissen: »Zu einer wichtigen und interessanten Gemeinderatssitzung kam es dann am 8. Mai 1951 (…) Dr. Ehrle legte in dieser Sitzung seine Meinung dar, daß das Enteignungsverfahren für die Stadt nötig und rechtlich in Ordnung war. Gleichzeitig seien auch Enteignungsverfahren gegen ›arische‹ Bürger gelaufen. Der ›Schatten‹ sei deswegen kein Fall für die Restitution wegen Judenverfolgung. Dazu vermerkt das Protokoll: ›Einzelne Ausführungen werden von den zahlreich anwesenden Zuhörern mit Heiterkeit und auch mit zynischem Lächeln aufgenommen.‹ Beschlossen wurde in dieser Sitzung (…), dass die Stadt den Vergleichsvorschlag (70 000 DM) ablehne.« (In und um Leutkirch. Bilder aus zwölf Jahrhunderten. Beträge zum Stadtjubiläum 1993, Hg.: Große Kreisstadt Leutkirch im Allgäu, S. 330–344.)

Am Ende dieses »Wiedergutmachungsverfahrens« stand ein Betrag von sage und schreibe 20 000 DM.

Suche einen Kameraden

»Ich, 21 Jahre, Chemieassistentin, suche einen Kameraden, mit dem man viel unternehmen kann. Fahrrad erwünscht.«

Mit dieser 1950 aufgegebenen Anzeige nahmen die Dinge ihren Lauf. Kurze Zeit später bekam Gertrud eine schriftliche Antwort. Er war Angestellter in einer staatlichen Versicherungsanstalt und wohnte in Schorndorf. Für ihre erste Begegnung vereinbarten sie sich in Leutkirch, wo zur selben Zeit ein Volksfest stattfand. Sie bummelten gemeinsam an den Ständen und Buden vorbei. Als ich Gertrud nach den Gefühlen dieser ersten Begegnung fragte, kam von ihr ganz trocken: »Es war nichts Sensationelles.«

Dennoch fuhr meine Mutter mit dem Fahrrad »wie auf einer Wolke« zurück.

»Gab's vor diesem Mann noch eine andere erotische Begegnung?«

»Was meinst du damit?«

»Na ja, kannst du dich an deinen ersten Kuss erinnern? Gab's vor Willy noch einen anderen Mann?«

Gertrud überlegte. »Ja, da gab's einen Schulkameraden, der Helmut. Aber besonders aufregend war der erste Kuss auch nicht.«

Ich wartete noch ein bisschen ab, dachte, dass da noch mehr kommen müsste, aber musste mich am Ende damit zufriedengeben.

»Ich war immer realistisch.«

In den folgenden Wochen und Monaten trafen sich Willy und Gertrud jeweils an den freien Wochenenden zu gemeinsamen Unternehmungen. Zwischendurch schrieben sie sich Briefe. Meine Mutter per Hand, mein Vater meist mit der Schreibmaschine, da seine Handschrift – aufgrund des Durchschusses – kaum zu lesen war. Nur ein halbes Jahr später heirateten sie.

Gertrud arbeitete als Chemotechnikerin in einer Lackfirma, bis sie Kraft, meinen Bruder, zur Welt brachte. Mit der Geburt ihres ersten Kindes verlor sie umgehend ihren Arbeitsplatz. Einen gesetzlichen (Kündigungs-)Schutz für schwangere Frauen gab es zu dieser Zeit nicht. Auch Willy gab seine Arbeitsstelle in der staatlichen Versicherungsanstalt auf. Gemeinsam versuchten sie nun, sich mit Vertreterjobs über Wasser zu halten. Sie verkauften Uhren und Waschmaschinen, von Haustür zu Haustür, wobei der Verkauf von Waschmaschinen zum Kraftakt wurde. Gemeinsam wuchteten sie die Waschmaschine zu den Interessenten in die Wohnung. Ein Probelauf gehörte zur notwendigen Überzeugungsarbeit. War der potenzielle Kunde jedoch nicht zufrieden, mussten beide die Waschmaschine wieder aus der Wohnung schleppen, ins Auto verfrachten und das Ganze von vorne beginnen. Da die potenziellen Käufer von Uhren und Waschmaschinen nicht reichlich gesät waren, suchten sich beide für ihre Touren eine wohlhabende Gegend, die den Untergang des »Tausendjährigen Reiches« im Großen und Ganzen gut überstanden hatte, die Bodensee-Region. Tagsüber klingelten sie sich von Villa zu Villa und abends suchten sie eine billige Übernachtungsmöglichkeit in der Nähe. Das war damals nicht besonders schwer: Kinder standen am Straßenrand und hielten Schilder mit der schlichten Information »Zimmer« den Autofahrern entgegen. Man brauchte nur anzuhalten und nach dem Preis zu fragen. Im Durchschnitt kostete eine Übernachtung in einem »Fremdenzimmer« nicht mehr als zwei Mark. Nach einer Woche kehrten beide nach Altmannshofen zurück. Der Erfolg war durchgängig mäßig. Es reichte gerade so zum Leben, zu mehr auch nicht.

Was beide als Anfangsschwierigkeit in Kauf nahmen, wurde zu einer dauerhaften Belastung. Auf diese Art war kein wirkliches Auskommen möglich. Je beständiger die Erfolgslosigkeit wurde, desto mehr lenkten sie den Blick auf das Testament meines Großvaters, der verfügte, dass das Schloss Altmannshofen nach seinem Tod zu gleichen Teilen an meine Mutter und Großmutter übergehen sollte.

Am Anfang war es erst ein spielerischer Gedanke, meine Großmutter zum Verkauf des Schlosses zu bewegen. Dann aber drängte Willy Gertrud, ihrer Mutter die Vorzüge eines Verkaufs schmackhaft zu machen. Er sah darin die einzige Möglichkeit, der Misere zu entfliehen und mit dem Erlös eine eigene berufliche Existenz aufbauen zu können. Gertrud wusste, dass Willys Vorhaben auf großen Widerstand stoßen würde, und befürchtete einen Bruch mit ihrer Mutter. Doch angesichts mangelnder Alternativen willigte Gertrud ein, ihre Mutter mit dem Plan des Schlossverkaufs zu konfrontieren. Erwartungsgemäß widersetzte sie sich diesem Plan und die Atmosphäre im Schloss Altmannshofen wurde von Tag zu Tag unerträglicher. Die Gespräche über das leidige Thema endeten fast regelmäßig in Schreiereien und gegenseitigen Vorwürfen. Inmitten dieses vergifteten Klimas wurde Gertrud ein zweites Mal schwanger. Normalerweise wäre ich in einer Hausgeburt auf die Welt gekommen – wie mein Bruder eineinhalb Jahre zuvor. Doch daran war jetzt nicht mehr zu denken. Meine Mutter entschloss sich kurz vor den letzten Wehen, nach Leutkirch zu fahren, um mich im städtischen Spital zur Welt zu bringen.

Danach dauerte es noch zwei weitere Jahre, bis meine Großmutter entnervt und erschöpft aufgab und alles andere als freiwillig in den Verkauf einwilligte. Für 29 000 Mark wurde das Schloss Altmannshofen im September 1956 an den Pasamentenfabrikanten Herrn Gustav E. Gerster aus Biberach an der Riss verkauft. Gänzlich zerstritten zog meine Großmutter nach Isny und mein Vater machte sich daran, das Geld zu investieren. Er kaufte sich in eine Immobilienfirma ein und wurde zu gleichen Teilen Geschäftspartner.

Meine Eltern zogen nach Ravensburg, wo sich auch das Maklerbüro »Oberschwäbischer Immobilienverkehr« (OIV) befand.

Fortan nannte sich Willy kaufmännischer Direktor. In der Erinnerung meiner Mutter war dies seine geschäftlich erfolgreichste Zeit. Willy verkaufte viele Immobilien-Objekte und verdiente für damalige Zeiten eine Menge Geld. Und zwar so viel, dass es für eine Sekretärin, einen kaufmännischen Angestellten, einen Lehrling und ein Kindermädchen reichte – das sich um uns kümmerte, während unsere Eltern ihr Wirtschaftswunder erlebten.

Mit Mann und Maus

1960–63

Auch bei diesem Wirtschaftswunder ging es nicht mit rechten Dingen zu. Zuerst war eine Steuerfahndung meinen Eltern auf den Fersen. Dann kamen noch Ermittlungsverfahren wegen des Verdachts des Betrugs in drei Fällen hinzu. Die Aussichten, all das unbeschadet zu überstehen, standen schlecht. Sehr wahrscheinlich hätten bereits die Regressansprüche ihren wirtschaftlichen Ruin bedeutet, ganz abgesehen von dem Strafmaß, das Gertrud und Willy zu erwarten hatten. Und so ergriffen sie die Flucht nach vorne. »Mit Mann und Maus« verkauften sie ihre Firma an einen Interessenten, der sie bar auszahlen konnte. Von dem Geld kauften sie sich einen Ford, den sie mit allem vollpackten, was sie für ihr neues Leben brauchten: Tropenkleidung, eine Schreibmaschine und, nicht zu vergessen, der Hund. Mit etwa 50 000 Mark, die sie auf einer ausländischen Bank deponierten, wollten sie sich im Ausland eine neue Existenz aufbauen.

Für meinen Bruder und mich war kein Platz im neuen Leben unserer Eltern. Kurz vor ihrer Abreise brachten sie uns zu den Großeltern, denen sie 10 000 Mark für die Inpflegenahme gaben. Mitte 1960 verließen sie Deutschland. In Italien setzten sie nach Tunis über. Eine anderthalbjährige Weltreise, besser: Flucht, schloss sich an.

Von alledem bekam ich praktisch nichts mit. Ich kann mich an kein Gespräch meiner Eltern erinnern, in dem sie uns die Situation erklärt hätten oder was auf uns bald zukommen würde. Sehr viel später versuchte mir meine Mutter beizubringen, dass sie uns nicht beunruhigen und belasten wollten. Dass das mit dem, was wir sehen und fühlen konnten, nicht übereinstimmte, lag auf der Hand. Ich kann mich übrigens auch an keine Träne erinnern, die ich über ihr Weggehen vergossen hätte.

Es sollten am Ende fast fünf Jahre werden, die wir bei unseren Großeltern verbrachten. Mein Großvater war Oberstudienrat am Waiblinger Gymnasium und stand kurz vor seiner Pensionierung. Meine Großmutter war eine schwäbisch-konservative Hausfrau, wie sie im Buche steht. Mit dem Haushaltsgeld, das sie jeden Monat bekam, managte sie das Leben: vom Kochen, Einkaufen, Putzen, Bügeln bis hin zum Stopfen von Strümpfen und Flicken der Kleider.

»Schaffe, schaffe, Häusle baue und net nach de Mädle schaue« war alles andere als eine bösartige Zuschreibung. Alles hatte seinen Platz und deshalb seine Ordnung. »Das gehört sich nicht«, war die Leitplanke des Lebens. Wenn es etwas in dieser Umgebung und Vorstellungswelt nicht gab, dann war es das Hinterfragen, die Infragestellung der Ordnung. Auch dann nicht, wenn einem dabei die Luft wegblieb.

So war es ganz selbstverständlich, dass wir sonntags mit unseren Großeltern in die Kirche gingen. Das wäre ja nicht weiter schlimm gewesen, wenn man dazu nicht Sonntagskleider gebraucht hätte. Schließlich bewies man an diesem heiligen Tag nicht nur Gläubigkeit, sondern auch Wohlanständigkeit. Wir mussten mit relativ wenig Geld herausgeputzt werden. Ich hatte zwar einen Sonntagsanzug, aus dem ich schnell herausgewachsen war. Dennoch wurde ich in die zu klein gewordene Sonntagskleidung gezwängt, was bei Hemden mit viel zu engem Kragen zu Problemen führen kann. Da es sich nicht gehörte, mit offenem Kragen herumzulaufen, gab sich meine Großmutter die allergrößte Mühe, den obersten Knopf zuzuknöpfen. Auch ich wusste, was sich gehörte, und beklagte nicht, dass ich kaum noch Luft bekam. Wir mussten uns beeilen, die entstandene Verzögerung aufzuholen, um noch rechtzeitig zum Gottesdienst zu gelangen. Da meine Großeltern zu den Honoratioren dieser Kleinstadt zählten, war für uns die Empore reserviert. Dort nahmen wir unseren Platz ein, und nicht viel später trat der Pfarrer mit zwei Messdienern vor den Altar – und alle erhoben sich von ihren Plätzen.

Ich hörte noch die ersten christlichen Worte, dann wurde es mir schwummrig vor den Augen. Kerzengerade fiel ich nach vorne um. Dank des Holzbodens tat es einen riesigen Schlag. Der Gottesdienst musste unterbrochen werden und ich wurde von der Empore auf die Straße getragen. Glücklicherweise kam einer meiner Helfer auf die Idee, den obersten Knopf meines weißen Sonntagshemds zu öffnen. So kam ich wieder zu Bewusstsein.

Bald wurde es auch meinen Großeltern zu viel. Sie wurden mit dem sie überraschenden Kindersegen nicht fertig und entschieden sich, mich in ein Kinderheim zu geben. Immer und immer wieder erzählte mir später meine Großmutter von der herzzerreißenden Szene, als sie mich dorthin brachte. Ich schrie aus Leibeskräften, klammerte mich mit aller Kraft an sie, während sich die Erzieherin bemühte, mich in ihre Arme zu nehmen, ohne mich zu zweiteilen. Ich selbst kann mich an nichts erinnern. So bleibt auch im Dunkeln, warum ich nach dem ersten Schuljahr wieder zurück zu meinen Großeltern kam. Erzählungen lassen vermuten, dass ich nicht »artig« war, zu viele Probleme machte und für das Heim untragbar wurde. Dieser Version läuft jedoch eine andere Erzählung zuwider, die besagt, dass meine Großmutter es nicht länger ausgehalten hatte, mich weggegeben zu haben.

Ich ging jetzt in die Grundschule in Waiblingen und erwies mich als echtes Sorgenkind, was meine Leistungen anbelangte. Es dürfte wohl der »schützenden Hand« meines Großvaters zu verdanken gewesen sein, dass ich immer wieder versetzt wurde. Dennoch beschrieb mich meine Großmutter als sonniges, offenes

Kind, das zwar nicht gut in der Schule war, aber von allen ins Herz geschlossen wurde. Mein älterer Bruder hatte nicht so viel Glück. Eines Tages wurde er auf dem Weg von der Schule nach Hause von Mitschülern mit Steinen beworfen.

»Hau ab, dein Vater ist ein Verbrecher«, riefen sie ihm nach. Völlig verängstigt und verwirrt rannte er nach Hause und erzählte von diesem Vorfall. Er wusste nicht im Geringsten, worum es ging und was die Schüler seiner Schule gegen ihn hatten. Meine Großeltern hingegen konnten sich sehr wohl darauf einen Reim machen. Ein paar Tage zuvor hatte die »Waiblinger Zeitung« in großer Aufmachung berichtet, dass Willy Wetzel und seine Ehefrau im Ausland festgenommen worden waren und nun in Deutschland in Untersuchungshaft saßen. Als Grund nannte der Artikel Steuerhinterziehung und mehrere Betrugsfälle.

Meine Großeltern beruhigten meinen völlig aufgelösten Bruder und erklärten ihm den Zusammenhang zwischen der reißerischen Titelgeschichte und den Steinen. Tags darauf ging mein Großvater zum Direktor der Schule und bat ihn, dafür zu sorgen, dass sich ein solcher Vorfall nicht mehr wiederholen dürfe.

Über Landser bis in die JVA Stammheim

1963–65

Wir haben unsere Eltern im Knast nie besucht. So ein Besuch war auch nicht im Sinne unserer Großeltern. Das Einzige, woran ich mich erinnern kann, waren ein paar Briefe unserer Mutter und zwei gleiche Pullover, die sie für ihre beiden Söhne gestrickt hatte. Man ließ Fotos von uns mit den Zwillingspullovern machen, schickte diese Fotos in den Knast und wir bedankten uns auf diese Weise. Als ihre Entlassung 1965 anstand, bereitete uns Großmutter auf die erste Begegnung vor: »Seid nett zu ihr. Sie hat es wirklich schwer im Leben gehabt.«

Unsere Tage bei unseren Großeltern waren jetzt gezählt. Sobald unsere Mutter eine Wohnung gefunden hätte, würde sie uns zu sich holen. Mit welchen Gefühlen wir damals kämpften, kann ich nicht sagen. In meiner Erinnerung existieren weder Trauer noch Wut. Das Einzige, was sich mir eingebrannt hat, ist ein Bild.

Es klingelt an der Haustür. Mein Bruder und ich wissen, dass dies unsere Mutter ist, dass es nun ernst wird. Wir rannten aber nicht an die Tür, stürmten nicht die Treppen hinunter und warfen uns nicht an den Hals unserer Mutter. Wir blieben hinter verschlossenen Gardinen am Fenster im Esszimmer stehen und starrten auf die Straße.

Nach diesem Bild fällt wieder der Vorhang der Erinnerung.

Unsere Mutter hatte eine erschwingliche Zwei-Zimmer-Wohnung in Stuttgart-Nord gefunden, eine Mansardenwohnung, von der man einen Blick auf den Dunst werfen konnte, der sich regelmäßig über dem Stuttgarter Kessel bildete. Um eine geringere

Miete bezahlen zu können, verpflichtete sie sich gegenüber dem Hausbesitzer, einmal die Woche, samstags, bei ihm zu putzen.

Die Wohnung selbst war spärlich eingerichtet. Da unsere Mutter nach dreieinhalb Jahren Knast mit exakt 123,09 Mark und einem Gutschein für eine Fahrkarte nach Stuttgart entlassen wurde, war der finanzielle Spielraum für einen Neuanfang gleich null. Die erste Einrichtung bestand komplett aus gebrauchten Möbeln, die wir von der »Wohlfahrt« bekamen. Nichts passte zusammen. Dazu zählten auch zwei Feldbetten, auf denen wir schliefen. Unsere Mutter hatte inzwischen eine Anstellung als Sekretärin bei einer Elektrofirma gefunden und kam erst abends nach Hause.

Auf den ersten Blick waren die Verhältnisse äußerst bescheiden. Doch abgesehen von den materiellen Umständen war unser Leben eine wahre Pracht, ein Paradies an Möglichkeiten, die Welt zu erkunden, die Grenzen auszuloten. Mein Bruder und ich gingen zur Schule. Während er an seine guten bis sehr guten Leistungen anknüpfte, blieb ich sitzen und musste das Schuljahr wiederholen. Anstatt des erwarteten Donnerwetters tröstete mich meine Mutter damit, dass auch ganz große Geister in der Schule sitzenblieben, wie Einstein zum Beispiel. Das beruhigte mich und ließ mir noch alle Zukunftschancen offen.

Nicht nur unsere Mutter, auch wir mussten uns in einem wirtschaftlich schwierigen Umfeld behaupten. Diesbezüglich konnten sich unsere Leistungen und unsere Bereitschaft zur Eigeninitiative sehen lassen. Mein Bruder klaute wie ein Rabe. Seine Methode war so einfach wie dreist: Anstatt in einem toten Winkel oder einer schwer einsehbaren Ecke etwas heimlich einzustecken, klemmte er sich zum Beispiel mehrere Schallplatten unter den Arm und ging damit in aller Seelenruhe aus dem Geschäft. Er wurde dabei nie erwischt. Außerdem nahm er zahlreiche kleine legale Tätigkeiten an, wozu auch gehörte, Zeitungen auszutragen, was zu einem ganz ansehnlichen Einkommen führte.

Ich verdiente mir mein Geld anfangs damit, dass ich am Fuß eines großen Treppenaufganges stand, um älteren Menschen anzubieten, ihre Einkaufstaschen nach oben zu tragen. Oft nahmen sie mein Angebot dankbar an und entlohnten mich mit Pfennigbeträgen. Meinen »Aufstieg« verdankte ich allerdings einer Anzeige in einer Stuttgarter Zeitung, die meine Mutter beantwortete. Das Stuttgarter Staatstheater suchte für den Kinderchor talentierten Nachwuchs. Ich sang vor und wurde angenommen. Da ich in Aufführungen mitwirkte, kam ich auf ein monatliches Einkommen von bis zu 100 Mark. Das war unglaublich viel und mehr, als meine Mutter frei zur Verfügung hatte.

Mit der Zeit formte sich unser eigenes System der Verteilungsgerechtigkeit: Unsere Mutter stellte die Grundversorgung sicher und wir sorgten für das Vergnügen. Regelmäßig luden wir unsere Mutter zum Essen ein. Ganz oben stand der Besuch beim »Chinesen«, die erste multikulturelle Begegnung mit Frühlingsrollen, Sojasoße und Bambussprossen. Dazu gehörten aber auch Kinobesuche. Wir luden unsere Mutter ein und sie schleuste uns an den Kartenabreißern vorbei, wenn unser tatsächliches Alter die vorgeschriebene Altersbegrenzung unterschritt – was bei unseren acht beziehungsweise zehn Jahren fast immer der Fall war.

Ein solcher Kinobesuch war zwangsläufig damit verbunden, die öffentlichen Verkehrsmittel, sprich die Straßenbahn, in Anspruch zu nehmen, um in die Innenstadt zu gelangen. Also suchten wir nach Einsparpotenzialen und fanden sie: die bargeldlose Entgeltvariante, den Nulltarif: Damals gab es noch richtige Kassierer in den Straßenbahnen, die auf einem erhöhten Podest ihrem Beruf nachgingen. Entweder zeigte man ihm einen gültigen Fahrschein oder man kaufte bei ihm einen, den er mit einem aktuellen Datum abstempelte beziehungsweise entwertete. Entwertung war jedoch nicht das ganz richtige Wort, denn der Stempel zeigte nur den Tag, den Monat und die Stunde an. Wochenlang sammelten wir, meine Mutter, mein Bruder und ich, rund um Straßenbahnhaltestellen weggeworfene Fahrscheine ein. Dank dieser konzertierten Aktion dauerte es nicht lange und wir hatten einen ganzen Haufen davon zusammen. Wir sortierten sie und verteilten sie auf zwölf Stapel, für jeden Monat einen. Wenn Familie Wetzel also ins Kino ging, konnte man sie bei dem immer selben Ritual beobachten: Gemeinsam ging man den Stapel durch und schaute, dass man die entsprechenden Fahrscheine fand. Gelegentlich kam es in diesem System auch vor, dass wir eine spätere Vorstellung nehmen mussten – mit Rücksicht auf unser nicht ganz lückenloses Fahrkartendepot.

Auch in anderer Hinsicht war unser »Unrechtsbewusstsein« schwach ausgebildet. Zu unserem Spielzeug gehörten auch Zwillen. Damit sind keine Kinderzwillen aus irgendwelchen Cornflakes-Packungen gemeint, sondern wirklich gute Zwillen mit einem Daumenschutz aus Leder und starken Gummis. Diese gab es nur in einem Waffengeschäft zu kaufen. Wie uns das als kleine Knirpse gelang, ist mir ein Rätsel. Immer wieder stiegen mein Bruder und ich auf unsere Fahrräder, mit der Zwille und genug Klickern (aus Glas oder Keramik) ausgerüstet, und schossen im Fahren auf Wohnfenster und Glasfronten. Warum wir das taten, kann ich wirklich nicht erklären. Doch ganz grundsätzlich ließe sich sagen: Alles, was heil war beziehungsweise so erschien, zog unseren Zorn, unsere Aggression auf sich.

Es gab auch altersgerechte Betätigungen. Fast jeden Tag besuchte ich nach der Schule voller Freude das städtische Jugendhaus. Neben Tischtennis war Fußball meine Lieblingsbeschäftigung. Da ich zu den jüngsten Besuchern zählte, stand ich fast immer im Tor, ob ich wollte oder nicht. Die Großen hatten nicht die geringste Lust, sich zwischen die Torpfosten zu stellen. Ich nahm dieses Schicksal ohne Murren an und verdiente mir die Anerkennung der Größeren dadurch, dass ich ab und an eine ihrer »Granaten« hielt.

Es war eine großartige, berauschende Zeit, auch wenn wir für manche Angelegenheiten viel zu klein waren. Weder mein Bruder noch ich kamen in dieser Zeit auf die Idee, unseren Vater im Knast zu besuchen. Wir vermissten ihn keine Sekunde. Das ahnte und verstand auch unsere Mutter und machte deshalb keine Anstalten, uns zu einem Besuch zu drängen. Das schloss jedoch kleine Tricks nicht aus.

In unserem Keller lagerten mehrere Kartons, in denen die Sachen meines Vaters verstaut waren. Beim neugierigen Rumstöbern stieß ich eines Tages auf einen Karton mit Hunderten von »Landser«-Heften. Sie weckten meine Neugierde und ich blätterte in ihnen herum. Die Aufmachung reizte mich, die Geschichten schienen spannend zu sein. Ich erzählte meiner Mutter von diesem Zufallsfund und fragte sie, ob ich die Hefte lesen könnte. Sie nutzte die Gelegenheit und warf einen Köder aus: »Das kann ich nicht entscheiden. Da musst du deinen Vater fragen.«

»Wie soll ich das denn machen? Der ist doch gar nicht da!«

»Dann besuch ihn mal. Das geht schon.«

Also fuhr ich an einem frühen Morgen mit der Straßenbahn nach Stuttgart-Stammheim. Da mein Vater ein Magenleiden hatte, wurde er dorthin verlegt. Mit einem Besuchsschein ausgestattet, stand ich schließlich vor dem riesigen Tor der JVA Stammheim, das sich vor mir verborgenen Kräften von Geisterhand öffnete. Kurz danach wurde ich in einen Besuchsraum geführt und nahm Platz. Ein paar Minuten später kam ein Mann herein und setzte sich auf die andere Seite des Tisches. Er trug eine Jacke und eine Hose, beides in verwaschenem Blau. Er war klein, sah aber kräftig aus und hatte eine Halbglatze. Das sollte mein Vater sein.

Für mich war diese Begegnung so, als ob ich in der Post Briefmarken kaufen wollte und am anderen Ende des Schalters säße ein Angestellter, der mich bedient. Wir kamen schnell ins Geschäft. Was ich dafür bezahlen musste, weiß ich nicht mehr. Wahrscheinlich versprach ich meinem Vater, zum Beispiel gut in der Schule zu sein oder etwas ähnlich Sinnloses. Nach einer halben Stunde war die Besuchszeit vorüber und ich war froh, das merkwürdige Gefühl los zu sein.

Anstatt »Fix und Foxi« oder anderen Kinderkrams zu lesen, vertiefte ich mich nun in die Kriegsabenteuer der Landser. Ich verschlang alle Hefte. Auf diesem Kriegspfad begegnete ich schließlich meinem Helden, dem »Wüstenfuchs« Rommel. In Wirklichkeit war er ein General im Dritten Reich gewesen und hatte seinen Beinamen wohl dadurch bekommen, dass er den »Afrikafeldzug« geleitet hatte. Ich kaufte mir nun alle Bücher, in deren Mittelpunkt sein Leben und seine verwegenen Taten standen. Am Ende hatte ich fünf Bücher in Leinen. Und sehr viel Geld dafür ausgegeben. Für mich hatten weder die Landser-Geschichten noch der Feldmarschall Rommel etwas mit Kriegsverbrechen und -gräueln zu tun. Sie standen vielmehr für eine Welt, in der Tapferkeit, Mut und Kameradschaft alles waren. Eine Welt, in der man zusammenhalten muss, gerade auch dann, wenn alles drum herum in Schutt und Asche fällt.

Dennoch blieb für mich mein Vater gestalt- und leblos. Die einzige Weise, mit der er in unser Leben eindrang, waren seine Briefe an unsere Mutter. Nicht ganz altersgerecht zog sie uns in dieses Eheverhältnis hinein. Sie las uns Vaters Briefe vor und ließ uns an dem Wahnsinn teilhaben, den er darin verbreitete. Sie quollen vor Unterstellungen, Drohungen, Erniedrigungen und Bösartigkeiten geradezu über. Es müssen gespenstische Vorleseabende gewesen sein, an die ich mich kaum erinnere. All das blieb jedoch nicht ohne Wirkung: Sie verstärkten unser Gefühl, eine verschworene Gemeinschaft zu sein, die durch dick und dünn geht. Auch wenn es uns also nicht an einem Vater fehlte, suchten wir doch gemeinsam nach einem neuen Mann, der dann auch unser neuer Vater hätte werden können. Mehrmals machten wir zu dritt Ausflüge mit Männern, die dafür eventuell infrage kamen. Doch alle Begegnungen und Kontakte mit heiratswilligen Männern verliefen im Sande. Sie passten nicht zu uns. Sie wollten entweder eine billige Putz- und Hausfrau oder lebten anderweitig hinter dem Mond.

Ich machte mir über dieses Suchen und Scheitern keine weiteren Gedanken. Genauso wenig dachte ich daran, dass mein Vater irgendwann von diesem Knast mit seinen hohen Mauern ausgespuckt werden würde, um in unser Leben zu platzen. Zu diesem meinem Leben gehörte jetzt auch die Nachmittagsvorstellung in einem Kino in unserer Nähe. Dort zeigten sie zweimal in der Woche Kinderfilme zu ermäßigten Eintrittspreisen. Beide Kinotage gehörten zu meinem festen Zeitplan.

Ein Matrose – ein Traum(a)

1965

Er trug einen marineblauen Seemannsanzug mit weißem Kragen und eine Matrosenmütze. Genauso, wie sich ein Kind mit zwölf Jahren einen echten Matrosen vorstellt. Ich lernte ihn im Kino kennen in einer Nachmittagsvorstellung. Er habe, sagte er, für ein paar Tage Urlaub an Land und wisse noch nicht, wo er übernachten könne. Seine Aufmerksamkeit, sein Interesse an mir ließ mich nicht los. Ich nahm ihn mit nach Hause. Für ihn hatte ich allen Platz der Welt.

Er blieb einige kostbare Tage in meinem Leben. Jeden Tag rannte ich mit Herzrasen aus der Schule, um keine Minute zu versäumen, mit ihm zusammen zu sein, von ihm gemocht zu werden. Wir hatten zwei Messer dabei, um im Wald Pfeil und Bogen zu schnitzen.

»Kann ich mal dein Messer haben? Meins ist zu stumpf.«

»*Na klar.*«

Der Matrose schnitzte an dem Pfeil. Ich schaute ihm zu und genoss es, dass jemand ganz für mich da war.

»Hast du keine Angst?«

»*Was meinst du damit?*«

»Na ja, ich habe jetzt dein Messer!«

Ich verstand seine Frage immer noch nicht. »*Warum sollte ich Angst haben? Du bist mein Freund!*«

Es war schon dunkel, als wir aus dem Wald, einer für mich märchenhaften Welt, zurückkamen. Im Hausflur standen zwei Männer, die ich noch nie gesehen hatte. Ich klingelte und meine Mutter öffnete die Tür. Die beiden Männer traten näher und fragten meine Mutter: »Ist er das?«

Als die beiden Männer auf meinen Matrosen zugingen, drängte ich mich dazwischen. Vergeblich. Sie waren stärker. Einer der Männer sagte so etwas wie: »Lass das lieber, sonst verbrennst du dir die Hände.«

Sie nahmen ihn fest. Ich verstand die Welt nicht mehr.

Der Matrose wurde einige Zeit später wegen »Unzucht mit Kindern« zu mehreren Jahren Haft verurteilt. Mein Vater, der nie für mich da war, sollte bald auf freiem Fuß sein.

Die Stunde Null

»Die Stunde Null« wird in Deutschland bis heute mit dem Jahr 1948 in Verbindung gebracht, als Deutschland mit einer neuen Verfassung in die Weltgeschichte zurückgeschickt wurde. Man wollte mit dem Jahr 1948 von vorne anfangen und die zwölf Jahre Faschismus und Krieg vergessen. Darin waren sich fast alle einig, die Soldaten, die den Krieg überlebt haben, die politische Klasse, die nun das »bessere« Deutschland aufzubauen versprach. Gleichzeitig herrschte im ganzen Land ein klassenübergreifendes Schweigen, was das »dunkle Kapitel« Deutschlands anbelangte.

Der Schriftsteller Ralph Giordano gab diesem Nachkriegskonsens den sehr treffenden Namen »Die zweite Schuld«.

So wuchs ich in den 1960er-Jahren ohne all das auf, was meine Eltern geprägt hatte. Erst als mich mein Vater alt genug dafür hielt, erzählte er mir von seinen Kriegserlebnissen. Ich hing ihm an den Lippen, denn was er zu erzählen hatte, war spannend, voller Mut und Wagnis – das krasse Gegenteil von dem, was sich die politische Klasse wünschte. »Eine formierte Gesellschaft« wollte der Bundeskanzler Ludwig Erhard aus den Deutschen machen: grau, folgsam und fleißig. Das oberste Gebot hieß: nur nicht auffallen. Gegen all dieses Grau war mein Vater eine Granate.

Erst zwanzig Jahre später stießen mir die Kriegserinnerungen meines Vaters übel auf. Was ich herausfand, sprengte in jeder Hinsicht die Erinnerungswelt meines Vaters, der ein nie entschärfter Sprengkörper war. Mein Mutter hingegen hielt sich an die Tugend des Schweigens. Sie hatte keine Kriegsabenteuer zu erzählen. Gesellschaftlich wurde dieses Schweigen erst durch die 1968er Revolten gebrochen. Vor allem von den Töchtern und Söhne derer, die so eisern schwiegen und den »Familienfrieden« massiv gestört sahen. Es gab in der Folge viele familiäre Brüche, aber auch ein paar öffentliche Skandale, die mehr als nur andeuteten, was alles unter den Teppich gekehrt worden war.

Der Ministerpräsident Hans Filbinger, der 1966 mit einem Engelsgesicht »Landesvater« in Baden-Württemberg geworden war, gehörte zu denen, die dann doch noch die Vergangenheit »einholte«. Er war Träger des Großkreuzes des Verdienstordens der Bundesrepublik Deutschland und Inhaber der Verdienstmedaille des Landes Baden-Württemberg. Doch dieser hoch dekorierte Prof. Dr. Dr. h.c. Hans Filbinger hatte als NS-Marinestabsrichter am 15. März 1945, sieben Wochen vor Kriegsende, die Vollstreckung eines Todesurteils wegen Fahnenflucht und Wehrkraftzersetzung angeordnet. An ihm kann man nachvollziehen, wie die »Vergangenheitsbewältigung« ausgesehen hat: Das ehemalige NSDAP-Mitglied Hans Filbinger blieb 12 Jahre Ministerpräsident (1966 bis 1978), gedeckt von Nazis und Nichtnazis. Von ihm stammt der markante Ausspruch aus dem Jahr 1978: »Was damals rechtens war, kann heute nicht Unrecht sein!«

Die Aufdeckung solcher Nachkriegskarrieren blieben Ausnahmen. Denn das über viele Jahre anhaltende Schweigen über »damals« war parteiübergreifend und alles andere als ein exklusiv »rechtes« reaktionäres Problem. Man protegierte sich gegenseitig – von den Konservativen bis hin zu den Sozialdemokraten. Diese Allianz musste jedoch aus der Deckung hervorkommen, als ein sozialdemokratischer Staatsanwalt namens Fritz Bauer es wagte, die Phalanx des Vergessens zu durchbrechen. Ihm war es zu verdanken, dass es in Frankfurt zu den sogenannten Auschwitzprozessen kam, die sichtbar machen sollten, wie viele Personen hinter der »ersten Reihe« von Nazi-Größen an Kriegs- und Menschheitsverbrechen beteiligt waren. Fritz Bauer machte sich damals viele Feinde, nicht nur unter den ehemaligen Anhängern und Sympathisanten des

»Dritten Reiches«. Was Fritz Bauer besonders treffen musste, war die Tatsache, dass er nicht einmal den eigenen Behörden trauen konnte. Die Weigerung, mit dem Generalstaatsanwalt zu kooperieren, war ressortübergreifend: Das reichte von der Polizei über die Geheimdienste bis hin zum Innenministerium und zum Bundeskanzleramt. Diese deprimierende Erfahrung fasste Fritz Bauer nüchtern so zusammen: »Wenn ich mein Dienstzimmer verlasse, betrete ich Feindesland.«

Als klar war, dass der Generalstaatsanwalt nicht nur den Prozess gegen KZ-Wärter führen wollte, sondern auch beim Auffinden von Adolf Eichmann eine aktive Rolle spielte, verließ der nationalsozialistische Untergrund der »Stunde Null« seine Deckung: Der deutsche Auslandsgeheimdienst BND, ein Sammelbecken von ehemaligen Nazis und Gestapo-Mitgliedern, platzierte in der Umgebung von Fritz Bauer einen Spitzel, der das Ziel hatte, sowohl kompromittierendes Material über ihn zu sammeln (auch was seine Homosexualität anbelangte) als auch den Stand der Fahndung nach Adolf Eichmann in Erfahrung zu bringen, um so gegebenenfalls den »Kameraden« Adolf Eichmann warnen zu können. Zu den größten Feinden von Fritz Bauer zählte auch der Chef des Bundeskanzleramtes, Hans Globke. Er hatte massives Interesse daran, dass die »Entnazifizierung« ein systemischer Reinfall wurde. Hans Globke gehörte zur faschistischen Führungselite und schaffte es bis zum Ministerialrat im Reichsinnenministerium. Er trat bei jeder Gelegenheit als glühender Faschist und Antisemit auf. Fritz Bauers Absicht, Globke wegen seiner NS-Vergangenheit anzuklagen, gab er auf. Seine Beteiligung beim Auffinden von Eichmann war hingegen erfolgreich.

Die Auschwitzprozesse räumten ein für alle Mal mit einer Legende auf, der Legende von einem deutschen Faschismus, an dem nur der Führer (und ein paar Getreue) schuld waren, wonach sich all diejenigen, die ihm ergeben dienten, als Opfer der Verblendung und

Verführung unter die wirklichen Opfer des deutschen Faschismus mischen konnten. Das politisch breit aufgestellte Gefühl, endlich in Ruhe gelassen zu werden, hatte eine parteiübergreifende Basis. So versteckten sich ganz viele ehemalige NSDAP-Mitglieder und Repräsentanten des »Dritten Reiches« in der CDU und in der neu gegründeten FDP.

Aber auch da, wo Fritz Bauer politisch beheimatet war, in der SPD, konnten Nazis bestens überleben. Sie fanden nicht nur Unterschlupf, sie gelangten sogar in führende Positionen. Was Fritz Bauer, der 1933 aufgrund seiner politischen Tätigkeit und seiner jüdischen Herkunft aus Deutschland geflohen war, auch unter »Genossen« auszuhalten hatte, ist kaum in Worte zu fassen. Heute weiß man, dass viele bundesrepublikanische Politiker Mitglieder der NSDAP waren – darunter drei Bundespräsidenten, Walter Scheel (FDP), Karl Carstens (CDU) und Heinrich Lübke (CDU), der ehemalige Präsident des Deutschen Bundestages Richard Stücklen (CSU), die Außenminister Hans-Dietrich Genscher und Walter Scheel (beide FDP), Wirtschafts- und Finanzminister Karl Schiller (SPD) und Liselotte Funcke (FDP), Kanzleramtschef Horst Ehmke (SPD), der ehemalige Fraktionschef der CDU/CSU-Bundestagsfraktion Alfred Dregger und viele mehr.

Auf dem Gedenkstein, der in Frankfurt 2016 eingeweiht wurde, hat man ein Zitat von Fritz Bauer verewigt: »Sie müssen wissen, es gibt einen Eisberg und wir sehen einen kleinen Teil und den größeren sehen wir nicht.«

Mich hat dieser Satz gepackt und nicht mehr losgelassen, denn meine »Familie« gehörte in jeder Hinsicht zu diesem Eisberg. Und was ich zu dieser Zeit nicht sehen konnte, wurde mit den Jahren immer sichtbarer und war immer schwerer auszuhalten.

Im Westen nichts Neues

1967

An einen Urlaub als »Familie« war nicht zu denken. Wir selbst hatten aber auch nicht diesen Wunsch. So merkwürdig es auch klingen mag, aber mir fehlte nichts. Schon gar nicht »mein« Vater. Mit Blick auf die Jahre davor lebte ich im Paradies. Ich war jetzt dreizehn Jahre alt. Ich konnte machen, was ich wollte, und hatte für meinen Bedarf richtig viel Geld.

Als meine Mutter mir anbot, dass ich in den Schulferien in ein »Ferienlager« gehen könnte, willigte ich sofort ein. Ich war ja noch nie mit so vielen Kindern zusammen gewesen und ein Ferienlager kannte ich auch nicht. Es muss in der Nähe von Stuttgart stattgefunden haben. Wir schliefen in vielen großen Zelten, die wir zu viert oder auch zu zehnt belegt hatten. Mehrere Zelte bildeten eine Gruppe, die sich ihren Namen aussuchen durfte. Ich erinnere mich noch an den Namen Vasco da Gama. Für mich eine Fabelfigur aus 1001 Nacht, die in Geschichtsbüchern als »Entdecker« und Abenteurer« gehandelt wird. Viel später erfuhr ich, dass er ein gut bezahlter Plünderer war, der im Auftrag von Königen in die Welt geschickt wurde, um dort Raubzüge zu veranstalten, die als mutige Entdeckungsreisen ausgegeben wurden.

Diese eine Woche in Zelten und unter sagenhaften Umständen habe ich nie vergessen. Wir hatten dort unsere eigene Lagerzeitung und eine selbst verwaltete »Kasse«, in die wir unser Taschengeld einzahlten. Und wir durften bei allem, was dort passierte, mitreden, was für uns völlig neu und aufregend war. Abends, wenn es dunkel wurde, haben wir auch Filme gesehen. Besonders einer grub sich in mir ein: der Spielfilm »Im Westen nichts Neues«.

Er handelt von Jugendlichen, die ein bisschen älter als wir waren und begeistert Krieg »spielten« – mit richtigem Sterben, wahnsinnigen Gefühlen und noch wahnsinnigeren Erwachsenen, die total gerne in den Krieg zogen, weil sie gar nicht daran dachten, auch dort zu »fallen«. Der Film spielt im Ersten Weltkrieg und ich kann nicht sagen, ob ich mich mit den Jugendlichen identifizierte oder ob ich gar die Botschaft des Filmes verstand. Ich würde Zweifel daran anmelden, dass ich ihn als Antikriegsfilm verstand. Wahrscheinlicher ist das Erleben dieser Diskrepanz, zwischen der angstvollen Kriegshandlung und dem leicht flirrenden Gefühl, im Dunklen nahe beieinander zu sein.

Vielleicht blieb mir dieser berühmte Film aus anderen Gründen im Gedächtnis. Nachdem ich berauscht von den Eindrücken und Erlebnissen aus dem Ferienlager zurückgekommen war, erzählte mir meine Mutter, dass dieses Ferienlager einen Skandal ausgelöst habe. Dass man uns den Antikriegsfilm »Im Westen nichts Neues« zeigte, war für die Stadtoberen und Bedenkenträger ein Affront. Meine Mutter ließ mich zudem wissen, dass man das Treiben in unserem Zeltlager auch mit dem Verdacht bereichert hatte, dass dort Mädchen und Jungen die Nacht in einem Zelt zusammen verbrachten, wobei das »zusammen« ganz viele Wunschfantasien erregte. Irgendwie hat mir das gefallen, auch wenn ich über Details nichts zu berichten weiß.

Wenig später kam mein Vater, das ehemalige SS-Mitglied, aus dem Knast. Er zog zu uns in die Wohnung in Stuttgart. Was ist dann passiert? Gibt es Szenen dazu im Kopf? Nichts. In meiner Erinnerung gibt es keinerlei Hinweis auf seine Rückkehr.

Was ich »weiß«, habe ich von meinem Bruder. Mit seinen anderthalb Jahren Vorsprung hatte er wohl die Vaterrolle eingenommen. Als unser Vater zurückkam, wollte er verlorenes Terrain gutmachen. Der nächste Krieg nahm seinen Lauf – mein Bruder musste aus dem Weg geräumt werden. Es gab körperliche Auseinandersetzungen. Mein Bruder verlor und wurde in ein Aufbaugymnasium abgeschoben. Für meinen Bruder war die Rückkehr unseres Vaters die Hölle. Er wollte ihn mit einem Beil töten. Es sollte ein Buschmesser werden.

Die Hand, die das Buschmesser führte, war jedoch nicht die meines Bruders.

Kinderheim mit »Familienanschluss«

1969

Nachdem meine Eltern nach Frankfurt gezogen und sie meinen Bruder losgeworden waren, kam ich dran. Sehr schnell fand man auch für mich eine Lösung: Ich kam in Gastfamilien unter, die in der Nähe lebten und mich nach der Schule bis zum Abendessen »betreuten«. Die erste Gastfamilie waren Aussiedler, die im Wohnheim lebten, bis sie die Anerkennungsprozedur hinter sich hatten. Diese Familie lebte in einem Zimmer zusammen: der Vater, die Mutter und ein Kind, mit Waschgelegenheit und Kochnische. Ich behalte ihre Herzlichkeit als meinen Schatz in Erinnerung. Sie lebten wirklich zusammen, sie wendeten die beengten, schwierigen Verhältnisse nicht gegen sich selbst. Die zweite (Gast-)Familie war deutlich jünger und modern. Diese »Eltern« hatten kein Kind und waren für mich eher wie tolle Freunde. Der Mann führte mich bald in eine ganz neue Welt ein: in die Boxerwelt. Für mich war es ein Ritterschlag, mit ihm trainieren zu können. Ich, der nur gelernt hatte, ein- und wegzustecken, sollte nun drauflos schlagen, angreifen. Dabei lernte ich spielerisch, mich zu wehren, mich zu schützen und zurückzuschlagen. Gerade diese junge Ehe war für mich ein Traum, eine Ahnung von einem Leben, das Gefühle und Leidenschaft kennt.

Ob mein »eigener« Vater das spürte, kann ich nicht sagen – obgleich ich fest davon überzeugt bin, dass mein Vater nicht gefühllos war, sondern nur maßlos unfähig, Gefühle auszuhalten, sie zu achten. Fakt ist jedenfalls, dass selbst mein Klappbett in ihrer Wohnung zu viel war. Nicht meine Eltern, sondern mein Vater traf die Entscheidung, mich ganz loszuwerden. Man steckte mich weit weg in ein Kinderheim »mit Familienanschluss« im norddeutschen Wendthagen, nahe Stadthagen.

Das Heim war ein Bauernhaus, das nicht mehr landwirtschaftlich genutzt wurde. Es gehörte einem Lehrer der Mittelschule, einem Dr. Hasse, der eine erwachsene Tochter und einen Sohn hatte. In diesem privaten Kinderheim waren bis zu fünf Kinder untergebracht. Wir lebten im ersten Stock, auf einer eigenen Etage. Der schönste Ort dort war das Klo, denn ich konnte es abschließen und war so nicht den plötzlichen Besuchen des Heimleiters ausgesetzt.

Das Bauernhaus hatte ein großes Grundstück drum herum, ein Paradies, in dem wir nach der Schule viel Zeit verbrachten. Wir hatten dort eine Hütte, und wenn es uns langweilig wurde, schossen wir mit Pfeil und Bogen auf uns. Wenn die Tage früh dunkel wurden und ich noch »raus« durfte, bin ich mit einer Zwille losgezogen. Ich stieg über unseren Zaun und näherte mich den anderen Bauernhöfen. Ich konnte das warme orangene Licht sehen, das da brannte. Es sah alles so friedlich, so harmonisch aus. Ich kann nicht sagen, ob ich die Menschen beneidete, die dort lebten, zusammenlebten. Ich nahm meine Zwille, legte eine Erbse in die Schlaufe und zielte auf eine der großen Fensterscheiben. Manchmal wartete ich, bis jemand herauskam und sich nach dem Störenfried umschaute.

Der »Familienanschluss« in dem Heim war eine Farce, denn er bestand einzig und allein aus dem Abendessen, das wir schweigend zu uns nahmen. Ein »Extra« gab es aber: Am Samstag durfte ich in deren Wohnzimmer die »Sportschau« anschauen. Ansonsten war das Klima in diesem Kinderheim von Angst geprägt. Denn die tägliche Überprüfung der Hausaufgaben war eine Tortur. Sie kündigte sich mit knarrenden Holzdielen an. Dann ging die Tür auf und wir wurden der Reihe nach abgefragt. Wir hatten immer Angst, dass er durchdreht, herumbrüllt und uns zur Sau macht. Die Abstufungen waren das einzig Überraschende.

Es war im Frühling 1970. Wir Heimkinder saßen an einem großen Tisch im Aufenthaltsraum und machten Schulaufgaben. Als wieder die Holzstufen knarrten, wussten wir, auf was wir uns gefasst machen mussten.

Was sich am 18. Februar ereignet hatte, habe ich – noch am selben Tag – in einem Brief an meine Eltern aufgeschrieben:

»20 Uhr, 18. Februar 1970
Liebe Eltern,
ich will in dieser Sache, die heute vorkam, nichts weiter tun, als davon zu berichten. Herr Dr. Hasse kam hoch, um die Hausaufgaben nachzuschauen. Zuerst hatte er Thomas vorlesen lassen. Dann zeigte Heiner seine Englischhausaufgaben vor. Er musste ein Stück übersetzen. Heiner, der in der Schule gut ist, machte darin ein paar Fehler. Darüber ärgerte sich Herr Dr. Hasse. Dann kam Andrea dran. Sie musste das gleiche Stück übersetzen und machte dabei viele Fehler. Herr Dr. Hasse regte sich immer mehr darüber auf. Ich konnte mir schon denken, dass jetzt etwas passiert, und ich zitterte mit. Dann stieß er auf einen Fehler, der ihn so aufregte, dass er Andrea zuerst mit der Hand schlug. So ging das mindestens 20 Mal. Dann setzte er sich kurz hin. Auf einmal stand er wieder auf und haute Andrea gegen den Schrank. Er schlug Andrea so oft an den Schrank, dass ich etwas tun wollte. Dann schlug er Andrea in die Ecke. Nun nahm er seinen Hausschuh und schlug damit Andrea ins Gesicht. Dann schlug er ihr mit der Faust auf die Schläfe. Und die ganze Zeit drückte er mit dem Daumen unter das Kinn und schlug immer wieder zu. Da kam dann Frau Hasse und sagte zu Herrn Dr. Hasse, er solle aufhören.

Liebe Eltern, es ist schlimmer, wenn ich zuschauen muss, wie sie wehrlos geschlagen wird, als selbst geschlagen zu werden. Ich wüsste nicht, was passiert wäre, wenn Frau Hasse nicht hochgekommen wäre. Liebe Eltern, ich bin jetzt einfach fertig.«

Ich war damals 15 Jahre, Andrea war im selben Alter oder auch etwas jünger. Er schlug so lange zu, bis sich das unauslöschbar in mein Gedächtnis einbrannte.

In Wendthagen beziehungsweise in Stadthagen kam ich in die 8. Klasse des »Neuen Gymnasiums Stadthagen«. Das konnte man an den flachen Betonbauten sehen, die damals sehr modern waren. Ich wusste seinerseits nichts von den »68ern«, also von den »Studentenunruhen« in den späten 1960er-Jahren. Wir erlebten nur die krassen Unterschiede im Auftreten unserer Lehrer. Die alten Lehrer waren in jeder Hinsicht für die Rente reif und wahrlich keine Motivationskünstler. Aber sie waren auch kein großes Hindernis. Sie waren eher vergesslich und überfordert. Und dann gab es die jungen Lehrer, so Anfang 30 Jahre etwa. Sie waren für uns der Zugang zu einem anderen Universum. Unser Religionslehrer war in dieser Hinsicht sicherlich ein »Geschenk Gottes«, also das, was von der 68er Rebellion übrigblieb.

Er setzte sich auf seinen Tisch, anstatt auf den Stuhl hinter dem Lehrerpult. Er löste die Klassen/an/ordnung auf, die damals gang und gäbe war: Front/al/unterricht. Und er wollte mehr als zuhören und mitschreiben. Er wollte tatsächlich, dass wir lernen, etwas selbst herauszubekommen, anstatt den »Stoff« wiederzugeben. So kam ich zum ersten Mal in meinem Leben mit »Teamarbeit« in Berührung, während ich bis dahin eher nur das Herr-Knecht-Verhältnis kannte.

Mit diesem Lehrer tauchten wir in eine andere, neue Welt ein. Wir lasen im Religionsunterricht »Das Bolivianische Tagebuch« von Che Guevara. Wie gesagt: im Religionsunterricht. Zwar wussten wir nicht, wo Bolivien liegt, noch wer Che Guevara war. Aber diese Schullektüre eroberte mein Gedächtnis und erst sehr viel später realisierte ich, was wir damals gelernt hatten.

Eines Tages stand der Heimleiter in »unserem« Aufenthaltsraum am Fenster. Ich konnte sein Gesicht nicht sehen. Aber ich ahnte, was kommen würde. Ich hatte gerade eine Sechs in Deutsch mit »nach Hause« gebracht. Das war in der Tat noch schlechter, als ich wirklich war. Er blieb eine kleine Ewigkeit am Fenster stehen und bemühte sich vielleicht, sich zusammenzureißen. Dann aber drehte er sich um und schlug … ins Leere. Ich konnte ihm ausweichen. Für diesen einen Schlag. Dann stürzte er sich auf mich. Ich war kleiner als er, aber ich war ziemlich wendig und gut in Sport. Die einzige Eins, die ich zu dieser Zeit in der Schule bekam. Er nahm mich in den Schwitzkasten und ich konnte mich herauswinden. Dabei verlor er das Gleichgewicht und stürzte zu Boden. Ich blieb wie angewurzelt stehen. Ich war erschrocken und fürchtete mich vor dem, was folgen würde, wenn er wieder auf den Beinen stünde. Ich zitterte … und es passierte nichts. Er rappelte sich auf, machte irgendwelche Drohungen und verließ unseren Aufenthaltsraum.

Ich hatte mich noch nie gewehrt. Ich habe noch nie jemanden daran gehindert, etwas zu tun, was mir wehtut, was mich verletzt. Jetzt aber war es geschehen und ganz tief in mir wusste ich, dass mein Leben soeben eine Zäsur erfahren hatte.

Ich schrieb an meine Eltern. Ich erklärte ihnen den Vorfall und bat sie inständig, mich zurückzuholen. Vielleicht wäre »zurücknehmen« das bessere Wort – wie ein Päckchen. Die Antwort war mindestens genauso schlimm wie dieser Ringkampf mit Dr. Hasse. Meine Eltern erklärten mir, dass ich selbst daran schuld sei und dass ich keinen weiteren Anlass geben solle, damit sich so etwas wiederhole. Ich las den Brief immer wieder und dachte mir, dass jetzt nur noch ein Selbstmord helfen könne, um ihnen begreiflich zu machen, wie bedrohlich die Lage war. Ich bin meiner Weitsicht sehr dankbar. Ich ging meinen Selbstmord durch und entdeckte einen großen Fehler in diesem Vorhaben: Wenn ich tot bin, könnte ich ja gar nicht mehr mitbekommen, ob dieser ›Hilferuf‹ meine Eltern erreichen und zum Umlenken bewegen würde.

Ich nahm von dem Selbstmord-Plan Abstand. Das wurde mir ein klein wenig dadurch erleichtert, dass die Rache des Heimleiters ausblieb.

Ich kann nicht sagen, ob dieser Vorfall der Grund dafür war, dass der Heimleiter einige Wochen später den Entschluss gefasst hatte, das Kinderheim zu schließen. Daraufhin beauftragten mich jedenfalls meine Eltern, selbst dafür zu sorgen, dass ich bei Mitschülern eine neue Bleibe finden könnte. Es waren die Eltern von Jörg, ein Klassenkamerad, die zusagten und damit die Drohung abwendeten, dass ich andernfalls zu meinen Eltern zurückmüsse. Sie besaßen ein kleines Haus und so kam ich zu meinem ersten eigenen Zimmer. Es war ein typisches Arbeiterfamilienhaus. Ein bisschen Eigentum, zwei Stockwerke, jeweils drei Zimmer. Eben das, was sich »kleine Leute« erarbeiten konnten – in den 1960er und 1970er-Jahren. Ich fühlte mich dort wohl und aufgenommen, obgleich ich von Jörgs Vater kaum etwas mitbekam. Die Mutter war wie aus einem Heimatfilm über eine ordentliche, fleißige deutsche Arbeiterfamilie: Sie war unentwegt beschäftigt, hatte fast immer eine Schürze an und sorgte sich um uns. Das schloss auch mich ein, was ich überhaupt nicht gewohnt war. Ich habe zwar kein Bild mehr von ihr als Person im Kopf, dafür die Schulbrote mit Weichkäse und Tomaten darauf. Weichkäse war damals die Errungenschaft aus Frankreich.

Es war, als würde ich aus einem Gefängnis ins Freie kommen. Keine Gitter mehr, keine Wärter. Gleich am ersten Wochenende kam ich sehr betrunken nach Hause. Das wird nicht schwer gewesen sein, denn ich hatte bis dahin mit Alkohol nichts zu tun. Die neue Welt drehte sich und ich bemühte mich vergeblich, den Haustürschlüssel ins Schloss zu bekommen, bis der Vater von Jörg von innen die Tür öffnete und ich ihm vor seine Füße fiel. Der Vater sagte gar nichts und ich war sehr dankbar darüber. Das niederträchtige Gefühl, so die Gastfreundschaft missbraucht zu haben, werde ich nie vergessen. Fortan sorgte ich dafür, dass so etwas nicht mehr passieren konnte. Ich war ja bisher ein Donnerwetter gewohnt, eine Bestrafung, aber beides blieb aus.

Die Zeit bei Jörgs Eltern war für mich sehr wichtig. Es war alles sehr solide, keine Hintertüren, keine Verstecktheiten, keine latente Gewalt in der Familie. Von dieser sicheren Basis aus hatte ich eine aufregende Zeit, die plötzlich all das an Leben bot, was mir jahrelang verschlossen blieb. Mein Schulfreund Jörg war ein gemütlicher, ruhiger und kräftiger Typ. Er hatte ein Moped, was auf dem Land so viel wie oder noch wichtiger als eine Freundin war, mit der man ›ging‹. Alle Schulfreunde hatten eine Freundin, glaubte ich. Ganz im Gegensatz zu mir, der noch nie mit einem Mädchen ›gegangen war‹. All meine Schulkameraden prahlten mit ihren Erlebnissen und ich hatte ständig nur eine Angst: nicht aufzufliegen, dass ich von all dem keinen blassen Schimmer hatte. Ich konnte ja nicht einmal eine Sex-Geschichte erfinden.

Das dürfte auch der Grund gewesen sein, dass ich mit dem Fahrrad in den Graben fuhr, als ich meine erste Freundin verließ. Sie hieß Maria und ich war so glücklich, dass ich es ›geschafft‹ hatte. Geschafft ist der passende Ausdruck für die Anstrengung, die hinter mir lag. Es ging sicher weniger darum, ob ich sie mochte (das Wort Liebe war bei mir noch nicht angekommen), sondern ob ich sie »kriegte«.

Wir trafen uns in der Wohnung ihrer Eltern. Die Tür zu ihrem Zimmer war zu und doch offen – für eine plötzliche Überraschung – wie im Kinderheim. Mit dieser Anspannung ›genoss‹ ich die Berührungen, unsere Küsse, also meine ersten Küsse. Im Zentrum stand jedoch ihr BH. Ich wusste nicht, wie man ihn aufbekommt, wie man ihn ganz selbstverständlich aus dem Weg räumt. Die Peinlichkeit überwog jedes erotische Gefühl, bis Marias Geduld erschöpft war und sie ihn selbst öffnete. Und dann ging die Tür auf. Die Mutter schaute uns an, als wäre sie ganz zufällig vorbeigekommen. Wir verstanden das Signal sicherlich richtig, machten uns zurecht und verließen das Bett. Ich verabschiedete mich von meiner ersten Freundin, stieg aufs Fahrrad … und landete wenig später, wie gesagt, im Graben.

Freundinnen zu haben, also sich sehen lassen zu können, war das Wichtigste. Da ich bis dahin keine Ahnung hatte und die kurze Freundschaft mit Maria nicht viele Erfahrungen, schon gar nicht eine Selbstverständlichkeit hinterließ, wurde meine Angst zu versagen nicht kleiner, sondern größer, als ich Christine kennenlernte. Sie ging auch aufs Gymnasium, eine Klasse über mir. Fünf Klassen über mir war sie jedoch, weil sie in einer Band spielte, am Keyboard. Mehr ging nicht in unserer sehr kleinen, provinziellen Welt, im toten Winkel von Hannover. Es gab nicht viel Aufregendes in dieser Provinz. Aber die Disco am Samstag war das Highlight. Und Christine spielte mit ihrer Band ab und an in dieser Disco. Ganz sicher wusste ich damals nichts über Herrschaftsverhältnisse, aber ich wusste, dass sie in einer anderen Liga spielt. Wie ich Christine kennenlernte, weiß ich nicht.

Sie lebte mit ihren Eltern in einem Dorf, das so weit weg von Stadthagen war, dass man den Zug dorthin nehmen musste. Das will nicht viel heißen, wenn man genug Geld für ein Ticket hat. Meine Eltern statteten mich jedoch mit zehn Mark Taschengeld im Monat aus, was auch damals sehr wenig war. Einmal in die Disco war fast schon zu viel. Auch das war mir peinlich.

Christine ließ mich eines Tages wissen, dass ihre Eltern am Wochenende weg wären und wir das ganze Haus für uns alleine hätten. Wir hatten also den Abend und die Nacht ganz für uns. Früh morgens sollte ich dann das Feld räumen. Das Besondere an dieser Begegnung war, dass ich keinerlei Versagensängste hatte und dass ich zum ersten Mal so etwas wie Zuneigung und Vertrautheit spürte.

Wir saßen auf der Coach, im Wohnzimmer ihrer Eltern und … redeten und redeten. Ganz lange und intensiv über Albert Camus, den französischen Philosophen. Es ging uns dabei nicht um den Existenzialismus, eine Strömung innerhalb der Philosophie, sondern um das, was Albert Camus übers Leben erzählte. Mit unseren damals plus/minus 17 Jahren konnten wir nicht über unser eigenes Leben reden. Deshalb nahmen wir den Umweg über Camus. Auf diese Weise konnten wir über uns reden. Indem wir mit sicherem Abstand etwas über die Schwierigkeiten des Lebens erfuhren, waren wir verbunden, aufgehoben, im Schmerz und Leid des anderen. Damals kannte ich kein Leid, keinen existenziellen Schmerz. Ich musste das, was mit mir passiert, als selbstverständlich hinnehmen, um mich zu schützen.

Wir haben die Couch den ganzen Abend, die vielen Stunden bis ins Morgengrauen nicht verlassen. Je später es wurde, die Nacht wich, desto öfter nickten wir ein. Mein Kopf lag in ihrem Schoß und die Welt war in Ordnung.

Die zweite Hälfte meines Lebens

Hồ Chí Minh in Offenbach

1972

Ich bin gerade 18 Jahre alt geworden, was einen damals nicht aus den Fängen der Eltern befreite. So begann ein niederschmetternder Rückfall. Meine Eltern konnten sich meine Auslagerung nicht mehr leisten. Ich musste zurück, nach Hause, das keines war. Man hatte nicht einmal Platz für mich und so wurde ich im Arbeitszimmer meines Vaters abgestellt. Dort schlief ich auf einem Klappbett. Wenn ich zur Schule ging, musste ich alles so herrichten, dass nichts mehr auf mich verwies.

Ich kam in die Leibnizschule in Offenbach, in ein ›Gymnasium für Jungen und Altsprachliches Gymnasium‹. So paradox es klingt: Diese sehr konservative Schule wurde für drei Jahre mein zweites, also eigentliches Zuhause. Das lag weniger an der Schule, sondern mehr an den Wirbelströmen um sie herum. Denn auch dort hatte die 1968er-Bewegung Spuren hinterlassen. Meine Klasse konnte man so aufteilen: Ein gutes Drittel entstammte reichen Familien. Wenn sie das Abi bestanden hatten, stand als Belohnung ein Porsche vor der Tür. Sie waren sauber und bieder gekleidet und benahmen sich angepasst und kleinlaut. Das zweite Drittel bestand aus Langhaarigen und Unerzogenen. Mit denen hat es sehr viel Spaß gemacht. Das letzte Drittel bestand aus den Unauffälligen, die man nicht zuordnen konnte, die aber niemanden störten. Sie hielten sich aus allem heraus und wollten nirgendwo anecken.

Wir aus dem zweiten Drittel hatten das Sagen. Wir wirbelten den Schulunterricht durcheinander, bestimmten die Pausen und alles, was vor und nach der Schule passierte. Natürlich waren wir dem ersten Drittel ein Dorn im Auge. Aber wir waren interessant und … irgendwie auch anziehend.

Das Lehrerpersonal war ausgesucht konservativ bis reaktionär. Das lag zum einen am Einzugsgebiet der Schule, aber auch an der Schulleitung, die dafür sorgte, dass ›68‹ nicht im Kollegium ankam.

Der Direktor war um die 60 Jahre alt und so etwas wie die Inkarnation des Nazi-Reiches. Er trug oft einen langen schwarzen Ledermantel, den wir für einen SS- oder Gestapo-Mantel hielten. Er war in seinem ganzen Auftreten ein … Arschloch.

Ja, es gab auch jüngere Lehrer, aber selbst die waren konservativ. Dazu zählte unser Französischlehrer, der so um die 35 Jahre alt war. Sein Auftreten war ein klein wenig lockerer, aber wir stritten uns mit ihm bei jedem Thema. Aber er war auch eine Herausforderung. Es dauerte nicht lange und wir bekamen heraus, dass er in der CDU und dort auch aktiv war. Er zählte dort zu den »jungen Wilden«, was wir ziemlich belustigt zur Kenntnis nahmen. Aber für ihn war es wohl eine Art kleiner Aufstand, in der CDU gegen die Honoratioren anzutreten und sie abzulösen.

Die drei Jahre, die ich an der Leibnizschule verbrachte, waren in jeder Hinsicht ein Gewinn.

Trotz aller Bemühungen des Direktoriums, diese Schule gegen die 68er-Gedanken abzudichten, gelang dies kaum. Vielleicht war die Abwehr linker Ideen auch der eigentliche Grund für die Einführung des Numerus Clausus (NC) an den Hochschulen. Wenn man den Langhaarigen, Hippies und Revoluzzern schon nicht den Zugang zur Schule verwehren konnte, dann sollte doch wenigstens der Zugang zur Universität erschwert werden. Man durfte getrost annehmen, dass in dem NC-Sieb vor allem diejenigen hängen blieben, die nicht aus betuchten Familien stammten. Wenn ich mich recht erinnere, durften zum Beispiel nur Abiturienten mit einem Notendurchschnitt von 1,2 ein Jurastudium beginnen – womit für Nachwuchs an »furchtbaren Juristen« gesorgt war.

Auch wir sorgten uns um unsere Zukunft und beschlossen einen einwöchigen Schulstreik. Wir wollten auch mit schlechten Noten an die Uni. Das klingt auf den ersten Blick doch recht vernünftig und gerecht. Aber wenn man heute das Flugblatt zu diesem Schulstreik liest, klingt das ziemlich entschieden und mit allen Wassern gewaschen:

»In unserer gestrigen Vollversammlung sind wir durch gezielte Störversuche an der Klärung wichtiger Punkte gehindert worden, zum Beispiel Wahl eines Streikkomitees … Der Streik wurde mehrheitlich beschlossen. (…) Der Unterricht findet nicht statt. (…) Wenn Schüler aus den Klassen, die mehrheitlich für den Streik gestimmt haben, durch die Teilnahme an den Arbeitsgruppen Nachteile erfahren, sollten sie sich an das Streikkomitee wenden und folgendes Rechtsgutachten zur Kenntnis nehmen: ›Schulstreiks aus überaus wichtigen Anlässen sind erlaubt … Das Recht zum Schulstreik nehmen grundgesetzmündige Schüler selbst wahr. In diesen Fällen ist eine zwangsweise Vorführung zum Unterricht beziehungsweise die Bestrafung von Einzelnen unzulässig. Schulleiter, die solches wider besseren Wissens behaupten, machen sich der Verwirklichung des Straftatbestandes der versuchten Nötigung (§ 240/243 StGB) schuldig.‹ Dieses Zitat ist als ein Rechtsgutachten dem ›Roten Kalender‹ entnommen.«

Wer irgendwie zum zweiten Drittel gehörte, der hatte auch einen »Roten Kalender«, denn man hatte keinen normalen Kalender, sondern eben den *roten* Kalender. Dieser erinnerte Woche für Woche an viele historische Ereignisse, Revolutionen, Streiks, Ermordungen von Freiheitskämpfern und hatte außerdem ganz viele hilfreiche Tipps parat, mit denen man auf den Spuren unserer Vorgänger wandeln konnte.

In diesen Streiktagen organisierten wir zahlreiche Arbeitsgruppen zu schulischen und außerschulischen Themen. Zudem gaben wir eine Streikzeitung heraus. Selbstverständlich machten wir auch eine Demonstration. Was bis dahin nur im Fernseher zu sehen war, spielte sich nun unter den Augen verblüffter Passanten ab: Laut und lärmend liefen also Ende Januar 1973 etwa 3 500 Schülerinnen und Schüler durch die Geschäftsstraßen Offenbachs. Plötzlich blieben sie stehen, bildeten Ketten, sprangen auf der Stelle, während jemand mithilfe eines scheppernden Megafons herunterzählte: 10, 9, 8 … Bei Null angekommen, rannten alle los und riefen plötzlich »Ho Ho Ho Hồ Chí Minh«. So grundlos sie losrannten, so grundlos kamen sie auch wieder zum Stehen.

Wie wir darauf kamen, unseren Kampf gegen den Numerus Clausus mit dem Namen des vietnamesischen Revolutionärs zu verbinden, erschließt sich mir auch heute nicht ganz. Vielleicht stand der »Vater« des Guerillakriegs für uns ganz schlicht für den Kampf von David gegen Goliath.

Nicht viel später jedenfalls zog der Vietcong siegreich in Saigon ein. Die US-Regierung hatte den Vietnam-Krieg auch in Offenbach verloren und wir den Kampf gegen die Einführung des Numerus Clausus – was, welthistorisch betrachtet, ein vertretbarer Kompromiss war.

Meine Freunde und ich bekamen wenig später Kontakt zu einer Gruppe, die ein unabhängiges Jugendzentrum für Offenbach forderte und damit der Stadt auf die Nerven ging. Eine ihrer eindrucksvollsten Aktionen war ein ungebetener Besuch im Offenbacher Rathaus am 15. März 1973. Mit 40 bis 50 Leuten betraten wir das Rathaus, platzten mitten in eine Stadtverordnetenversammlung und setzten unser Anliegen auf die Tagesordnung. Einer von uns hielt eine lange Rede. Sie war alles andere als geschliffen und flüssig. Aber worum es ging, war unüberhörbar und eindeutig: Es ging nicht um eine Bitte, es ging nicht um Verständnis und auch nicht um ihr Wohlwollen. Es ging um etwas, was uns zustand! Das machte nicht nur auf die verdutzten Stadtverordneten Eindruck, sondern auch auf uns. Anstatt die Polizei zu holen, übten sie sich in Geduld. Sie hörten zu und versprachen uns, das Anliegen zu prüfen.

Die *Frankfurter Allgemeine* verarbeitete das Ganze so: »Eine randalierende Gruppe sehr junger Leute, die als Jugendliche zu bezeichnen hochgestapelt wäre, war am 15. März im Stadtverordnetensaal aufgetreten und hatte eine Sitzung zum Platzen gebracht. Ihre Leistung hatte darin bestanden, unnachgiebig zu grölen, man verlange ein Jugendzentrum.«

Die Abgeordneten schüttelten sich ein paar Tage, prüften das Anliegen viele Wochen, bis sie es für nicht realisierbar erklärten. Also half nur noch die Besetzung eines Hauses, das im Zentrum lag. Das Haus stand seit Monaten leer und sollte nach erfolgreicher »Entmietung« und Vorliegen einer Baugenehmigung abgerissen werden. Besitzer war eine Bank, die dort ihren Bankkomplex platzieren wollte.

Offenbach hatte so seine erste Hausbesetzung in seiner Stadtgeschichte. Und die *FAZ* hatte etwas zu schreiben: »Am 8. Mai erschraken alle miteinander. Die Unleidlichen waren ins leer stehende, zum Abriss bestimmte Haus Kaiserstraße 73 eingezogen, prahlten damit, keiner ›Gewalt der Bullen‹ zu weichen, und proklamierten auf den an der Hauswand hängenden Parolentüchern, hier ihr Jugendzentrum einzurichten.«

Auch die liberale *Frankfurter Neue Presse* rang nach Worten: »Während am Freitag die rund hundert jugendlichen Hausbesetzer, unter ihnen auch Kinder, weiterhin mit Barrikaden den Dreistöcker in der Kaiserstraße 73 verteidigten und an Passanten Flugblätter verteilten, auf denen sie sogar die Bürger um Möbel, Matratzen, Wasserbehälter, Geschirr, Toilettenpapier und Verbandszeug baten, ging in vielen Amtszimmern das Rangeln um diese illegale Aktion weiter. Die Hausbesetzer luden am Freitag auch Jugendliche zur Diskussion in die besetzten und in ein ›Haus der Jugend‹ umfunktionierten Räume ein, prüften aber sorgfältig alle Besucher, denn ›Spitzel, Bullen und Bonzen‹ wollten sie keinesfalls in die Räume lassen.«

Wir verlegten unsere Schulzeit weitgehend »auf die Straße«. In Dietzenbach, das von Offenbach aus leicht zu erreichen war, gab es ein selbst verwaltetes Jugendzentrum, das ebenfalls aus einer Besetzung hervorgegangen war. Zum ersten Mal bekamen wir eine Ahnung davon, was Selbstverwaltung bedeutet. Es gab dort keine Sozialarbeiter, die bestimmten, wo es langging. Fast alles wurde in einem Plenum beschlossen, das allen im Zentrum offenstand. Hier wurden die Aufgaben verteilt, die Probleme und Konflikte besprochen und geregelt. Zudem wurde ein Programm für die nächsten Wochen verabschiedet, das es in sich hatte. An den Wochenenden gab es immer eine Veranstaltung, sei es mit Musik- oder mit Theatergruppen. Niemand musste Geld haben, um sich das leisten zu können – was eine grandiose Erfahrung für uns war. Und die meisten Veranstaltungen waren brechend voll.

An einem dieser Wochenenden trat das »Waldemar-Theater« aus Berlin auf. Der Raum war restlos überfüllt. Mangels Stühlen saßen alle auf dem Boden. Die Akteure hatten keine fantasievollen und aufwendigen Kostüme, sondern trugen normale Straßenkleidung. Das Stück, das im Wesentlichen Alltagsprobleme nachstellte, fand anfangs auf der Bühne statt. Plötzlich entzündete sich ein lauter Streit im Publikum. Eine Frau und ein Mann stritten heftig, brüllten sich an, schupsten und stießen sich. Der Streit eskalierte und wir im Publikum begannen uns zu fragen.

Gehört das zum Bühnenstück? War das Teil der Aufführung? Oder geriet ein Pärchen aus dem Publikum aus irgendwelchen Gründen aneinander?

Als der Mann die sich heftig wehrende Frau in Richtung Bühne zog, machten einige Zuschauer Platz, rückten zur Seite, andere schrien den Mann an, dass er die Frau loslassen solle. Auf der Bühne angekommen, presste der Mann die Frau unter sich, hielt ihre Arme fest und drückte sie zu Boden. Die Frau schrie, wir hatten schweißnasse Hände. Plötzlich flogen Bierflaschen in Richtung Bühne, einige Männer standen auf, drängten sich durchs Publikum und rissen an dem Kerl, der über der Frau lag. Die Stimmung war völlig aufgewühlt und unübersichtlich, als ein Mitglied des »Waldemar-Theaters« auf die Bühne »Stopp!« rief. Er erklärte uns, dass diese Szene gespielt war und zum Stück dazugehörte. Wir konnten also tief durchatmen. Das war Theater, das sich nah an unserem Leben bewegte.

Ohne viel Theater schmissen mich meine Eltern ein paar Wochen später aus ihrer Wohnung. Mein Vater ließ das Schloss auswechseln. Ich kam mit meinem Schlüssel nicht mehr in die Wohnung. Auch Klingeln nutzte nichts. Niemand reagierte. Ich begriff sehr schnell. Das Klappbett vermisste ich nicht.

Mit ihrer Lust und Gründlichkeit, mir auch jeden weiteren Schritt in meinem Leben so schwer wie möglich zu machen, beließen sie es nicht dabei: Sie nahmen mich – mit großer Zustimmung des Direktors – von der Schule, noch bevor das 11. Schuljahr zu Ende war.

Zu dem Direktor möchte ich noch ein paar Worte verlieren. Er hatte – wie mein Vater – ganz sicher am Zweiten Weltkrieg teilgenommen. Alles, was wir aus seinem Munde erfahren haben, ließ die Mutmaßung zu, dass er vom Dritten Reich und seiner rassistischen Weltordnung total begeistert war. »Sport macht ideologiefrei« war nicht nur ein beliebter Ausspruch von ihm, sondern zugleich Programm. Die Förderung von Schülern, die beim Offenbacher Fußballverein OFC spielten, stand ganz oben auf seiner Agenda. In einem Anschlag an einer schulinternen Pinnwand wies der Direktor seine Lehrer an, das Engagement in diesem Fußballverein bei schwächelnden bis ungenügenden schulischen Leistungen zu berücksichtigen – was einer angeordneten Manipulation von Schulnoten gleichkam. Wir hielten – mit leichtem Hang zur Übertreibung – dagegen: »Sport ist Mord – Leistungssport ist Völkermord«.

Aber diese Zeit hatte auch Märchenhaftes zu bieten und das hatte einen Namen: Christel. Sie verkörperte für mich Traumwelten: Zum einen war sie Tochter eines Lederfabrikanten, also genau solcher Eltern, die ihre Kinder bevorzugt auf die Leibnizschule schickten. Aber sie war auch eine Sängerin, für mich ein Star auf der Bühne. Ihre Band hieß »MERLINS Fantasy-Farm« und machte … Folkmusik? Ich weiß es, ehrlich gesagt, nicht sicher. Der Musikstil war jedenfalls meilenweit von dem entfernt, was ich hörte: »Ton Steine und Scherben«, eine Politband, die für uns die wahren Sterne am Himmel waren.

Aber Christel war eine Sängerin, und das zählte: auf der Bühne stehen, sich etwas zutrauen, etwas zu sagen haben. Genug für meine erste große Liebe. Ich hatte sie auf einer Schulparty kennengelernt. Sie war mit einem Schulfreund locker zusammen, der die ziemlich offensichtlichen Annäherungen mitbekam und mich daraufhin wissen ließ: »Sie ist eine Nymphomanin.«

Ich werde das Wort in meinem Leben nicht mehr vergessen, denn ich wusste nicht, welche Gefahr damit verbunden sein sollte. Hastig suchte ich im Wörterbuch nach der Bedeutung: eine Liebes- und/oder Sexhungrige, die nicht genug bekommt und die Männer völlig überfordert. In der Wirklichkeit wie in der Phantasie. Diese Lektion traf mich im Mark. Denn sie bedeutete Unmögliches: Zum einen hatte ich noch nie mit einer Frau geschlafen und war mir ganz sicher, dass jetzt meine Fassade vom coolen, (sex-)erfahrenen Jungen auffliegen würde. Gleichzeitig faszinierte mich die Vorstellung, dass jemand nicht genug bekommen kann. Ich musste bis dahin mit recht wenig zurechtkommen. In der Regel geht diese Konstellation nur in der Fantasie auf …

Sie lud mich zu sich nach Hause ein, in die Villa ihres abwesenden Vaters. Sie zeigte mir entspannt lässig das Haus, dessen Pracht mich überwältigte. Mit einer unglaublichen Selbstverständlichkeit zeigte sie mir die verschiedenen Schlafzimmer, die wir zur Auswahl hatten. Meine Lust wich jedoch diesen Überwelten. Ich hatte nicht die vielen Schlafzimmer im Kopf, sondern mein nacktes Versagen.

Ich werde diesen Moment nie in meinem Leben vergessen. Wie und wie weit wir uns auszogen, weiß ich nicht mehr. Wir lagen jedenfalls im übergroßen Bett und mich fröstelte es. Meine Lust war völlig dahin und ich war nur noch mit der Blamage beschäftigt. Ich rechnete mit etwas wie: »Na ja, lassen wir es. Das bringt es ja nicht. Gehen wir Eis essen«, oder etwas vergleichbar Niederschmetterndes. Stattdessen nahm mich Christel in den Arm, hielt mich fest, wärmte mich. Ganz langsam verschwanden die Übergrößen und zwei Menschen lagen beieinander und bekamen Lust aufeinander.

12 Quadratmeter

1973

Ich kam bei einem Freund unter. Er war Lehrling bei Mercedes und wohnte bei seiner geschiedenen Mutter in einer kleinen Zwei-Zimmer-Wohnung. Wir teilten uns fortan sein 12-Quadrat-Meter-Zimmer. Neben seinem Bett reichte es gerade so für eine schmale Matratze. Viel mehr brauchte ich nicht. Denn ich besaß, was ich am Leib trug. Ich war ohne Schule, ohne Geld, ohne Papiere, ohne Plan.

Zum Glück hatte meine Freundin reiche Eltern. Als wir uns trafen, drückte mir Christel ein Couvert in die Hand. Ich öffnete es und konnte fünf Hundert-Mark-Scheine zählen. Verdammt viel. »Mein Vater lässt dir ausrichten, dass du das zurückzahlen kannst, wenn es passt. Er hat es nicht eilig.«

Ich lebte so in den Tag hinein und machte mir keine Zukunftsgedanken. Es gab Freunde, die einen Fahrerjob hatten und mich auf ihren Touren mitnahmen. Ich half ihnen bei der Auslieferung und bekam im Gegenzug dafür ein Essen. Das war für mich ein guter Deal und ich war immer unterwegs.

Wie er das hin-, also rausbekommen hat, ist mir ein echtes Rätsel. Mein Französischlehrer machte mich ausfindig und ließ mir ausrichten, dass ich doch bei ihm vorbeikommen solle. Er könne mir helfen. Ich konnte mir darauf keinen Reim machen, wie mir ein überzeugter CDU-Mann helfen könnte, aber ich klingelte bei ihm.

Zuerst erklärte er mir die Lage, also meine: Es gäbe einen Konferenzbeschluss vom 26.6.1973, in dem festgehalten wurde, dass ich in die 12. Klasse versetzt worden sei. Damit verbunden sei ein Beschluss, dass ich zur Leibnizschule zurückkehren könne, wenn ich eine Volljährigkeitserklärung vorlegen könnte.

»Also, wenn du willst, kann ich dir einen Rechtsanwalt besorgen, ein Freund, der dich nichts kosten wird. Gut, er gehört zu den schlagenden Verbindungen, aber das sollte in deiner Situation kein Hindernis sein. Er wird alles regeln und dann mache ich einen Termin mit dem Direktor für dich aus.«

Ich schaute ihn fassungslos an und er konnte meine Gedanken wohl mitlesen: *Wieso macht der das? Da stimmt doch etwas nicht?*

»Ich sehe schon. Du traust dem Braten nicht und fragst dich sicher, warum ausgerechnet ich dir helfe? Nun, ganz einfach: Du zweifelst an der Demokratie und ich will dir beweisen, dass sie funktioniert. Der Rauswurf aus der Schule war nicht in Ordnung und dagegen kann man vorgehen. So einfach ist das. Und außerdem brauchst du für den Anfang gewiss Geld.«

Ich nickte gedankenlos und war noch ganz bei diesem merkwürdigen Schutzengel.

»Und Kleider kannst du wohl auch gebrauchen.«

Er schaute kurz an mir herunter. Ich hatte eine blaue Cordhose an, die am Oberschenkel ausgerissen war und von einer Sicherheitsnadel zusammengehalten wurde. Ich war noch am Sortieren, als er mich zu seinem Kleiderschrank führte.

»Such dir etwas aus. Das ziehe ich alles nicht mehr an. Vielleicht ist etwas dabei, was dir passt. Ich weiß, dass das gerade nicht dein Geschmack ist, aber das spielt jetzt keine Rolle.«

Ich stand vor seinem gut gefüllten Kleiderschrank und ließ mir nichts anmerken. Lauter faltenfreie Hemden und Bügelfalten-Hosen. Ich zierte mich erkennbar und wollte auch nicht unhöflich sein, was mein Französischlehrer schnell mitbekam.

»Okay, ich weiß, das ist nicht dein Stil. Such dir trotzdem was aus. Solange du nichts Eigenes hast, ist das ja eine Zwischenlösung.«

Am Ende der Modenschau hatte ich einige Bügelfaltenhosen und Hemden ausgesucht. Kurz vor dem Ende dieser ungewöhnlichen Begegnung griff er in seinen Geldbeutel und holte drei Hundert-Mark-Scheine heraus. »Hier, nimm das, bis du das mit dem Sozialamt geklärt hast, brauchst du ja Geld. Wenn du aus dem Gröbsten heraus bist, kannst du mir es ja zurückbezahlen.«

Ich hielt die Geldscheine in der Hand und war beschämt, ohne es mir anmerken zu lassen.

Sehr bald hatte ich tatsächlich die Volljährigkeitserklärung in der Hand. Auch die Androhung einer Klage gegen meine Eltern zeigte Wirkung. Es ging um die Herausgabe meines Eigentums, was nicht viel war, aber eben mehr als die eine zerrissene Cordhose. Über meinen Rechtsanwalt ließen meine Eltern mir ausrichten, dass die Sachen zum Abholen bereitstünden.

Ich klingelte. Ich ging die Treppen hinauf und hatte beides: ein schlechtes Gefühl, gegen meine Eltern zu klagen, und die Entschlossenheit, nicht klein beizugeben. Meine Mutter stand auf einer Weise in der Wohnungstür, dass mir sofort klar war: Hier kommst du nie wieder rein.

»Lass uns runtergehen, dort habe ich alles zusammengestellt.«

Mein Vater, mein Kriegsheld, ließ sich nicht blicken. Im Keller öffnete sie den Verschlag zu ihrem Kelleranteil.

»Da steht alles. Ich habe dir noch ein paar Betttücher dazugepackt. Und hier unterschreibe, dass du alles bekommen hast.«

Sie hielt mir ein halbseitiges, mit der Schreibmaschine verfasstes Schreiben hin: »Der Unterzeichnete bestätigt den Erhalt nachstehend aufgeführter Dokumente: Reisepass, Wehrpass, Jugendschwimmpass, Siegerurkunde, Impfzeugnis, zwei Zeugnishefte und seiner vollständigen Habe, bestehend aus zwei Koffern, zwei Schachteln, sieben Tragetaschen, wobei auf Einzelaufstellung ausdrücklich verzichtet wird. Frankfurt am Main, 6. September 1973.«

Nach dieser Begegnung vergingen etwa zehn Jahre, bis ich meiner Mutter wieder begegnete.

Im nächsten Schritt meldete ich mich bei meinem ehemaligen Französischlehrer. Er fädelte ein Treffen mit dem Schuldirektor ein. Der sah nicht gerade glücklich aus, mich wiederzusehen. Schließlich musste er sich an den Konferenzbeschluss halten. Als bittere Pille hatte er sich aber etwas fein Schikanöses ausgedacht. Er schob mir ein beschriebenes Blatt Papier zu.

»Das musst du hier unterschreiben. Es geht darum, dass du damit bestätigst, dass du dich in der Schule aller politischen Aktivitäten enthalten wirst. Andersfalls droht dir der Verweis von der Schule. Damit das klar ist.«

Ich unterschrieb. Mir schien das alles belanglos zu sein, denn das Wichtigste hatte ich ja geschafft. Ich bin back again, dort, wo ich mich zu Hause gefühlt habe. Zurück in meiner alten Klasse.

Zum anderen waren da meine langhaarigen Schulkameraden mit Schlabberhosen beziehungsweise Jeans. Mein bester Freund in der Schule hieß passenderweise »Balu«, der Bär. Und so war er auch: kräftig und gutmütig. Er hatte lange Haare und trug einen Paketgriff um den Hals. Was es damit auf sich hatte, habe ich nicht gefragt. Er war einfach speziell und so mochte ich ihn auch.

Nebenbei besuchten wir auch die Schule, was fast wie eine Erholung war. Man muss dabei erwähnen, dass eine neue Verordnung uns erlaubte, ein Drittel des Unterrichts unentschuldigt zu fehlen. Das war wohl ein Tribut an die unruhigen Zeiten. Ich schöpfte mein Kontingent voll aus. Doch dann passierte etwas, was mich spüren ließ, was so ein Stück Papier für Folgen haben kann – besagte Erklärung, die ich bei der Wiederaufnahme unterschrieben hatte.

Am 11. September 1973 putschte das Militär gegen die gewählte Regierung von Salvador Allende in Chile. Was wir über den Putsch genau wussten, kann ich nicht rekonstruieren. Denn offiziell, also das, was man zu lesen bekam, war das eine gute Sache, um das Land vor dem Kommunismus zu retten. Später sagte der General

Augusto Pinochet über die Motive des Militärputsches etwas sehr Bemerkenswertes: »Die Demokratie muss gelegentlich in Blut gebadet werden, damit die Demokratie fortbestehen kann.«

Auf jeden Fall verfassten wir schnell ein Flugblatt und verteilten es anschließend in der Schule. Genauso schnell, einen Tag später, ließ mich der Direktor zu sich rufen. Mir schwante nichts Gutes. Er kam sofort zur Sache und hielt mir besagtes Flugblatt wie einen stinkenden Putzlumpen unter die Nase.

»Du hast eine Erklärung unterschrieben, das weißt du wohl noch.«

»Ja, ich erinnere mich an etwas.«

Der Direktor schaute mich höhnisch und verächtlich zugleich an. »Du hast unser Vertrauen gebrochen, das ist dir doch klar?«

»Ich weiß nicht, wovon Sie reden.«

»Du hast dieses Flugblatt verteilt und das ist eine politische Betätigung, die du zu unterlassen hast.«

Zur Unterstreichung wedelte er mit dem Flugblatt herum.

»Es stimmt, dieses Flugblatt wurde verteilt. Aber woher wollen Sie wissen, dass ich es verteilt habe?«

»Ein Schüler hat dich dabei gesehen und es mir gemeldet.«

Was wäre die Macht der Direktoren ohne ihre Lakaien? Was wäre der Herr ohne den Knecht … Ich machte mir keine Mühe, das Ganze abzustreiten. Ich sagte nichts und malte mir schon den nächsten Rausschmiss aus der Schule aus. Ein kurzes Intermezzo, gerade einmal ein paar Wochen. Ich fügte mich schon gedanklich in dieses Ende, als der Direktor das Wort ergriff: »Ich gebe dir eine letzte Chance. Wenn das noch einmal vorkommt, wirst du von der Schule genommen.«

Du hast keine Chance, also nutze sie … Diese Paradoxie sollte ganz lange unser Lebensmotto werden.

Es bedurfte nicht dieses Anlasses, um den Direktor zu hassen. Es ging alleine darum, eine günstige Gelegenheit abzuwarten, um es ihm heimzuzahlen. Die kam mit einem Fußballturnier, das alljährlich ausgerichtet wurde. Das war für uns die Gelegenheit, zwei Fliegen mit einer Klappe zu schlagen, den Direktor und seine Lieblinge. Wenn man dabei bedenkt, dass niemand von uns besonders gut Fußball spielen konnte und schon gar nicht über die nötige Kondition verfügte, war das schon erst einmal ein Problem. Dazu kamen ideologische Probleme: Alles, was nach Ehrgeiz und Leistung roch, war ziemlich verpönt.

Wir mussten uns also auf andere Qualitäten besinnen: Kampfeswille, Teamgeist (»alle für alle«), sehr enges Überzahlspiel und konsequente Manndeckung.

Aus dem Jahr davor wussten wir um die Choreografie dieses Großereignisses: In der schuleigenen Sporthalle wurden auf einer Seite Bänke aufgestellt, auf der unter anderem der Direktor Platz nahm. Er wollte schließlich hautnah am Geschehen sein. Das war auch der Ausgangspunkt für unsere Wette: Wer aus dem Spiel heraus zu einem hart getretenen Torschuss ansetzt, verzieht und dabei genau den Direktor trifft, bekommt einen Kasten Bier und ist zudem Gesprächsstoff für die nächsten Wochen in der ganzen Schule. Außerdem galt es, bis ins Halbfinale vorzustoßen. Dort würden wir auf die Lieblingsmannschaft des Direktors mit den verhätschelten OFC-Kickern treffen.

Zu unser aller Überraschung schafften wir es ins Halbfinale – mit besagten Tugenden. Die Traumpaarung war also perfekt. Das Spiel wurde angepfiffen und Eingeweihte wussten, was kommen musste: Die Sieger des letzten Jahres spielten filigran, streichelten den Ball, während wir – möglichst in Überzahl – die Spieler malträtierten. Da eine Halle nicht so groß ist wie ein Fußballfeld, hatten wir leichtes Spiel und relativ kurze Wege. Es gab immer wieder eine Ecke, in der wir sie stellten und mit hartem Tackling in die Mangel nahmen. Dabei blieben gepfiffene und nicht geahndete Fouls nicht aus. Zumindest ein Teil der Zuschauer tobte, als das Spiel zu Ende war und wir als Sieger ins Endspiel einzogen. Am nächsten Schultag stellten wir zu unserer weiteren Freude fest, dass die Hälfte der Mannschaft krank war. Diese OFC-Weicheier hatten sich wahrlich eine Pause verdient.

Die Wette um den verunglückten Schuss, der den Direktor von der Bank holen sollte, gewann leider niemand von uns: Wir gaben uns zwar die größte Mühe, doch unsere mangelnde Schussgenauigkeit führte immer wieder dazu, dass der Ball am ausgemachten Ziel vorbeisegelte.

Bald sollte uns eine weitere Möglichkeit geboten werden, den Graben zwischen Schulleitung und uns zu vertiefen. Es muss an den 1970er-Jahren gelegen haben, dass auch die Schulleitung auf die Idee kam, »mehr Demokratie zu wagen«. Eine Losung, die der damalige SPD-Bundeskanzler Willy Brandt ausgegeben hatte.

Für die Oberstufe (10. – 13. Klasse) wurde ein Konzepttag beschlossen. In verschiedenen Arbeitsgruppen sollten – selbstverständlich kritische – Fragestellungen diskutiert, bearbeitet und am Nachmittag vor dem gesamten Auditorium zusammengefasst werden. Wir nutzten die Gelegenheit weidlich. Wir verteilten uns auf die verschiedenen Arbeitsgruppen, die uns politisch brisant erschienen, und bemühten uns in der Diskussion, radikale Thesen stark zu machen. Numerisch hatten wir weder eine Mehrheit noch eine Chance. Kein Problem allerdings, wenn die anderen das Maul nicht aufkriegen. Am Ende der Diskussion erklärten wir uns jeweils dazu bereit, als Referenten die Arbeitsgruppenergebnisse zusammenzufassen und vorzutragen.

Ich war in einer Arbeitsgruppe, die das Konzept der sozialen Marktwirtschaft mit marxistischer Wirtschaftstheorie vergleichen sollte. Wie nicht anders zu erwarten, ging es in der Arbeitsgruppe drunter und drüber. Im besten Fall wurden einzelne Punkte angerissen. Das machte überhaupt nichts. Da ich als Referent das Ergebnis unserer Arbeitsgruppe vortragen sollte, ließ ich mir bei der Abfassung meines Textes viel Gestaltungsspielraum. Ich hatte das

Ergebnis bereits Tage zuvor Wort für Wort ausformuliert. Schließlich sollte in meiner Aufregung nicht eine scharfe Silbe untergehen.

Das Auditorium war bis auf den letzten Platz gefüllt. In der ersten Reihe nahm die Schulleitung samt Lehrerkollegium Platz, um das Beispiel gelebter Demokratie abzunehmen. Unter uns war die Spannung zu spüren. Es hatte sich herumgesprochen, dass etwas in der Luft liegt. Als ich aufgerufen wurde, das Ergebnis der Arbeitsgruppe »Soziale Marktwirtschaft und marxistische Wirtschaftstheorie« vorzutragen, war es mucksmäuschenstill. Mein Vortrag war gespickt mit marxistischem Vokabular und Termini, also kaum zu verstehen – am allerwenigsten als Ergebnis einer Diskussion, die 17- bis 20-Jährige miteinander geführt hatten. Dennoch verstanden alle, in der ersten bis zur letzten Reihe, worum es eigentlich ging. Ich beendete meinen Beitrag mit einem klaren Votum für die marxistische Wirtschaftstheorie und erlebte die ersten Sekunden wie in einem Fernsehstudio, in dem alle Kameras und Mikros auf einen Schlag gleichzeitig ausfielen. Man hätte eine Stecknadel fallen hören können. Die erste Reihe aus Schulleitung und Lehrerkollegium saß versteinert da, die Reihen dahinter kämpften mit einer Reaktion. Als schließlich einige die Lähmung durchbrachen und zu klatschen anfingen, gab's noch ein kurzes Zögern, bis sich schließlich eine Mehrheit dem Applaus anschloss – aus welchen Gründen auch immer. Das Gespenst des Kommunismus ging fortan auch in der Leibnizschule in Offenbach um.

Mein Freund und ich suchten nach einer bezahlbaren Wohnung in Frankfurt. Es sollten etwas mehr als 12 Quadratmeter sein und für uns alleine. Außerdem wollten wir unbedingt dorthin, wo was los war. Und das war in Frankfurt. Es tobte der »Häuserkampf« in der Main-Metropole. Also nicht der übliche: Wem gehört was und wie viel muss ich zahlen, damit ich darin wohnen kann? Es ging dieses Mal um Dutzende von Häusern in Frankfurts Westend, die abgerissen werden sollten, um Bürogebäuden und Hochhäusern zu weichen. Zuvor wurden die Häuser »entmietet«, entweder durch Kündigung der Mietverträge oder durch Schikanen und Schlägerbanden, die von den Besitzern angeheuert wurden, um die Mieter zur Aufgabe zu zwingen. In die Lücke zwischen »Entmietung« und Abriss stießen die Hausbesetzungen.

Und wir beide, ein Lehrling und ein Sozialhilfeempfänger, suchten nach einer bezahlbaren Wohnung. Mit dem Lehrlingsgehalt meines Freundes und meinem satten Sozialhilfesatz von etwa 400 Mark stand uns ja die Welt ganz weit offen. Gut, nicht die ganze Welt. Aber eine Garage, immerhin, im Frankfurter Nordend, die ein braver und sicher unbescholtener Besitzer eines Zwei-Familien-Hauses in eine »Wohnung« umbauen ließ. Dem Garagentor wichen eine Fensterfront und eine Tür. Ansonsten war es eben eine Garage, ein bisschen größer als ein Parkplatz für ein Auto. Wir schauten uns bei der »Wohnungsbesichtigung« um, schauten uns an. Es gab sogar eine Kochnische, mit zwei Kochplatten und einer kleinen Spüle. Und die Heizung war auch inklusive.

Wir unterschrieben den Mietvertrag und fühlten uns ganz und gar nicht übers Ohr gehauen. Auch in den 1970er-Jahren war der Wohnungsmarkt »angespannt«. Schon damals war das eine fette Lüge. Denn für ein paar Prozent der Bevölkerung war und ist die Wohnungslage nie »angespannt«. Sie bezahlen die Miete, ohne mit der Wimper zu zucken. Und damals wie heute war es schlichtweg schwer, mit geringem Einkommen eine Wohnung zu finden, die man bezahlen konnte. Doch nicht nur Geld, also das »sichere« Einkommen, das man nachzuweisen hatte, spielte eine Rolle. Auch das Aussehen. Damals gab es kaum Schwarze, die eine Wohnung suchten. Damals reichte es, so auszusehen wie die, die man im Fernsehen als Randalierer und Politrocker bezeichnete. Ganz leicht daran zu erkennen, dass sie lange Haare trugen und … keine Bügelfaltenhosen. Wir hatten also diese Umstände durchaus im Auge, als wir den Mietvertrag ohne Murren und Nachverhandlungen unterschrieben.

Dafür war unser neues Zuhause möbliert – mit Sperrmüll. Und hatte eine Heizung. Wir richteten uns schnell ein. Wir hatten ja kaum etwas. Ich hatte eine muffige und durchgesessene schmale Couch in Fensternähe, mein Freund hatte gar eine Doppelcouch im hinteren Bereich. Aus der Garage machten wir dann zwei Zimmer, indem wir unsere Suite ungefähr in der Mitte durch einen Teppich trennten, den wir von der Decke runterhängen ließen.

Als es Richtung Herbst ging und kalt wurde, suchten wir nach der vertraglich zugesicherten Heizung. Wir fanden sie nicht und baten höflich unseren Vermieter, uns diese zu zeigen, also auch zu erklären. Er ging mit uns in unser Etablissement, richtete seinen Blick nach oben, in Richtung Decke und sagte: »Hier, schaut doch, da sind die Heizungsrohre, die nach oben führen. Die werden richtig warm. Macht euch keine Sorgen.«

Ich kann mich an keine große Wut erinnern, geschweige denn, dass wir die Miete gemindert hätten. Wir hatten für solche Kleinigkeiten keinen Blick. Ich las jeden Tag absolut diszipliniert genau zehn Seiten aus dem Buch *Das Kapital* von Karl Marx. Wir gingen auf Demos, wo es um die Revolution ging, also um den revolutionären Kampf. Genauso nannte sich auch eine Gruppe, die Anfang der 1970er-Jahre die Kämpfe der »autonomia« in Italien nach Deutschland brachte, in Form von revolutionärer Betriebsarbeit bei Opel in Rüsselsheim und durch die Beteiligung von Hausbesetzungen in Frankfurt.

Ihre Zeitung, die sozusagen das A und O dieser Zeit war, hieß ganz bescheiden: *WWA – Wir wollen alles.*

Obwohl wir – in unserer Garage – alles voneinander mitbekamen, verstanden wir uns gut. Es war eine sehr glückliche Zeit. Wir hatten unser eigenes Leben und wir genossen es. Dazu gehörte auch ein gemeinsames Abendessen. Gut, was wir da aßen, kann bestimmt nicht mit den zahlreichen Kochsendungen mithalten, aber wir hatten großen Spaß dabei, mit 60 Mark im Monat für Essen etwas auf den Tisch zu zaubern. Dazu gehörte eine Zwei-Liter Flasche Lambrusco genauso wie eine Tüte von Käseresten, die wir an einer Käsetheke bekamen, die irgendwann bereits gutgefüllt auf uns wartete. Auch wenn das Essen nicht unbedingt in der 3-Sterne-Kategorie anzusiedeln war, waren wir doch auch stilvoll. So gehörte unter anderem eine Schachpartie zu unserem wöchentlichen Ritual. Sicherlich werden sich einige fragen, wie es die beiden jungen Männer um die 20 Jahre herum mit »Frauenbesuch« regelten.

Nun, wir kündigten uns das vorher an, was zur Folge hatte, dass der Leidtragende eben mal ein paar Stunden um den Block laufen musste.

Wo warst du?

1977

Es war gegen Mittag, als ich bei ihr klingelte. Sie wohnte in Waiblingen, etwa 20 Kilometer von Stuttgart entfernt. »Wo warst du?«, fragte meine Oma, die ich sehr mochte.

Ich wusste sofort, dass gerade alles schiefging. Meine Oma zitterte, hatte leicht fahle Lippen und hielt sich an der Wohnungstür fest. Meine Idee war ganz einfach … und hätte klappen können: Ich gehe auf die Beerdigung von drei RAF-Mitgliedern in Stuttgart-Degerloch. Danach besuche ich meine Oma, die keinen blauen Dunst von all diesen aufgeladenen Umständen hat, und tue so, als ob mich der Zufall zu ihr führe.

Aber das ging gründlich schief. Der Fernseher im Wohnzimmer lief, und ich konnte an der Stimme hören, worum es geht. Die Sendung hatte die Beerdigung von drei »Terroristen« zum Thema. Obwohl tote Terroristen kein Unheil anrichten konnten, auch nicht die etwa 3 000 Trauergäste, war die Aufregung groß, dass »so etwas« in Stuttgart stattfinden konnte. Denn die Medien waren sich im Großen und Ganzen einig: Terroristen werden nicht in Baden-Württemberg beerdigt. Bereits Wochen zuvor durften alle, also auch das Volk, sagen, was man mit »denen« machen sollte:

»Die Leichen von Baader und Raspe sollen nach Frankfurt und Berlin abgeschoben werden, den Wohnorten ihrer nahen Angehörigen. Filbinger weiß die breite Öffentlichkeit hinter sich. Doch Stuttgarts Oberbürgermeister Manfred Rommel ignoriert sowohl den gnadenlosen Landesvater als auch die kochende Volksseele und lässt ein Gemeinschaftsgrab auf dem Dornhaldenfriedhof zu. ›Mit dem Tod muss alle Feindschaft enden‹, spricht Rommel. In

einer Aktennotiz des Friedhofsamts heißt es, das Stadtoberhaupt
›möchte auch verhindern, dass Särge in der Republik herumge-
schoben werden und niemand sie haben will‹.« (stuttgarter-zei-
tung.de vom 30.10.2012)

Das »Volk«, das man zu Wort kommen ließ, schien Hemmun-
gen und dunkle Vergangenheiten abgelegt zu haben: Man solle
die Terroristen in die Kläranlage werfen. Terroristen hätten kein
Begräbnis und schon gar nicht eine »Ruhestätte« im anständigen
Ländle verdient. Da waren sich das zu Wort gekommene »Volk«
und der Ministerpräsident in Baden-Württemberg, Hans Filbinger,
einig. Dieser war der amtierende »Landesvater« im Ländle und
hatte das Ende des Dritten Reiches gut überstanden. Man könnte
auch sagen, sehr gut. Im Dritten Reich war er kein Mitläufer, auch
kein Flakhelfer, auch kein plötzlich aufgetauchter Widerstands-
kämpfer. Er war NSDAP-Mitglied, Militärrichter der Kriegsmarine
und exekutierte im wahrsten Sinne des Wortes die faschistische
Rechtsordnung. Und diese sah zum Beispiel für »Fahnenflucht«
die Todesstrafe vor. Das sah Hans Filbinger auch so und verhängte
noch kurz vor dem Ende des Tausendjährigen Reiches eine Todesstrafe gegen einen Angeklagten, dem ein Fluchtversuch vorgeworfen worden war.

Als der CDU-Landesvater vom Schriftsteller Rolf Hochhuth
1978 als »furchtbarer Jurist« bezeichnet wurde, verteidigte sich
Hans Filbinger mit den Worten: »Was damals Rechtens war, kann
heute nicht Unrecht sein!«

Meine Oma gab die Wohnungstür frei und ließ sich in ihren
Sessel fallen.

*»Ja, Oma, ich war auf der Beerdigung. Aber ich war nicht dort, weil
ich deren Politik für richtig halte, sondern weil mir die Hetze zuwider
war. Ich will mir nicht vorschreiben lassen, zu welcher Beerdigung ich
gehen darf.«*

Ich nehme nicht an, dass ich das christliche Gebot zur Nächs-
tenliebe erwähnt hatte. Die Farbe im Gesicht meiner Oma kehrte

langsam zurück. Ich wusste auch nicht um Rommels Ansicht, dass mit dem Tod alle Feindschaft ende. Das hätte ich wohl nicht geteilt.

»Oma, ich wollte mich einfach nicht einschüchtern lassen. Das war der wichtigste Grund für mich, dort hinzugehen. Außerdem stimmt ganz vieles nicht, was man im Zusammenhang mit der RAF erzählt.«

Meine Oma holte tief Luft und war wohl ein klein wenig beruhigt, dass sie keinen Sympathisanten des Terrorismus mit großgezogen hatte.

»Du weißt doch, Oma, was sie über den Arbeitgeberpräsidenten Hanns Martin Schleyer gesagt und geschrieben haben, also den, den die RAF erschossen hatte.«

Meine Oma war noch nicht für eine Geschichtsbetrachtung bereit. Ich hatte jedoch großen Druck, mich ihr gegenüber zu erklären.

»Weiß du, der Schleyer wird als ein unbescholtener, anständiger und um das Wohl seiner Arbeiter besorgter Arbeitgeberpräsident beschrieben. Das stimmt von vorne bis hinten nicht. Er war …«

Mit den wenigen politischen Erfahrungen, die man mit Anfang 20 haben kann, geriet ich in einen Wirbelstrom von sich überschlagenden Ereignissen, die das bereits zuvor Geschehene in den Schatten stellten. Selbst der Seitenwind, den wir dabei mitbekamen, konnte einen umhauen.

Auch wir, die abseits der großen politischen Bühne standen, verstanden sehr wohl, was es bedeutet, wenn ein Arbeitgeberpräsident wie Hanns Martin Schleyer 1977 entführt wird und die RAF im Gegenzug zu seiner Freilassung die Freiheit von Gefangenen fordert. Es herrschte ein faktischer Ausnahmezustand in Form einer Krisenstab-Diktatur. Wer daran zweifelte, dass man so die Demokratie schützt, war ganz schnell ein »Sympathisant des Terrorismus« oder ein »intellektueller Wegbereiter« dorthin.

Auch deshalb empfanden wir das Seminar, das Prof. Iring Fetscher an der Frankfurter Universität anbot, als eine Chance, über alles nachzudenken und vor allem darüber zu reden. Das Seminar hatte den Titel: »Theorie und Praxis des politischen Terrorismus«. Auch wenn der Titel schon ein erwünschtes Ergebnis halb vorwegnahm, war der Seminarraum bis auf den letzten Platz gefüllt. Das Bedürfnis, irgendwie über die »bleierne Zeit«, in die wir hineingerieten, zu reden, war groß. Iring Fetscher, der sein Konzept für dieses Seminar vorstellte, galt als aufgeschlossener sozialdemokratischer Professor, Er wollte verschiedene Theoriekonzepte diskutieren, im Kontext der gesellschaftlichen Praxis, die sich daraus ergab. Doch zuvor tat sich ein Problem auf: Wie soll man über etwas diskutieren können, wenn man gegebenenfalls sehr schnell als Sympathisant des Terrorismus verdächtigt wird? Wer will Erklärungen von der IRA in Irland, von den Tupamaros in Uruguay oder der RAF zu Hause haben? Prof. Iring Fetscher musste sehr schnell seinen geschützten Ort der »Freiheit der Wissenschaft« verlassen: »Ich verstehe das Problem, das Sie mir hier schildern. Was erwarten Sie von mir?«

Eine Seminarteilnehmerin wurde sehr praktisch: »Nun ja, wir brauchen eine Liste von Texten, von Dokumenten, die bewaffnete Gruppen in Europa und in der ganzen Welt verfasst haben, die Sie als ›wissenschaftliche Dokumente‹ absegnen.«

Iring Fetscher fand dies nicht anmaßend: »Stellen Sie mir eine Liste der Texte zusammen, die Sie diskutieren wollen, und ich werde sie als Dokumente für dieses Seminar ausweisen. Sind Sie mit dieser Verfahrensweise einverstanden?«

In den folgenden Tagen suchten wir alles zusammen, was mit dem Thema zu tun haben könnte: Am Ende hatten wir eine dreiseitige Liste zusammengestellt. Sie reichte von Erklärungen der RAF über die »RZ« (Revolutionäre Zellen) bis hin zur »Bewegung 2. Juni«. Dazu kamen Dokumente von der »ETA« (Spanien), der »IRA« (Irland), den »Roten Brigaden« (Italien), den »Tupamaros« in Uruguay, bis hin zu den »Black Panthers« (USA). Auch die »Klassiker« vergaßen wir nicht: Maos Schrift *Theorie des Guerillakrieges* und Carlos Marighellas *Handbuch für Stadtguerilla*. Die Textsammlung reichte für ein ganzes Studium.

Als am 18. Oktober 1977 der Tod von drei RAF-Häftlingen gemeldet wurde, war das Schlimmste eingetreten, was man sich vorstellen konnte. Nicht für alle. Wahrscheinlich waren viele Menschen froh, dass sie tot sind, und die Frage, auf welche Weise sie zu Tode gekommen waren, war ziemlich nebensächlich. Für die »kleine radikale Minderheit« war dies alles andere als egal. Man hatte selbst Polizeigewalt erlebt. Und man hatte sehr deutlich in Erinnerung, wie die politischen Instanzen diese geleugnet hatten. Man bestritt in der Regel alle Vorwürfe und hatte oft eine Gegenanzeige von der Polizei als Quittung. Warum sollte das in einem solch hochbrisanten Augenblick anders sein? War es denkbar, dass die RAF-Gefangenen im Isolationstrakt ermordet wurden?

Noch am selben Abend des 18. Oktober 1977 fand ein Teach-in im Hörsaal VI der Frankfurter Universität Frankfurt statt. Der Saal war überfüllt, weit über 1 000 Zuhörerinnen und Zuhörer waren gekommen. Die Stimmung glich einer vibrierenden Glasscheibe vor ihrem Zerbersten: irgendwo zwischen Fassungslosigkeit und Verrücktheit. Fassungslos, weil alleine die Vorstellung, dass dieser Staat Gefangene ermordet, selbst die übelsten Annahmen übertraf. Verrückt, weil das mögliche Faktum, dass dieser Staat politische Häftlinge ermordete, eine Ohnmacht potenzierte, in der die Kriegserklärung der RAF gegen diesen Staat doch noch einen Sinn bekam. Noch einmal traten alle auf, die im Frankfurter Häuserkampf Name und Gesicht bekamen, wie Daniel Cohn-Bendit oder Joschka Fischer. Auch wenn die RAF nicht anwesend war, so schien es, als hielte sie ihre Knarren auch auf die Köpfe der radikalen Linken. Die Frage, was man dem Staat zutraute, ersetzte die Frage, was sich die Anwesenden (noch) zutrauten. Nicht nur an diesem Abend standen all diejenigen, die den Tod der RAF-Gefangenen für Selbstmord hielten, im Verdacht, einen Kotau mit dem Staat zu machen, und alle jene, die einen Mord nicht ausschließen wollten, in Verdacht, eine RAF-Politik zu verteidigen, die sich nur noch in der staatlichen Repression begründete.

Bei der Frage, wie die gefangenen RAF-Mitglieder gestorben waren, ging es nicht um die RAF. Denn weder Mord noch Selbstmord konnte die entscheidende Frage beantworten, wie eine radikale Politik aussehen muss, die sich nicht am repressiven Vorgehen des Staates misst, sondern an der Fähigkeit, die gewaltsame Option des Staates immer wieder in eine politische, gesellschaftliche umzukehren.

Ich hatte in dieser Lebensphase die Lyrik entdeckt. Ganz sicher hat mich der Lyriker und Essayist Erich Fried mit seinen Beiträgen auf großen Teach-ins dazu inspiriert. Denn er konnte auf unsagbare Weise etwas in zehn Sätzen auf den Punkt bringen, was selbst sehr ausführliche Beträge nicht aufwiegen konnten.

So entstand folgendes Gedicht.

Der perfekte (Selbst-)Mord
Eine kurze Mitteilung des Justizministeriums
die nun endlich keiner langatmigen Erklärungen mehr bedarf
reißt mich aus meinen Alltagsgedanken.
»In den frühen Morgenstunden des 18. Oktobers haben sich Baader
und Ensslin in ihren Zellen das Leben genommen. Raspe und Möller
haben ebenfalls Selbstmordversuche unternommen und befinden sich
in Lebensgefahr.«
Jan-Carl Raspe ist kurze Zeit danach ebenfalls gestorben.

Andreas Baader –
Selbstmord durch Kopfschuss?
Jan-Carl Raspe –
Selbstmord durch Kopfschuss?
Gudrun Ensslin –
Selbstmord durch Erhängen?

Irmgard Möller –
Selbstmordversuch?

Zweifel und Ängste jagen durch meinen Kopf.
Isolationshaft
Verteidigerverbot
Kontaktsperre
Spezialbehandlung
Psychische Folter
Kriegsrecht
Stand am Ende dieses Justizterrors MORD?

Zeugen wird es dafür nicht geben
dafür wird gesorgt sein.

Eine andere Frage quält mich.
Ist nicht der Mord der perfekteste
der nicht die Handschrift des Mörders trägt?

Ein menschenverachtendes System
das Gefangene isoliert, erniedrigt, menschlicher Beziehungen beraubt
also zerstört –
muss es selbst Hand anlegen?

Enthalten nicht all diese Zerstörungsmaßnahmen
den Selbstmord
als letzte, alles vernichtende Waffe des Mörders?

Sollte es sich tatsächlich um Selbstmord handeln
sind wir Zeugen
des perfektesten Mordes in der Geschichte der BRD geworden.

Unter der Rubrik »Bestattungen« erschien in der *Stuttgarter Zeitung* am 27.Oktober 1977 der lapidare Terminhinweis: »Gudrun Ensslin (37 J.), Andreas Baader (34 J.), Jan-Carl Raspe (33 J.), alle aus Stuttgart-Stammheim, Asperger Straße 30, Dornhaldenfriedhof, 10 Uhr.«

Das erklärt auch den Beerdigungsort. Denn ihr letzter »Wohnort« war die Justizvollzugsanstalt/JVA in Stuttgart-Stammheim, die sowohl einen Hochsicherheitstrakt hatte als auch ein eigenes Krankenhaus, um bei Hungerstreiks die Gefangenen nicht verlegen zu müssen.

Ich kann mich an diese Beerdigung nur noch bruchstückhaft erinnern. Sie wird zudem von Bildern überlagert, die man so stark ins eigene Gedächtnis integriert hat, dass man später Mühe hat, sich genau daran zu erinnern, was man selbst erlebt hat: Ich hatte jedenfalls den Friedhof nicht betreten, denn er war für eine »Trauergemeinde« von etwa 3 000 Personen nicht ausgelegt. Trotzdem hatte ich Rudi Dutschke als Trauergast ganz fest in Erinnerung. Er hatte an den ausgehobenen Gräbern die Faust nach oben gestreckt und gesagt: »Der Kampf geht weiter.«

Als wirklich eigene Erinnerung habe ich nur den Rückweg durch den Wald szenenweise parat, als die Beerdigung vorbei war und alle den Heimweg antraten. Ich war dabei weniger Teilnehmer als Komparse, in einem Film, der aus zahlreichen dystopischen Anspielungen bestand: eine Beerdigung, die von Tausenden Trauergästen und Tausenden Polizeibeamten »begleitet« wurde. Drei Leichenwagen und Hunderte von Polizeifahrzeugen. Drei Särge und doppelt so viele Todesursachen.

Es ging bergab. Man kam nur sehr langsam voran. Immer wieder blieben wir für Minuten stehen. Ganz offensichtlich gab es eine Polizeisperre, die die Trauergäste »kontrollierte«. Im Wald tauchten dann plötzlich Männer in grauen Overalls auf, die mit Helm und langen Schlagstöcken ausgerüstet waren. Die Kleinbusse, aus denen sie ausstiegen, waren »ziviler« Natur, also keine Polizeiwa-

gen. Später erfuhr man, dass es die GSG-9 war, eine Mischung aus
Polizei- und Militäreinheit. Vor uns streckten plötzlich alle die
Hände in die Höhe. Die Stimmung war völlig aufgeheizt und wir
konnten den Grund für diese Gestik nicht begreifen. Aber auch
wir hielten die Hände in die Höhe, als würden wir uns ergeben,
in einer kriegerischen Auseinandersetzung, die für uns aussichtlos
war. Es hatte etwas von einer Kriegsszene, in der sich die RAF tatsächlich befand und die wir nun nachstellten.

Es war so gegen frühen Mittag, als ich meinen VW-Käfer bestieg
und nach Waiblingen fuhr, um meine Oma zu überraschen.

In Frankfurt bildete sich sehr bald ein unabhängiger Untersuchungsausschuss, der monatelang Indizien, Zeugenaussagen und
Hinweise zusammengetragen hatte. Für mich war das alles eine
zu hohe Liga. Aber ich kann mich noch gut daran erinnern, dass
die Broschüre »Sand an Baaders Schuhen« für Aufregung sorgte.
Es gab zahlreiche Anhaltspunkte dafür, nicht von einem Selbstmord auszugehen. Zugleich ahnte man, dass es um ein bisschen
mehr ging als um die Gewichtung von Indizien, die ein Geschehen rekonstruieren sollen, für das es keine Zeugen gibt. Wer der
»Selbstmordthese« zuneigte, erklärte dies oft damit, dass die Politik
der RAF gescheitert sei und dass dies das unausgesprochene Einge-
ständnis der Niederlage war. Wer die »Mordthese« für wahrscheinlicher hielt, verstand dies als Beweis dafür, dass der Staat zu allem
bereit ist, dass er die demokratische Hülle fallen gelassen und sein
wahres Gesicht gezeigt hatte.

Das Ergebnis dieses Untersuchungsausschusses konnte für beide
Varianten in Anspruch genommen werden. Tatsächlich war die
Scheidelinie Mord versus Selbstmord eher eine Entscheidung für
einen selbst, wie man weitermachen möchte, wozu man noch den
Mut hat, wovor man zurückschreckt. Nicht viel später waren die
Würfel gefallen. Ein Teil der Sponti-Szene wich in den parlamen-
tarischen Raum aus, flutete die ersten Formationen der »Grünen«,

in Hessen in Gestalt der GLH (Grüne Liste Hessen). Durch organisierte Masseneintritte machte man den damaligen fundamentalistischen Flügel zur Minderheit und sich selbst zu »Realos«.

Den Wechsel von der Straße ins Parlament kündigte Joschka Fischer bereits 1978 im *Pflasterstrand* an: »Es war also nur eine Frage der Zeit, nämlich bis die außerparlamentarischen Möglichkeiten erschöpft waren, bis diese Bewegung zur Durchsetzung ihrer Interessen (…) in die Parlamente drängen würde, um parlamentarisch zu erreichen, was ihr außerparlamentarisch nicht gelungen war.«

Andere gründeten alternative Projekte wie die »Batschkapp«, ein Kulturzentrum, das sich zu einem überregionalen Veranstaltungsort mauserte. Oder man eröffnete ein Café wie das »Strandcafé«, mit zusammengeklaubtem Mobiliar und einer Bedienung, der man Servilität nicht vorwerfen konnte. Die allermeisten jedoch blieben rat- und perspektivlos zurück und stellten sich dort wieder an, wo sie einst ausgeschert waren.

Aufgrund einer Datenabfrage beim Bundesamt für Verfassungsschutz/BfV erhielt ich etwa 30 Jahre später eine Mitteilung: »Im September 1977 wurden in seinem Kfz Personen des terroristischen Umfeldes festgestellt, die zur Personenbeobachtung ausgeschrieben waren.«

Ob man sich bei der Bespitzelung um ein Monat vertan hatte oder ob diese Observation in Frankfurt vorgenommen wurde, ist nicht mehr aufklärbar.

Kirche besetzt

1979

Die NPD und andere neonazistische Organisationen riefen für den »Tag der deutschen Einheit« im Jahr 1979 zu einer Großdemonstration in Frankfurt auf. Es war als »Deutschlandtreffen« angekündigt worden, mit dem ganz bescheidenen Ziel, Frankfurt »zur ersten nationaldemokratischen Stadt Deutschlands« zu machen.

Eigentlich spielte Neonazismus für uns in Frankfurt kaum eine Rolle. Es gab in den Jahren davor wenige große neofaschistische Ansammlungen. Für Neonazis war Frankfurt einfach ein heißes Pflaster, auf das sie keinen Fuß setzen wollten. Das erklärt auch diesen bundesweiten Aufruf, um sich selbst Mut zu machen. Auch in unserer Gruppe, die vor allem Stadtteilarbeit machte, spielte Neonazismus kaum eine Rolle. Wir beschäftigten uns vielmehr mit der Rolle des Staates, mit den autoritären Strukturen, mit dem, was Bertolt Brecht so formulierte: »Der Schoß ist fruchtbar noch, aus dem das kroch.«

Das fasste unsere Haltung am besten zusammen. Wir wussten, dass es keine wirkliche Entnazifizierung in Deutschland, also in Westdeutschland, gegeben hatte. Wir wussten um die vielen Nazis, die weiter Karriere machten, in der Wirtschaft, in der Politik und im Kulturbetrieb. Die Frage, die wir letztendlich nicht beantwortet konnten, war: Kann es zu einem Rollback kommen, vor allem dann, wenn das »Wirtschaftswundermodell« in die Krise kommt? Gibt es so etwas wie eine Faschisierungstendenz in Deutschland, von der einige politische Gruppen sprachen?

Dennoch wollten wir das nicht ganz an uns vorübergehen lassen. Gleichzeitig wollten wir auch nicht einfach nur auf die Demo gehen. Ich weiß nicht, wie wir darauf kamen, aber irgendwann stand fest, dass wir am Tag des Showdowns eine Kirche besetzen werden, die auf der Route liegt. Die Kirchenbesetzung war praktisch nicht so das Problem. Wir hatten eher inhaltlich Lücken und Erklärungsbedarf. Wir wollten ja nicht dem Pfarrer sagen, dass er mit seiner Kirche einfach nur Pech hat, weil sie auf der angemeldeten Nazi-Route liegt. Wir wollten ihm auch nicht sagen, dass wir eine Kirche besetzen, weil für gewöhnlich die Polizei nur dann eine Kirche räumt, wenn sie das Einverständnis der Kirchenleitung hat. Also musste eine gute Begründung her, die der Pfarrer nicht einfach so abschütteln konnte. Ganz sicher waren wir uns darin, dass »die« Kirche im Dritten Reich mitgemacht, dass sie sich dem Faschismus angedient hatte. Gab es dabei bedeutsame Unterschiede zwischen der evangelischen und der katholischen Kirche?

In unserem Fall ging es um eine evangelische Kirche. Es gab damals schon einige Literatur und Quellen zum Dritten Reich, zum deutschen Faschismus. Und ich kann mich nur sehr genau daran erinnern, dass ich froh und erleichtert war, dass Reinhard Kühnl, ein Politikwissenschaftler aus Marburg, mehrere Bände zum deutschen Faschismus herausgebracht hat, unter anderem das Buch: *Formen bürgerlicher Herrschaft*, was damals eine heftige Debatte ausgelöst hatte, die viele Selbstverständlichkeiten infrage stellte. Bis heute. Denn Reinhard Kühnl stellte die These auf, dass der Faschismus kein Aussetzer, kein Bruch mit der bürgerlichen Demokratie ist, sondern eine besondere Herrschaftsform, sie zu bewahren, sie zu retten. Das war selbst damals harter Tobak, der ja allerlei Schlussfolgerungen nach sich ziehen würde, wenn man die These für überzeugend hielte.

Wir suchten also nach Dokumenten aus dieser Zeit, was gar nicht so einfach war. Dabei stießen wir unter anderem auf ein »deutsches Pfarrerblatt« aus dem Jahre 1930, in dem das Verhältnis der evangelischen Kirche zur NSDAP formuliert wurde. Das *Deutsche Pfarrerblatt* erreichte nicht nur den deutschen Pfarrerstand in seiner Gesamtheit, es war zudem »Pflichtorgan aller Mitglieder des Pfarrervereins«.

Das *Deutsche Pfarrerblatt* veröffentlichte am 11.11.1930 einen Grundsatzbeitrag über das Verhältnis von NSDAP und Kirche. Der Autor, Pfarrer Friedrich Wienecke, erklärt es zu den Aufgaben der Männer der Kirche, in die »Tiefe der nationalsozialistischen Gedankenwelt« zu schauen und sich nicht durch »äußere Schönheitsfehler« wie Härte, Rohheit und Rachsucht abschrecken zu lassen. Unter der »rauen Schale« keime möglicherweise sogar »das beste Leben, das je aus der alten deutschen Eiche herauswuchs«. Pfarrer Wienecke verweist in diesem Zusammenhang auf Hitlers *Mein Kampf*, worin Hitler den Deutschen die Hochachtung vor den Amtskirchen zur Pflicht macht. Die von Gott gewollte Aufgabe für die deutsche Politik sei nach Wienecke die Förderung des »arisch-germanischen Menschen«. Die Aufgabe von Theologie und Pfarrerschaft sei es zu helfen, dass die Nazi-Bewegung nicht verrausche, sondern dass sie »erfüllt von göttlicher Kraft unserem Volk Gesundung bringe«.

Die Parteizeitung der NSDAP, der *Völkische Beobachter* druckte diesen Artikel aus dem *Deutschen Pfarrerblatt* wörtlich nach. Am Ende hatten wir also unsere Begründung ... verfassten ein Flugblatt und besetzten dann am frühen Sonntagvormittag die Kirche, bevor der Gottesdienst begann.

Ich kann mich nicht daran erinnern, ob wir den Pfarrer vorher verständigt hatten oder ob er einfach nur rechtzeitig zur Stelle war. Jedenfalls machten wir uns auf den unbequemen Holzbänken breit, als der Pfarrer durch die Reihen schritt und vor uns stehen blieb. Er wirkte nicht wütend, eher angespannt – wie wir auch. Recht schnell entspann sich eine lebhafte und wirklich bemerkenswerte Diskussion über die Rolle der evangelischen Kirche im Dritten Reich. Dabei überraschte er uns mit vielen Details, die belegen sollten, dass die evangelische Kirche ja verfolgt worden sei und dass viele Kirchenmitglieder NazigegnerInnen waren und einige sogar ins KZ kamen, wie Martin Niemöller zum Beispiel. Nun, muss ich ehrlich sagen, dass die Überraschung eben doch nicht ganz gelungen war, denn wir kannten die Widerstandslegenden, die ja nicht nur in der Kirche kursierten. Nach dem Ende des Dritten Reiches waren fast alle im Widerstand, irgendwie. Selbst meine Großeltern, die ich dem großbürgerlichen, deutsch-nationalen Leben einer Kleinstadt zuordnen würde, erzählten, dass sie einen Juden gerettet hatten. Wir waren also auf diese Version recht gut vorbereitet und machten ihm das Leben dementsprechend schwer: »*Sagen Sie uns doch, wie die evangelische Kirche den aufkommenden Faschismus bekämpft hat? Was hat sie gemacht, als die Judenverfolgung immer massivere Formen annahm? Was hat sie gemacht, als jede Opposition zerschlagen wurde, ebenso wie die Gewerkschaften?*«

Ich kann mich an sein Gesicht erinnern. Er tat mir leid. Ich hatte das Gefühl, dass der Falsche den Kopf hinhält. Dennoch wollte ich den letzten ›Trumpf‹ nicht wieder mit nach Hause nehmen. Dass sich auch die Kirche wegduckte, als die Repression zunahm, verwundert nicht. Warum sollten Gläubige mutiger als andere Menschen sein? War nicht irgendwann jeder Widerstand zu spät, sinnlos?

Doch das besagte Dokument spricht eine andere Sprache, die der Komplizenschaft, der weitgehenden Übereinstimmung der evangelischen Kirchenhierarchie mit der faschistischen Ideologie. Diese »Übereinkunft« wurde lange vor der Machtübergabe 1933 getroffen, als es viel mehr Möglichkeiten und Chancen gab, den Faschismus zu stoppen, ihm nicht den Weg zu bereiten, sondern sich ihm in den Weg zu stellen.

Ich weiß nicht, wie lange wir anschließend darüber diskutiert hatten. Tatsächlich entwickelte sich auch im Streit und im Widerspruch Respekt füreinander. Im Gegensatz zu uns konnte er es aussprechen und sprach uns die Ernsthaftigkeit nicht ab. Im Gegenteil. Ohne es ausdrücklich zu sagen, begrüßte er die Besetzung, die Aktion gegen den neonazistischen Aufmarsch. »Wir müssen jetzt unser Gespräch beenden, denn der Gottesdienst beginnt gleich. Ich würde Sie bitten, dass wir unseren Gottesdienst machen können und Sie sich in dieser Zeit vor der Kirche aufhalten. Sie können Ihre Plakate und Transparente am Eingang aufstellen, damit alle sehen können, worum es geht.«

Der Rest des Tages ist meiner Erinnerung durch die Lappen gegangen. Das staatliche Gedächtnis in Gestalt des landesgeschichtlichen Informationssystems Hessen hält folgende Erinnerung bereit:

»Trotz eines von Oberbürgermeister Walter Wallmann (CDU) am späten Freitagabend wegen ›polizeilichen Notstandes‹ kurzfristig verfügten Demonstrations- und Kundgebungsverbotes kommen in der Nacht von Freitag auf Samstag und am Samstagmorgen (nach Schätzung der Polizei) etwa 20 000 NPD-Gegner aus dem gesamten Bundesgebiet nach Frankfurt, die in mehreren großen Demonstrationszügen und zahlreichen kleineren und größeren Gruppen in die Innenstadt strömen. Um schwere Konfrontationen zu vermeiden, verfolgt die Polizei eine Deeskalationsstrategie und toleriert die Präsenz der Demonstranten. Zuvor signalisierten SPD und der Deutsche Gewerkschaftsbund (DGB), dass sie das von Wallmann aus Angst vor Ausschreitungen nunmehr für beide Seiten verhängte Demonstrationsverbot nicht mittragen werden. Unter strengen Auflagen darf das vom Bündnis ›Rock gegen Rechts‹ organisierte antifaschistische Konzert, das zunächst mit verboten worden war, schließlich doch noch durchgeführt werden, allerdings nicht auf dem Römerberg, sondern auf dem abgelegenen Rebstock-Gelände.«

Die Besetzung einer Villa in Frankfurt

1980

1978 rief die NPD dazu auf, Frankfurt zurückzuerobern. Ihre Demonstration sollte vom Frankfurter Rathaus, dem »Römer«, losgehen. Nachdem dies klar war, entschloss man sich, den Platz zu besetzen, um den Neonazis bereits den Auftakt zu vermiesen. Es waren circa 10 000 Antifaschistinnen und Antifaschisten, die in den Morgenstunden den Rathausplatz, den »Römer«, besetzt hielten, als die Polizei den Befehl gab, diesen zu räumen. Wasserwerfer und Hundertschaften wurden in Marsch gesetzt. Es gelang zwar, den Platz vor dem Frankfurter Rathaus zu räumen, doch die Auseinandersetzungen verlagerten sich daraufhin in die gesamte Innenstadt. Überall wurden Barrikaden errichtet und immer wieder gelang es, diese gegen die heranrückende Polizei zu verteidigen. Eine ziemlich euphorische Stimmung machte sich breit, denn es war nun einmal nicht alltäglich, Hundertschaften für einige Zeit zum Rückzug zu bewegen. Hinzu kam die Meldung, dass die Polizeiführung aufgrund der unübersichtlichen Lage den Neonaziaufmarsch kurzfristig verlegt hatte, um eine weitere Eskalation der Lage zu verhindern. Die Auseinandersetzungen gingen stundenlang in der Innenstadt weiter, ohne dass die Polizei die Lage in den Griff bekommen konnte. De facto konnte der Neonaziaufmarsch nicht (wie geplant) stattfinden. Ein Jahr später versuchte die NPD abermals, in Frankfurt ihr »Deutschlandtreffen« abzuhalten. Zahlreiche Gegendemonstrationen wurden angekündigt. Die CDU-Regierung unter Wallmann verhängte ein generelles Demonstrationsverbot. Selbst das erstmals ausgerichtete »Rock-gegen-Rechts«-Musikspektakel sollte darunterfallen. Der Aufschrei war groß. Im letzten Moment wurde dieser Kulturbeitrag als kompatibel verstanden und unter strengen Auflagen genehmigt. Dennoch demonstrierten trotz des Verbots und des ausgerufenen »polizeilichen Notstandes« rund 40 000 Antifaschistinnen und Antifaschisten aus der ganzen BRD gegen den geplanten Neonazi-Aufmarsch, während die NPD ganz auf ihren Aufzug verzichten musste.

Diese Schmach wollten die Neonazis erst recht nicht auf sich sitzen lassen und riefen für das Jahr 1980 abermals zu einer Demonstration auf. Nun beteiligte sich auch das Spektrum aus VVN, SPD, Gewerkschaften und Kulturschaffenden (wie z. B. der Liedermacher Dieter Dehm) daran und mischten mächtig mit, mit viel Geld und Publicity. Sie wollten nicht den Neonaziaufmarsch verhindern, sondern eine erneute Eskalation wie im Jahr zuvor. Ein großes »Rock-gegen-Rechts«-Spektakel auf dem Rebstockgelände, weitab von der Frankfurter Innenstadt, sollte erneut die Gemüter beruhigen und das »Trennungsgebot« selbst in die Hand nehmen. Mit einem Sternmarsch wollte man kurz Flagge zeigen, um dann alles auf dem Rebstockgelände versanden und enden zu lassen.

Wir waren damit überhaupt nicht einverstanden und so diskutierten wir uns die Köpfe heiß, was man stattdessen machen könnte und müsste. Wir, das heißt eine Gruppe von 10–15 Personen, waren zu Beginn eine Stadtteilgruppe, im Sinne einer Basisarbeit vor Ort. Wir machten Mieterberatung, wir informierten über Umstrukturierungen, wozu die beginnende Umwandlung von Miets- in Eigentumswohnungen gehörte. Um Kontakt zu den BewohnerInnen zu bekommen, machten wir auch Straßentheater. Und wenn wir nicht weiterwussten, malten wir Radwege auf sehr befahrenen Straßen. Wir sperrten am helllichten Tag die dafür vorgesehene Straße ab und hatten dann sehr bald ein großes Polizeiaufgebot als Antwort, was in der Summe für viele Diskussionen und meist auch Festnahmen sorgte. Aber sehr bald verließen wir den Stadtteil und wollten uns fast überall einmischen.

Der angekündigte Naziaufmarsch war dafür eine gute Gelegenheit, einiges zusammenzubringen. Auf der einen Seite wollten wir mehr als »Rock gegen rechts« hören, zum anderen sahen wir die große Mobilisierung von über 40 000 Teilnehmern als eine Chance, eine Hausbesetzung in Frankfurt zu riskieren. Das war nicht leicht, obgleich genug Wohnungen und Häuser leer standen. Es war die Stadtregierung, die aus den Häuserkämpfen in den 1970er-Jahren im Frankfurter Westend ›gelernt‹ hatte und eine sofortige Räumung im Falle einer Besetzung anordnete. Eine Art Blankovollmacht. Das war zwar nicht rechtens, aber dafür witterte man »Gefahr im Verzug«, die es erlaubte, auch ohne Einwilligung des Hausbesitzers den »Rechtsfrieden« wiederherzustellen. Also mussten wir einen günstigen Moment abwarten, wo viele Leute in der Stadt waren und die Lage für die Stadtpolitik und die Polizeiführung unübersichtlich und schwer einzuschätzen war. Deshalb war der 16. Juni 1980 genau das richtige Datum.

Da wir schon zuvor Kontakt zu der ehrwürdigen und verdienstvollen »Westend-AG« geknüpft hatten, die sich seit Jahren gegen die Vertreibung aus ihrem Stadtteil zur Wehr setzte, hatten wir eine Liste von leer stehenden Objekten. Wir entschieden uns für das schönste und repräsentativste Objekt, eine echte Villa, großzügig, sehr geräumig, mit einer offenen Treppe und ganz viel Platz für Projekte und Ideen.

Unsere Einschätzung war, dass sich die Polizei nicht sicher sein konnte, ob der Ansturm von Zehntausenden Antifaschistinnen und Antifaschisten vor allem dem Rockkonzert galt oder auch für ein gutes Beiprogramm wie eine Besetzung. Auch wenn der Zusammenhang zwischen einem Neonaziaufmarsch und der städtischen SPD-Politik (mit Leerstand, Umwandlung von Wohn- in Büroraum, Umwandlung von Miet- in Eigentumswohnungen, Veredelung der Wohnbevölkerung usw.) nicht auf der Hand lag, war es für uns der beste Zeitpunkt, das SPD-Verdikt, keine Hausbesetzung in Frankfurt zu dulden und innerhalb von 24 Stunden zu beenden, zu durchbrechen.

Ein Tag vor Tag X: Mit etwa 20 Personen drangen wir unbemerkt in das Haus Siesmayerstraße 2–4 ein, verbarrikadierten es so unauffällig wie möglich. Wir waren mit allem ausgestattet, was man brauchte, um am nächsten Tag die Besetzung öffentlich zu machen. Während die Besetzergruppe die Nacht dort unbemerkt verbrachte, hatten andere Gruppen die Aufgabe, am nächsten Tag Flugblätter zu verteilen, auf denen zur Solidarität mit den HausbesetzerInnen aufgerufen wurde, was mit einem »spontanen« Demonstrationszug vom Unigelände zur nahe gelegenen Siesmayerstraße unterstrichen werden sollte.

Ganz offensichtlich hatte auch die Polizeiführung einen großzügigen Begriff von dem, was man unter Antifaschismus alles verstehen konnte, und ging davon aus, dass es mit »Rock-gegen-Rechts« nicht getan ist. Sie ahnte, dass noch etwas anderes im Busch war, und legte sich buchstäblich auf die Lauer. Offensichtlich rätselte die Polizeiführung bis zur letzten Minute darüber, was genau passieren würde.

Spätestens nach dem verteilten Flugblatt reagierte die Polizeiführung schnell und zog mehrere Hundertschaften und einen Schwarm von »Kräften in Zivil« rund um den Uni-Campus zusammen, also weitab vom Festivalgelände. Mit welcher Akribie die Polizeiführung die Zeichen der Zeit zu deuten versuchte, lässt sich einem Polizeifunkprotokoll entnehmen:

»4.45.2: Circa 300 Personen sind auf dem Campus, zum Teil mit schwarzen Fahnen.«

»4.45.1: Verstanden. Wir werden noch zwei Züge zur Verstärkung schicken. Haben Sie Erkenntnisse über deren Ziel?«

»4.45.2: Erkenntnisse über ihre Absichten konnten nicht gewonnen werden.«

Zur selben Zeit gingen Informationen über die Zahl der Anwesenden auf dem Rebstockgelände ein. Kurze Zeit später kam Bewegung in die Szenerie:

»4.45.2: Eine große Gruppe verlässt den Campus.«

»4.45.1: Verstanden. Bleiben Sie an der Gruppe dran.«

Der Beamte verlässt seine Tarnung hinter einer Litfaßsäule und nimmt die Verfolgung auf. Gleichzeitig werden Polizeieinheiten in sicherem Abstand nachgeführt.

»4.45.1: Sind die Personen maskiert?«

»4.45.2: Bis jetzt noch nicht. Aber es werden Transparente mitgeführt. Auf einem steht: ›Revolution ist Kampf. Gegen Imperialismus‹. Vermutlich amerikanisches Objekt.«

Die Polizei kombinierte messerscharf und hielt als Ziel auch eine Aktion gegen das amerikanische Konsulat für denkbar. Diese amerikanische Einrichtung befand sich ebenfalls in der Siesmayerstraße, nur wenige Meter vom leer stehenden Gebäude entfernt. Daraufhin gab die Einsatzleitung den Befehl, Kräfte aufsitzen zu lassen, »für den Fall, dass etwas in Richtung amerikanisches Konsulat vorgetragen wird«. Einige Minuten später schien die Ungewissheit vorbei zu sein:

»Nidda 51.2: Sie biegen in die Siesmayerstraße ein. Es geht um das ›Objekt‹. Einige Personen haben das Gelände der Siesmayerstraße betreten und klettern an dem Haus hoch.«

Damit war die Katze aus dem Sack. Ganz offensichtlich hat die Polizei von der stillen Besetzung abends zuvor etwas mitbekommen, ohne eine Räumung zu riskieren.

»4.45.1: Wir können wieder offen reden. Ist das Haus besetzt?«

»4.45.2: Ich würde sagen, so gut wie.«

»4.45.1: Verstanden.«

Kurze Zeit später wurde gemeldet, dass Transparente am Haus heruntergelassen worden sind. Aber nicht nur das.

»Mönus 319: Es werden Pflastersteine und Baumaterial über die Mauer des Objekts geworfen und dort bereitgelegt.«

Es lief alles nach Plan, auch wenn wir mit mehr Beteiligung gerechnet hatten. Über 300 Leute versammelten sich auf dem Campus und wurden dann in Richtung Siesmayerstraße gelotst. Als der Demonstrationszug dort einbog und sich wenige Meter vor dem Objekt der Begierde befand, wurden die BesetzerInnen im Haus aktiv, öffneten die Fenster und ließen Transparente herunter. Die Polizei folgte dieser Prozession in sicherem Abstand. Da man davon ausgehen musste, dass die Polizei lediglich wartete, bis sie genug Einsatzkräfte zusammengezogen hatte, um eine Räumung durchzuführen, wurde sofort Baumaterial und sonstiges Sperrgut auf die Straßenkreuzung geschafft, um sich auf das vorzubereiten, was alle erwarteten.

Doch auch in dieser Situation kam alles anders. Als einige bereits Steine auf Polizeibeamte warfen, die dabei waren, Aufstellung zu nehmen, kam eine ungewöhnliche Polizeidurchsage: »Hier spricht die Polizei. Bitte beruhigen Sie sich. Die Polizei hat nicht die Absicht, das Haus zu räumen. Sie können also auf Barrikaden verzichten. Lassen Sie es also auch, Steine auf unsere Beamten zu werfen. Sie sind lediglich zur Sicherung der Lage da.«

Niemand wollte dem Glauben schenken, alle hielten das für eine Finte, die nur so lange galt, bis genug Kräfte vor Ort waren. Selbst dem Einsatzleiter, der mit uns Kontakt aufnahm und alles noch einmal ganz persönlich versicherte, wollten wir nicht wirklich trauen. Doch der Burgfriede hielt, zumindest für ein paar Tage.

Nachdem sich die Polizei zurückgezogen hatte, Haus und Gelände voll waren, machte sich eine Gruppe auf den Weg zum Rebstockgelände, um dort über die gelungene Hausbesetzung zu informieren. Das war nicht ganz so leicht wie die Hausbesetzung, denn die VeranstalterInnen hatten die Bühne mit einer Rockergruppe gesichert, die sofort einschritt, als die Gruppe auf die Bühne gelangen wollte. Es entstand ein Handgemenge, Rangeleien und der Beginn eines möglichen Tumultes. Wie so oft in seiner Karriere bewies Daniel Cohn-Bendit auch in dieser Situation Gespür für Stimmungen und Gefahrenlagen. Er ergriff als Mitveranstalter, als Wortführer der Grünen in Frankfurt, das Wort und sicherte unserer Gruppe das Recht zu, auf der Bühne sprechen zu können. Damit war die Situation deeskaliert, auch zwischen Ex-Hausbesetzern, die nun herrschende Politik grün mitgestalten wollten, und Hausbesetzern, die ausgesprochen allergisch auf den parlamentarischen Weg ehemaliger »Spontis« reagierten.

Ein wildes Durcheinander bestimmte die nächsten Tage im besetzten Haus. Eine antiimperialistische Gruppe eignete sich die Besetzung auf ihre Weise an und sprühte als Erstes »Antiimperialistisches Zentrum« auf die Außenfassade, was für die meisten eine ärgerliche politische Aneignung bedeutete. Andere nutzten das Haus als Basislager für Diebestouren, die nicht immer ganz heimlich oder klug durchdacht waren. Ein komplett abmontierter Zigarettenautomat direkt vor dem Haus gehörte ebenso dazu wie ein Getränkemarkt um die Ecke oder Beute nächtlicher Anlieferungen für Supermärkte, wozu auch riesige Laibe von Käse zählten, die man nur durch die Haustür rollen konnte. Neben dieser mehr oder weniger gelungenen Grundversorgung war das Haus ebenso ein sicherer Ort des Rückzuges wie für all jene, die nach der Verwüstung des Neonazibuchladens »Welt und Kosmos« im Frankfurter Nordend ohne große Umwege und Ablenkungsmanöver zurückkamen.

Dazwischen versuchte man dieses Zusammenkommen zu ordnen, gemeinsame Diskussionen zu führen, gemeinsame Regeln aufzustellen, von einer Mehrheit getragene Beschlüsse zu fassen. Das war in dieser kurzen und hektischen Zeit schwierig: Die einen wollten einfach an einem Abenteuer teilnehmen, die anderen wollten der Idee eines »anderen« Lebens Platz und Raum geben. Die einen alle Regeln brechen, die anderen neue Regeln finden. Die einen hatten einfach die Schnauze voll, die anderen hatten einen Plan. Für die einen war das besetzte Haus nichts beziehungsweise etwas rein Taktisches im Verhältnis zum großen Ganzen (Antiimperialismus), für die Besetzergruppe war es ein wichtiger Schritt auf dem Weg zu einem »autonomen Zentrum«.

Die Räumung erwischte viele mit wenig oder im Schlaf. Die Polizeiführung wartete das Ende des »Rock-gegen-Rechts«-Spektakels ab und schlug in den frühen Morgenstunden des 19. Juni 1980 mit einem Sonderkommando zu:

»Geräumt – Besetzer festgenommen – Knüppel, Schutzhelme, Eisenstangen gefunden. Die Besetzer schliefen noch, als die Beamten kamen. Es war im Morgengrauen, so gegen vier – rund 100 Polizisten kletterten über die Mauer in der Siesmayerstraße, drangen durch einen Seiteneingang ein und durchsuchten die drei Stockwerke des Westendgebäudes. Keiner wehrte sich. Alle 78 Besetzer, darunter 21 Frauen, wurden festgenommen. Die Links-Chaoten hatten sich öffentlich auf einen Straßenkampf vorbereitet. Es gab eine ›Waffenkammer‹. Gefunden wurden Schutzhelme, Knüppel, Eisenstangen, geklaute Verkehrsschilder, die zu Schutzschilden umgebaut worden waren, Steine und leere Flaschen (für Brandbomben?). Offiziell handelte es sich um eine vom Gericht genehmigte Durchsuchung. Ein 17-jähriger Bremer, der seit dem Brandanschlag auf das SPD-Büro in Haft sitzt, hatte ausgesagt, dass der Brandsatz in der Siesmayerstraße hergestellt worden war. Beim Brandanschlag war Heizöl verwendet worden. 1 000 Liter Heizöl waren zuvor aus einer Baubude gestohlen und offensichtlich in das Westendgebäude gebracht worden. Die Zerstörung von 29 Läden am 17. Juni soll ebenfalls auf das Konto der Besetzer gehen. Die meisten von ihnen (16–28) stammen nicht aus Frankfurt. Sie sind der Polizei jedoch von den Krawallen in Bremen und Gorleben bekannt.« (*Bild* vom 20. Juni 1980)

Während die *Bild*-Zeitung alle Straftaten in diesem Zeitraum en bloc der Hausbesetzung zuordnete, leere Flaschen als (werdende) Molotowcocktails entlarvte, war die Sympathie für den Rechtsbruch der Polizeiaktion kaum zu verbergen:

»Offiziell handelte es sich um eine vom Gericht genehmigte Durchsuchung« … die ungewollt in eine Räumung ausartete. Tatsächlich hätte nach vier Tagen Besetzung eine Räumung nur noch durch den Eigentümer des Gebäudes erwirkt werden können. Bis es zu einem gerichtlich erlangten Räumungstitel gekommen wäre, wären Wochen, wenn nicht gar Monate ins Land gegangen. Für so viel Recht war keine Zeit. Ironischerweise lieferte die britische Investmentgesellschaft »Land and Linden«, Eigentümer der beiden Grundstücke und Häuser, nach erfolgter Räumung zumindest die Voraussetzungen für eine Räumung nach: Sie erstattete Strafanzeige aufgrund einer Hausbesetzung, die es nicht mehr gab.

Der Schwarze Block.
Ein Phantom kommt in Fahrt

1981

Wer war der »Schwarze Block«? Gab es ihn überhaupt? Gibt es ihn heute (noch)?

Zwei Expertisen vorneweg: Die erste kommt vom Bundesgerichtshof. Die dort ansässige Generalbundesanwaltschaft prahlte im Jahr 1981 mit folgendem Wissen: »Nach dem Ergebnis der bisherigen Ermittlungen wurde im Mai 1980 in Frankfurt am Main eine Gruppe gegründet, die von ihren Mitgliedern als ›Schwarzer Block‹ bezeichnet wurde. Ihre Organisation ist nach außen hin streng abgeschlossen; ihre Mitglieder treten bei Demonstrationen – entsprechend dem Namen der Gruppe – schwarz gekleidet und geschlossen auf.«

Die zweite Expertise kommt aus »Sponti«-Kreisen, die Anfang der 1970er-Jahre Frankfurt mächtig durcheinandergewirbelt hatten, mit Hausbesetzungen und Straßenschlachten. Sie verstanden ihr Tun als »revolutionären Kampf« (RK), die Polizei und die Medien bezeichneten sie als »Politrocker«. Für uns, für den »Nachwuchs«, hatten sie nur Häme übrig: »Nichts ist der Schwarze Block weniger als ein Block. Das sind hoffnungslose Kids ohne Geld, von der Alt-Szene frustrierte Politfreaks und knallharte Sprücheklopfer, die hinter jedem Stein in einer Fensterscheibe den internationalen antiimperialistischen Widerstand sehen möchten.« (*Pflasterstrand* Nr. 112)

Die zweite Welle der Häuserkämpfe Anfang der 1980er-Jahre ging fast spurlos an der Finanzmetropole Frankfurt vorüber. Wir schauten neidisch nach Amsterdam, Berlin oder nach Freiburg und gaben uns Mühe. Doch wir stolperten mehr von Hausbesetzung zu Hausbesetzung. Fast könnte man von einem langweiligen Ritual und einem durchschnittlichen Drehbuch sprechen: 20 Leute besetzen ein Haus und mobilisieren dafür ihre UnterstützerInnen. In der Regel bietet die Polizei ein Vielfaches auf und beendet die Besetzung gewaltsam. Nie mehr als 200–300 fühlten sich angesprochen. Jedes Mal verteidigte die Polizei mit mehr Personal den Leerstand. Im Anschluss daran kam es ab und an zu kleinen, belanglosen und meist ziellosen Scharmützeln.

Die Situation war alles andere als rosig. Das hat sogar der Kriminaloberrat Nobert Thomas (PP Frankfurt am Main) erkannt: »Trotz der 1981 erheblich gestiegenen Auseinandersetzungen mit der Polizei strebt dieser harte Kern eine weitere Eskalation der Gewalt an. Die Sehnsucht nach Berliner oder Amsterdamer Zuständen ist übermächtig.« (PTV III/81)

Die Medien fieberten sich in einen Straßenkampf hinein. Das schmeichelte uns zwar, hatte aber ganz wenig Zugang zur Realität. Die Schlagzeilen jedenfalls kündigten uns eine sagenhafte Zukunft an:

»Vom Römerberg zog der ›Schwarze Block‹ dann zur Polizeihaftanstalt am Gericht, verlangte die Herausgabe eines festgenommenen Komplizen und beschmierte die Wände …« (*Neue Presse* vom 2.5.1980)

»Am Maifeiertag ist es (…) zu Krawallen und Ausschreitungen gekommen. Rund 300 Angehörige eines sogenannten ›Schwarzen Blocks‹ (…) verbarrikadierten sich kurzfristig in einem leeren Haus.« (*FAZ* vom 2.5.1980)

»Demonstration eines sogenannten ›Schwarzen Block‹ (…) Wer waren sie? Ein vorpolitischer Machismotrupp auf der Suche nach Action im Polizeigetümmel oder nur theatralische Komparsen eines linken Kneipennihilismus.« (*Die Zeit* vom 23.5.1980)

»Der Terror des Schwarzen Blocks: Feuer, Bomben und Krawalle« (*Abendpost* vom 30.7.1981)

»Krawalle und Scherben nach Demonstration. Polizeischutz gegen ›Schwarzen Block‹.« (*FNP* vom 3.8.1981)

Der Kreis der Aktiven überschritt nie die 400er-Marke. Das hatte nichts damit zu tun, dass die Wohnungsnot in Frankfurt geringer als in anderen Städten gewesen wäre. Die Mieten zählten zu den höchsten in der Bundesrepublik, die Suche nach einer großen Wohnung, die WG-tauglich war, war schwierig, die Stadtpolitik fortgesetzt skandalös. Doch all das alleine hat noch nie Protest, noch nie Widerstand ausgelöst.

Als mildernde Umstände lassen sich zwei besondere Umstände anführen. Zum einen traten die Kämpfe um die Startbahn West in die heiße Phase und viele, die bislang reserviert dem Bürgerprotest und seinen Protestformen (»gewaltfrei, aber aktiv«) gegenüberstanden, fanden nun doch den Weg in den Wald. Widerwillig mussten wir anerkennen, dass die Startbahn-West-Bewegung genau das hatte, was dem Häuserkampf in Frankfurt fehlte: Zulauf, Attraktivität, eine politische Dynamik, mediale Aufmerksamkeit und … Aussicht auf Erfolg.

Zum anderen standen wir als zweite Häuserkampfgeneration einer Generation von Häuserkampfveteranen gegenüber, die sich vor Spott und Häme kaum zügeln konnten und dafür den *Pflasterstrand* als Hochstand nutzten: »Nichts ist der Schwarze Block weniger als ein Block. (…) Alles in allem eine gewaltige Portion von Verzweiflung, auch Begriffsverwirrung. Eine offensive Position hat der sogenannte Block nie gehabt – man stand eher mit dem Rücken zur Wand, jedes neue Experiment scheiterte an Ignoranz oder Repression.« (*Pflasterstrand* Nr. 112)

Die Antwort der »hoffnungslosen Kids« kam – ausnahmsweise – in derselben Ausgabe des Szeneblattes der Altspontis zu Wort. Man muss hinzufügen, dass zu dieser Zeit der Widerspruch zumindest noch ein Erkenntnismittel war. Wir wurden gefragt, ob wir eine Stellungnahme schreiben wollen, die unzensiert abgedruckt werden würde. Das taten wir auch:

»wir fragen uns (…): wo sind die Veteranen des Häuserkampfs ge-
blieben (wir kennen zumindest deren cafés)? wo sind die, die uns ent-
gegenhalten, sie wären politischer, taktischer, revolutionärer gewesen?
(vielleicht sind sie heute noch politischer und taktischer?) wo sind die
redakteure, die meinen, ›der stein ist unser bewußtsein‹ (Pflasterstrand)?
für uns ist diese verwaltete, selbstverwaltete altszene träger einer dop-
pelten legalität geworden. sie verfügen über eine eigene infrastruktur
(buchladen, druckerei, weinstube, café, kulturbetrieb, häuser), die wir
nicht selten als feindlich erleben. sie sind besitzer eines linken macht-
monopols, das filme, musik, kultur, zeitungen und meinungen macht.
sie sind besitzer geworden von lebensstandards, von lebensversicherun-
gen, von alles-gehabt-erfahrungen und damals-erinnerungen. viele sind
besitzer geworden, benehmen sich so und verhalten sich entsprechend
besitzstandswahrend. aber wem sagen wir das. vielleicht haben einige
auch schlicht andere sorgen: kindererziehung, haushalt, urlaub, beruf
und häuser kaufen? hat sich die ›revolutionäre ungeduld‹ samt der ›re-
volutionären subjekte‹ davongeschlichen?«

Nachdem sich Müdigkeit und Langeweile auch unter den Hartnä-
ckigen breitmachte, startete man noch einmal einen gemeinsamen
großen Versuch … und besetzte ein Gelände am Rande der Stadt,
im Stadtteil Nied. Dort stand seit Jahren ein Ausbesserungswerk
der Bahn AG mit mehreren Häusern und einem riesigen Gelände
drum herum leer. Man warf alle Gruppen zusammen, die in der
Stadt aktiv waren, und besetzte am 11. April 1981 das ehemalige
Bundesbahnausbesserungswerk und widmete es in »Indercity
Nied« um.

Zeitweilig wohnten und lebten dort über 50 Personen. Unsere
Gruppe spaltete sich damals an der Frage, ob wir uns an dieser
Besetzung beteiligen sollen. Ein Teil zog dort ein, der andere Teil
hielt den Kontakt. Ich selbst gehörte auch zu den Skeptikern. Ich
würde als Gründe eher Ermüdung als eine visionäre Kritik dafür
anführen.

»Indercity Nied« gab sich jedenfalls große Mühe, die Besetzung und die Ideen von einem kollektiven Leben publik zu machen. Es fanden dort große Konzerte fanden. Viele fanden den Weg dorthin, ohne mit der Häuserkampfbewegung etwas zu tun zu haben. Dennoch konnte »Indercity Nied« die Stagnation auf bescheidenem Niveau nicht stoppen beziehungsweise wenden.

Um all diese Mankos auszubügeln, mussten wir sehr erfinderisch sein. Was die Wirklichkeit nicht hergab, musste zumindest gefährlich klingen, unglaublich gut organisiert wirken und eine bisher verborgen gebliebene internationale Präsenz an den Tag legen.

Das taten wir bereits ein Jahr zuvor. Die wiederaufgebaute Alte Oper in Frankfurt sollte mit viel Pomp eingeweiht werden. Da man die Oper »für alle« propagierte, dufte auch etwas für uns dabei sein: Udo Lindenberg sollte in einem Festzelt auftreten.

Also verfassten wir ein Flugblatt mit einem eigenen Gegen-Programm. Als Unterstützer hatten wir folgende Gruppen aufgeführt: Plenum der ›Schwarzen Blöcke‹ (Schwarzer Block Bornheim, Westend, Nordend, Bockenheim), Kinderinitiative ›Schwarz-roter Fuchs‹, Schwarze Qualle Maintal, Föderation der Schwarzfahrer, Aktionsbündnis ›Nulltarif‹, Kraakers Unlimited (Amsterdam), Stileto (Zürich), Schwarze Faust Dreisameck (Freiburg), Aktionsbündnis gegen die Rekrutenvereidigung (Bremen), JUSOS (UB Rhein-Main), JUDOS (Landesbezirk Hessen-Nassau) …

Die Namen waren allesamt frei erfunden. Dennoch hatte unsere Intervention Erfolg – auch wenn das in keiner Chronik erwähnt wurde. Wir erklärten das Festzelt zum »Tag der offenen Tür«, stürmten die Bühne, was zur Folge hatte, dass uns Udo Lindenberg seine Gage von 10 000 Mark überließ.

Trotz alledem holten das BKA und die Bundesstaatsanwaltschaft, die in 129a-Verfahren federführend ist, zum großen Schlag aus. Eine »Quelle« musste her, ein Kronzeuge namens Walter Loos tat sich auf. Das einzige Echte an ihm war, dass er tatsächlich durch die Szene flatterte, von den meisten nicht beachtet, von einigen anderen misstrauisch beäugt. Der große Rest stammte aus dem Lehrbuch: ein TOP-Insider, der dem Terror nicht länger huldigen konnte, mit freiem Zutritt zum äußerst harten Kern. Und wie es der Zufall wollte, bestätigte dieser Kronzeuge alles genau so, wie es die Terrorfahnder vermutet beziehungsweise in ihn hinein-sprachen. Hinter der Fassade eines wilden, chaotischen Haufens von HausbesetzerInnen, der selten koordiniert vorging, verbarg sich ein straff organisiertes Unternehmen mit klaren Zuständig-keiten, knallharten Befehlsstrukturen, also Handlangern und Füh-rungsköpfen. Man hätte auch die TV-Qualle fragen können, wenn es dieses Wahrheitselixier schon damals gegeben hätte. Der Name für das Phantom war schnell gefunden: Der Schwarze Block.

Jetzt brauchte man nur noch Locations, wo die terroristische Vereinigung Pläne schmiedete, Bomben baute und sich ausruhte. Um der Bedrohung gerecht zu werden, die ihre Zerschlagung zwingend machte, entschied man sich gleich für zwei Niederlas-sungen: Das Basislager befand sich demzufolge auf dem besetzten Gelände von »Indercity Nied«, der andere Ort sollte weitab vom Schuss liegen, getarnt in der Idylle, in Rosbach, einem kleinen Vor-ort von Frankfurt – wo später Interviews mit Dorfbewohnern und Gänsehautfeeling gemacht werden konnten.

»Nein, das kann ich mir nicht vorstellen. Das waren doch so nette und freundliche junge Leute … Na ja, jetzt, wo Sie es sagen, fand ich diese Leute schon immer suspekt …«

Dort also, so der Kronzeuge, waren die Rädelsführer, Drahtzie-her und Spezialisten zu Hause, dort war ihre Homebase, dort wur-den Waffen gebunkert und Bomben hergestellt. Dagegen hatte das Basislager auf dem Gelände von »Indercity Nied« geradezu profane Aufgaben: eine Art Anwerbebüro, wo sich Nachwuchs bewähren konnte und Anwärter für höhere Aufgaben ausgewählt wurden.

Solche Aussagen hätten jedem Hobbykriminalisten nur ein mü-des Lächeln abgerungen, selbst für einen Tatort-Krimi wären sie zu schlecht gewesen. Doch diese Phantom-Jäger hatten nicht nur die Laien gegen sich, sondern auch behördeninternes Wissen, also Experten vom Fach.

So zum Beispiel den Verfassungsschutzbericht aus demselben Jahr: »Deutlich wurde eine Trennung in ›Alternativbewegungen‹, die überwiegend keine extremen Ziele verfolgen, in Alt-Spontis, die der Gewaltanwendung weitgehend ablehnend gegenüberstehen, sowie in kleinere autonome Gruppen, die die Militanz der Aktion bejahen. Diese, der Alt-Sponti-Szene ablehnend gegenüberstehend, verstanden ihre Politik nicht ausschließlich als ›Kopfarbeit‹ und vertraten den Standpunkt: ›Wir nehmen unseren Widerstand selbst in die Hand, delegieren ist Entfremdung‹. Symptomatisch für diese Bewegung in Hessen, insbesondere in Frankfurt, waren die im Zusammenhang mit Hausbesetzungen beziehungsweise Aktionen gegen die Wohnraummisere entstandenen Schwarzen Blöcke mit rund 200 Anhängern. Die Anhänger dieser Gruppen trugen bei ihren Aktionen nicht selten schwarze Kleidung, maskierten ihr Gesicht und waren mit Schutzhelmen ausgerüstet. Sie suchten bewusst die Auseinandersetzung mit der Polizei und setzten dabei Farbbeutel, Schlagstöcke, Steine und Stahlkugeln ein. Als äußeres Zeichen trugen sie bei ihren Aktionen schwarze Fahnen. Bei den Schmier- und Sprühaktionen benutzten sie das Symbol der Anarchie, ein schwarzes A in einem schwarz umrundeten Kreis.« (*Pflasterstrand* Nr. 112)

Und was den Organisationsgrad des Schwarzen Blocks angeht, wusste selbst der hessische Innenminister Gries im Oktober 1980 Folgendes zu berichten: Die Bezeichnung Schwarzer Block sei »aus der ›Szene‹ heraus geprägt worden. Eine Mitgliedschaft, im vereinsrechtlichen Sinne gäbe es bei ihnen nicht. Die Anhängerschaft werde jeweils auf etwa 200 Personen geschätzt. Über Verbindungen (…) zu extremistischen Parteien sei den zuständigen Stellen nichts bekannt.«

Ganz offensichtlich scherte all dies die Generalbundesanwaltschaft, die in 129a-Verfahren federführend ist, nicht im Geringsten. Jetzt fehlte nur noch der richterliche Beschluss für Hausdurchsuchungen und Festnahmen. Er hatte das Niveau eines Kinderromans: »Nach dem Ergebnis der bisherigen Ermittlungen wurde im Mai 1980 in Frankfurt am Main eine Gruppe gegründet, die von ihren Mitgliedern als ›Schwarzer Block‹ bezeichnet wurde. Ihre Organisation ist nach außen hin streng abgeschlossen; ihre Mitglieder treten bei Demonstrationen – entsprechend dem Namen der Gruppe – schwarz gekleidet und geschlossen auf. Bereits kurze Zeit nach Gründung des ›Schwarzen Blocks‹ zeigte sich in den Aktivitäten der Gruppe eine deutliche Tendenz zur Befürwortung von Gewalt. Zumindest ab Sommer 1980 ist davon auszugehen, dass es zu den Zielen des ›Schwarzen Blocks‹ gehört, die Bestrebungen der terroristischen Vereinigung ›Rote Armee Fraktion (RAF)‹ zu unterstützen und die gegenwärtigen Verhältnisse in der Bundesrepublik Deutschland durch Terrorakte, vor allem durch Brand- und Sprengstoffanschläge, zu bekämpfen.« (Der Ermittlungsrichter des Bundesgerichtshofes vom 22. Juli 1981, Az: 1 BJs 324/81 – 5)

Nachdem das Phantom mit Name, Beruf und Anschrift ausgestattet worden war, konnte am 27.7.1981 zum großen Schlag ausgeholt werden: »Es war klug durchdacht! Ein Riesenaufgebot von Polizisten rückte an. Alle glaubten, es gehe ausschließlich um das besetzte Bundesbahnwerk in Nied. Während die Räumung begann, führten Anti-Terror-Spezialisten einen Schlag gegen mutmaßliche ›RAF-Helfer‹ – gegen den ›Schwarzen Block‹. 1000 Beamte waren unterwegs. Sie durchkämmten (auf richterlichen Beschluss) 40 Wohnungen im Rhein-Main-Gebiet. Ihr Auftraggeber: Generalbundesanwalt Rebmann.« (*Bild* vom 29.7.1981)

Was man für eine makabre Szene aus einem Seyfried-Comic halten könnte, war der Startschuss für die größte Repressionswelle nach dem »Deutschen Herbst« im Rhein-Main-Gebiet. Der

Aufwand war gewaltig: Es gab über 40 Hausdurchsuchungen. »Indercity Nied« wurde by the way geräumt. Dabei wurden etwa 35 Personen verhaftet und erkennungsdienstlich behandelt. Gegen mindesten sieben Personen wurde Haftbefehl erlassen. Über 50 Ermittlungsverfahren standen im Raum. In den folgenden Wochen waren wir fast ausschließlich damit beschäftigt, das Ausmaß dieser Repression zu erfassen. Wir gründeten einen Ermittlungsausschuss »Schwarzer Block«.

Dass hier ein Elefant auf eine Maus traf, war ziemlich offensichtlich. Dass es sich um haarsträubende »Ermittlungsergebnisse« handelte und Zusammenhänge erfunden wurden, störte die mediale Öffentlichkeit nicht. Im Gegenteil. Die behördlich verordnete Zwangsvereinigung aus Häuserkampf und RAF, aus öffentlichem Unfrieden und konspirativer Untergrundtätigkeit wurde in den demokratischen, also stets auch kritischen, Medien gefeiert, wie zum Beispiel im *Westfalenblatt* vom 29.7.1981: »Ein dickes Lob den Sicherheitskräften unseres Landes! Noch bevor die neue linksextremistische Terrorgruppe ›Schwarzer Block‹ zum verderblichen Schlag ausholen konnte, sah sie sich schon hinter Schloss und Riegel. Dort gehört sie auch hin!«

Dermaßen von der demokratischen Öffentlichkeit beflügelt, folgten weitere Hausdurchsuchungen, Festnahmen und Verhaftungen. Wir als Freundeskreis und/oder Mitglieder dieser »Terrorgruppe« nahmen es – auch – mit schwarzem Humor.

Jamaica, den 29.7.1981
Schwarzer Block

Urlaubsadresse:
Black Beach
Jamaica
Black box 883

Sehr geehrter Herr **General***(bundesanwalt) Dr. Rebmann,*
wir waren bis heute in bester Laune
wir machten Urlaub mit fetziger Reggaemucke
bei strahlender Sonne
und wären fast
schwarz *geworden*

Nun haben Sie also
in unserer Abwesenheit zum großen Schlag
ins Wasser
ausgeholt

Sie haben eine Führungszentrale in Rosbach ausgehoben,
das Grundstück nach Waffendepots umgegraben,
eine Bombenwerkstatt gesucht,
das besetzte Gelände ›Intercity Nied‹ durchkämmt,
die schwarze Nadel im Heuhaufen gesucht

Sie haben mächtig auf die Kacke gehauen
vier zu Terroristen erklärt
und in den Knast geworfen
Echt starke Geste

Nun
alles der Reihe nach
Das Jagdschloss in Rosbach
Wir haben es uns in der Zeitung angeschaut
echt übersehen
gefällt uns
Wir brauchen zwar keine Zentrale
Aber so ein schönes Haus in idyllischer Lage
mit zentraler Verkehrsanbindung
suchen wir schon lange

Zum Zweiten:
Sie haben's auf den Punkt gebracht
was unter uns (gesagt)
seit Jahr und Tag ungelöst ist:
Wer sind wir?
Was verbindet uns?
Was unterscheidet uns?

Respekt, Respekt,
Sie haben des Rätsels Lösung:
*Der Schwarze Block ist **schwarz***
*weil **schwarz.***
Er ist ein Block
weil geschlossen

Ein bisschen grob
aber einfach zu merken

Apropos politischer Farben- und Mengenlehre:
Könnten Sie uns die Adressen vom
Schwarzen Freitag
Schwarzen September
und von
Black Panther
zukommen lassen?
Danke

Bei allem schwarzen Humor
Eines haben wir überhaupt nicht verstanden
Sie werfen uns vor
mit der RAF eine oder gemeinsame Sache zu machen

Mal unter uns:

Rote Armee Fraktion
Schwarzer Block
Beißen sich da nicht die Farben?

Wollen Sie das wirklich.

In Feuer und Flamme
Ihr Schwarzer Block«
(Der Offene Brief wurde im *Pflasterstrand* Nr. 112, August 1981, abgedruckt)

Neben feiner Poesie gab es auch geniale Aktionen. Dazu gehörte auch folgende. In irgendeiner Nacht fuhr ein LKW mit großem Aufbau vor das Landgericht in Frankfurt. Das lag im Gerichtsviertel in der Frankfurter Innenstadt, an einer sehr befahrenen Straße, auch spät abends. Der LKW parkte vor dem Landgericht. An der Außerwand dieses Ortes der Gerechtigkeit war ein großes »Kunstwerk« angebracht mit der Inschrift: »Die Würde des Menschen ist unantastbar.«

Ein toller Satz, den man auch im Grundgesetz findet. Es war nicht schwer, das Wort »Würde« aus dem Ensemble zu lösen und den Rest mit der Lücke zurückzulassen. Der Verkehr vor dem Landgericht wurde nicht gestört und auch die vorbeifahrenden Autos nahmen von diesem Ereignis keine Notiz.

Ein paar Tage fand man in der Zeitung eine kleine Notiz darüber.

Vier Beschuldigte saßen über mehrere Monate in Untersuchungshaft. Die Gespensterschlacht, der große Schlag gegen den »Linksterrorismus«, endete kläglich. Der Kronzeuge widerrief in einem Interview mit der *Offenbach-Post* seine Aussagen und erklärte, dass er von der Polizei genötigt und zu diesen Aussagen gezwungen worden war. Die Anschuldigungen mussten fallen gelassen, die Inhaftierten freigelassen werden – mit einer lächerlich geringen Haftentschädigung, als wäre alles nur ein Versehen gewesen. Selbstverständlich hatte ein solch eklatanter Angriff auf die Grund- und Schutzrechte keine strafrechtlichen Folgen für die Verantwortlichen.

Man könnte meinen, dass es in Frankfurt extrem zugegangen sei. Mitnichten. Der Versuch, die HausbesetzerInnenbewegung in RAF-ähnliche Phantome zu verwandeln, sie mit Repression zu beschäftigen und zu zermürben, hatte System. Nicht nur in Frankfurt wurde gegen HausbesetzerInnen mithilfe des § 129 (a) vorgegangen, es wurde bundesweiter Standard – mit zahlreichen Gefangenen, die Monate im Knast verbringen mussten. Dass die Vorwürfe kaum juristische Substanz hatten, störte nicht. Man nahm es sehr gezielt in Kauf: Über 95 Prozent der ›Fälle‹ wurden eingestellt.

Der Rechtsanwalt Rolf Gössner schrieb dazu: »Doch Paragraph 129a kann (…) weit mehr, seit er in den 80er-Jahren – mit Zielrichtung auf die damals erstarkten militanten Widerstandsszenen – verschärft und ausgedehnt wurde: Die Ermittlungsbehörden witterten innerhalb der politisch-sozialen Bewegungen gegen gefährliche Staats- und Industrie-Projekte eine neue, unberechenbare ›terroristische Gefahr‹. Tausende von Menschen und zahlreiche Initiativen der Friedens-, Anti-Atom- und Anti-Gentechnologie-Bewegung, aber auch der Häuserkampf- und Tierschützer-Bewegung und später die ›Antifa‹ gerieten in die Antiterror-Maschinerie – so wie heute auch globalisierungskritische Szenen. So kam es zu einer wundersamen ›Terroristen‹-Vermehrung per Gesetz und Rechtsprechung: Etwa 3 300 Strafermittlungsverfahren nach § 129a wurden in den 1980er-Jahren eingeleitet, in die fast 10 000 angebliche Terroristen, Unterstützer und sogenannte Sympathisanten involviert waren … Auffallend viele der Ermittlungsverfahren bleiben bereits im Ermittlungsstadium hängen, werden also nach langwierigen Ermittlungen mangels Substanz eingestellt. Nur in durchschnittlich 6 Prozent aller Fälle kommt es überhaupt zu einem Urteil. Das hat Gründe: Den Ermittlern kommt es weniger auf das Ergebnis an, sie sehen im Paragraph 129a vor allem eine Ermächtigung zu exzessivem Ermitteln. Er lässt sich nämlich wie ein Dietrich bedienen, um in verdächtige Szenen einbrechen zu können. Dieser Paragraph ist eine Schlüsselnorm, um die herum ein verzweigtes Antiterror-Sonderrechtssystem entwickelt wurde. Ein entsprechender Anfangsverdacht eröffnet den Ermittlungsbehörden ein ganzes Arsenal spezieller Eingriffsbefugnisse. Zu diesen zählen – neben der Beschneidung der Verteidigungsrechte der Betroffenen vor Gericht und Untersuchungshaft auch ohne Haftgrund – vor allem geheime präventiv-polizeiliche Methoden: Einsatz von V-Leuten aus politisch verdächtigen Szenen, Einschleusung von Verdeckten Ermittlern mit falscher Identität, langfristige Observationen, Postkontrollen, Telekommunikationsüberwachung und der mit elektronischen Wanzen durchgeführte Große Lauschangriff in und aus Wohnungen, aber auch Groß-Razzien, Kontrollstellen, Schleppnetz- und Rasterfahndung sowie die ›polizeiliche Beobachtung‹ – Sonderermächtigungen also, die der großflächigen präventiven Ausforschung des politischen Umfeldes dienen und eine Vielzahl von meist unverdächtigen Kontaktpersonen und Sympathisanten einbeziehen.« (»Das Antiterrorsystem«, erschienen in *Ossietzky* 21/2007)

Eine Nachtaktion bei 20 000 Watt

1982

Fußballfans hatten in den 1980er-Jahren keinen guten Ruf bei uns, erst recht nicht, wenn sie samstags ins Stadion gingen, um ein Bundesligaspiel zu besuchen. Und fast ganz unten durch waren sie, wenn sie irgendwie auch noch Eintracht-Frankfurt-Fans waren.

Dennoch hatten wir es ihnen zu verdanken, dass einer aus unserer Gruppe auf das anstehende Europacup-Spiel zwischen Eintracht Frankfurt und Tottenham zu sprechen kam, das im Frankfurter Waldstadion ausgetragen werden sollte. Das alleine wäre auf keine besondere Aufmerksamkeit gestoßen, wenn er nicht darauf bestanden hätte, Sport und Politik in einen Topf zu werfen.

Was das eine mit dem anderen zu tun hat, versuchte er uns im Jahre 1982 lang und breit zu erklären. Er holte ganz weit aus und verknüpfte unsere Stadtteilarbeit (vor Ort) mit unserem internationalistischen Selbstverständnis (weltweit). Dazu zählte unter anderem unsere Solidarität mit dem Befreiungskampf der Frente Farabundo Marti de Liberación/FMLN in El Salvador, die der dortigen Militärdiktatur den Kampf ansagte.

In dieser Zeit gab es eine Kampagne »Waffen für El Salvador«, also für die Befreiungsbewegung. Die ganz und gar nicht pazifistische Kampagne wurde recht breit unterstützt, unter anderem von der Tageszeitung *taz*, die in Anzeigen offen dafür warb. Man darf sich 40 Jahre später die Augen reiben und die politische Polschmelzung ermessen, wenn man weiß, dass die *taz* heute Waffen für ein reaktionäres Regime in der Ukraine »sammelt«.

Eine Idee jagte die andere, immer wieder mit den Ortskenntnissen unserer Fußballfans abgewogen, bis die ganze Sache Hand und Fuß hatte und folgender Plan dabei herauskam:

Wir dringen in der Nacht zuvor ins Frankfurter Waldstadion ein, ätzen mit Abbeizlauge eine riesengroße Parole in den grünen Rasen, so groß, dass es unmöglich ist, sie aus dem Bild zu bekommen. In unserer Phantasie stellten wir uns vor, dass Millionen von Zuschauerinnen und Zuschauern die Live-Übertragung dieses Spieles auch in Latein- und Mittelamerika verfolgen und so Zeugen unserer Protestaktion werden, die sich gegen die Militärdiktatur in El Salvador wendete. Nachdem schließlich alle aus unserer Gruppe Feuer gefangen hatten, weitete sich der Plan zu einem größeren Unternehmen aus, für das wir schließlich 10–15 Personen veranschlagten.

Bevor wir die Aktion in Gang setzten, kundschafteten wir mehrmals nachts die Gepflogenheiten am und im Frankfurter Waldstadion aus, um zu klären, ob unsere Ideen auch realisierbar sind. Unsere nächtlichen Beobachtungen ließen uns an dem Plan nicht zweifeln: Das Waldstadion wurde regelmäßig im Zwei-Stunden-Rhythmus von einer Polizeistreife befahren, die Zäune stellten wahrlich kein Hindernis dar und das Stadion selbst war nachts nicht beleuchtet. Ideale Bedingungen also für eine Nachtaktion.

Die Vorbereitungsphase war damit abgeschlossen und in den darauffolgenden Tagen weihten wir Zug um Zug Leute ein, von denen wir wussten, dass sie für solche Ideen zu haben waren.

Es war ungefähr 22 Uhr, als wir mit einem geschlossenen alten Ford Transit TeilnehmerInnen dieser Aktion einsammelten und eng zusammengedrängt zum ausgemachten Treffpunkt fuhren. Nicht ganz so geplant mussten wir noch eine Runde drehen, bevor wir alle aussteigen konnten: Eine Polizeistreife kam uns in die Quere. Schnell war der Schreck überwunden oder vergessen, als wir auf die anderen stießen, kurz durchzählten und feststellten, dass alle zum verabredeten Zeitpunkt da waren. Mit einer großen ausziehbaren Leiter, einem 20 l Farbeimer, Pinseln, Rollen und vielen Flaschen Abbeizlauge machten wir uns auf den Weg Richtung Stadion. Es war bereits recht dunkel, der Weg war nicht beleuchtet, als wir einen großen Bus vor uns sahen, der am Rand des Weges geparkt war. Wir blieben stehen, während zwei in Erfahrung bringen sollten, was es mit diesem Bus auf sich hat. Kurze Zeit später kamen die beiden zurück und gaben Entwarnung. Es handelte sich um einen Fernseh-Übertragungswagen, der jedoch nicht besetzt war. Wir schlichen uns leise an diesem Mobil vorbei, bis wir zu der Stelle am Zaun gelangten, wo wir durch ein Loch schlüpfen konnten, das nachts zuvor präpariert worden war. Von dort aus wollten wir über die Tribünenränge ins Stadion gelangen. Alles lief bis dahin wie geplant, nur eines nicht:

In dieser Nacht tauchte die Flutlichtanlage das gesamte Stadion in gleißendes helles Licht. Man konnte alles sehen: Die Ränge, das Fußballfeld, die Tartanbahn, die Ausgänge … jede Maus. Von einer typischen Nachtaktion konnte nun nicht mehr die Rede sein.

Was eigentlich ein Grund gewesen wäre, die Aktion sofort abzublasen, war jetzt nur ein ungünstiger Umstand, den man ganz schnell abhaken musste. Wir verständigten uns kurz auf diese Verdrängungsleistung und zwängten uns durch den Zaun. Als wir im Stadioninneren, auf dem Rasenfeld ankamen, ging alles sehr schnell. Das dumpfe Gefühl, irgendwie doch beobachtet werden zu können, drückte gewaltig aufs Tempo. Wir hatten uns in drei Gruppen eingeteilt: Die erste Gruppe ging mit einer Leiter ausgestattet in Richtung Stadionanzeige, um diese mit einer Parole zu übersprühen. Eine zweite Gruppe fing auf der Höhe der Mittellinie damit an, mit Abbeize große Buchstaben in den sattgrünen Rasen einzugravieren. Die dritte Gruppe versah die rund um den Rasen angelegte Tartanbahn mit weiteren Anmerkungen und Symbolen. Jede Gruppe hatte dafür 15 Minuten Zeit. Allein die Vorstellung, unser Tun könnte minutiös von Kameras aufgezeichnet werden, hatte auch etwas Gutes: Wir hielten uns alle an die Absprachen und traten gemeinsam und ohne die üblichen Verzögerungen den Rückzug an.

Wir waren von unserer Aktion mehr als begeistert. Die meisten von uns hatten zwar von einer solchen ›Nacht‹-Aktion schon oft geträumt, sie aber noch nie in die Tat umgesetzt. Völlig gespannt und aufgeregt fieberten wir der Live-Übertragung am selben Abend entgegen. Hektisch suchten wir die ersten Bilder vom Stadion nach den Stellen ab, die unsere Handschrift trugen. Der Fernseher war zwar schlecht, doch das Ergebnis eindeutig. Die Anzeigetafel war gereinigt, die Tartanbahn wurde mit Plastikplanen abgedeckt und ziemlich fassungslos schauten wir – immer und immer wieder – auf das große Stück Rasen rechts von der Mittellinie: Außer dem Umstand, dass ein Viertel des Spielfelds kein Rasen- sondern ein Sandplatz war, war nichts zu sehen. Die Stadionverwaltung hatte kübelweise Sand über die verätzte Rasenfläche geschüttet.

Der Reporter dieses Spieles komplettierte unsere Enttäuschung. Mit keinem einzigen Wort erklärte er uns ZuschauerInnen die Gründe für die skandalösen Bedingungen, unter denen dieses Europacupspiel ausgetragen werden musste.

Trotz des Umstandes, dass die Außenwirkung unserer Aktion also auf den Kreis ihrer TeilnehmerInnen beschränkt blieb, sollte ein Detail nicht unerwähnt bleiben: Einer der Aktivisten für die Tartanbahn nutzte auch die Bandenwerbung: Er sprühte um ein großes **A** einen Kreis. Das blieb unentdeckt!

Ein paar Tage später, als bereits Gras über die Sache gewachsen war, entschädigte uns eine kleine Notiz im regionalen Sportteil der *Frankfurter Rundschau* vom 19.3.1982: »Verdruss bereitete (…) die Aktion, die bereits in der Nacht zum Mittwoch (16./17.3.1982) stattgefunden hatte. Unbekannte waren über den Zaun geklettert und hatten ›Freiheit für El Salvador und Polen‹ auf die Anzeigentafel und die Tartanbahn gepinselt. Weil sich der Spray auf der Laufbahn nicht abwaschen lässt, schütteten Stadionarbeiter zunächst Sand auf die Parolen, um zu verhindern, dass die Fernsehkameras dergleichen in die bundesdeutschen und englischen Wohnstuben übertragen konnten. Zur Beseitigung muss jetzt eine Spezialfirma anrücken, die Oberfläche abschleifen und auf mehr als 100 Quadratmetern einen neuen Belag aufbringen. Zirkelbach: ›Das kostet mehr als 10 000 DM‹.«

Ob es der Phantasie des Reporters geschuldet war oder unserem komplexen internationalistischen Selbstverständnis, dass wir bei dieser Aktion auch die Ereignisse in Polen miteinbezogen, lässt sich nicht mehr klären.

Selbstmord

1982

Über zehn Jahren hörte ich nichts von meinen Eltern. Umso mehr
überraschte mich, dass meine Mutter Kontakt zu mir aufnahm. Sie
teilte mir mit, dass mein Vater Selbstmord begangen habe und dass
sie selbst ihren Mann ein paar Monate zuvor verlassen hatte. Mir
machte diese Todesnachricht erst einmal nichts aus. Wahrscheinlich sagte ich mir innerlich, dass es gut ist, dass er es selbst gemacht
hat. Der Hass auf meinen Vater war zu groß, als dass etwas anderes
hätte Platz finden können. Sehr schnell stellte meine Mutter das
Geschäftliche in den Vordergrund, so wie sie das immer gemacht
hatte. Sie bot mir an, dass ich die Wohnung in Frankfurt-Oberrad
auflösen könne. »Du kannst doch bestimmt Geld gut gebrauchen.«

Das fand ich einen pragmatischen Ansatz. Ich bekam zu dieser
Zeit Bafög, eine staatliche Förderung, die bekanntlich nicht üppig
war. Trotzdem, das muss ich betonen, war Geld nie das Problem.
Ich empfand diese Zeit als sehr reich und damals konnte man
auch mit wenig Geld auskommen. Ich lebte in einer Wohngemein-
schaft und es ging nie darum, dass alle dasselbe einzahlen. Wer
Geld hatte, gab mehr, wer weniger hatte, warf andere Qualitäten in
die Waagschale. Ich entwickelte mich zu einem gut und umsich-
tig arbeitenden »Taschendieb«. So nennt man das doch, halbwegs
verständnisvoll, wenn man nur für den eigenen Bedarf klaut. Ehr-
licherweise muss ich sagen, dass ich aus dieser sympathischen Kate-
gorie bereits herausgewachsen war. Ich hatte mich hochgearbeitet
und das Taschendieb-Dasein ausgebaut. Wenn ich zum Beispiel in
einem Supermarkt Kaffee geklaut habe, dann war das nicht eine
Packung, sondern ein ganzer Karton mit zehn oder zwölf Kaf-

feepackungen darin. Ich sagte mir ganz buchhalterisch, dass das dasselbe Risiko ist, aber besser bezahlt werden würde. Zwei Packungen bekam dann die WG und den Rest verkaufte ich dann zu einem günstigen Preis. Damals war Kaffee noch richtig teuer und bekam dafür den Namen »schwarzes Gold«. Das Geschäft florierte und mit der Zeit hatte ich Dauerabnehmer. Dazu gehörten auch die Eltern meiner damaligen Freundin. »Vom LKW gefallen«, sagte dann die Mutter, wenn es darum ging, diesen sehr günstigen Einkauf zu rechtfertigen.

Ich dehnte meinen Aktionsradius aus und verbrachte viel Zeit in Baumärkten. Teures Werkzeug, Bohrmaschinen, Kreissägen waren in unseren Zusammenhängen sehr gefragt. Viele machten Reparaturen selbst und einige unter uns hatten kleine Werkstätten, die gerade so über die Runden kamen. Da kam mein Angebot genau richtig, gutes Werkzeug für wenig Geld zu bekommen.

Dabei ging ich wie im Politischen vor. Man muss eingefahrene Denkweg verlassen. Das ist auch beim Diebstahl hilfreich. Im Normalfall konzentriert sich die Überwachung auf die Kasse, die kurz vor dem Ausgang angeordnet ist. Man achtet auf dicke Taschen oder auf auffällige Bewegungen.

Ich benutzte nie den Kassenweg, sondern den Eingangsbereich. Dieser war höchstens durch ein Drehkreuz gesichert. Man wollte ja so wenig Barrieren wie möglich am Anfang des Einkaufserlebnisses aufbauen, die Willkommenskultur im Warenleben. Der Eingang war also mein Ausgang. Ich holte mir zuerst eine Plastikkiste. Darin verstaute ich vier bis fünf Maschinen. Ich legte dabei auf Markenprodukte wert. Damit fuhr ich zum Eingang zurück. Dann gab es für mich zwei Ausgehvarianten. Die erste bestand darin, das Drehkreuz auszuheben, um so das kleine Hindernis aus dem Weg zu räumen. Irgendwann in meiner Laufbahn wurden die Drehkreuze elektronisch gesichert. Wenn man sie anhob, dann meldete sich ein Alarm, was für mein Anliegen nicht vorteilhaft war. In diesen Fällen verlegte ich den Ort links und rechts vom Eingang.

Meist konnte man dort den Einkaufswagen abstellen. Danach ging ich durch die Kasse und zum Eingang zurück. Dort passte ich die zwei Sekunden ab, die ich brauchte, um die Plastikkiste von der »anderen Seite« herüberzuholen. Danach war ich ein Kunde, wie alle anderen auch.

Da der handwerkliche Bedarf groß war und sich mein Angebot herumsprach, hatte ich nach einiger Zeit Bestelllisten, die ich nach und nach abarbeitete. Tatsächlich machte ich weniger, als die Auftragslage hergab. Aber Geld war eben nur bedingt wichtig.

Ich nahm das Angebot meiner Mutter an, die Wohnung aufzulösen. Auf diese Weise kam ich noch einmal mit meinem kurzen »Zuhause« in Berührung, mit all den Gegenständen, die Erinnerungen weckten. Das Schlafzimmer meiner Eltern, das ich nie betreten hatte, der Bürotisch im Flur, an dem meine Mutter als »Sekretärin« arbeitete, und das Klappbett. Und eine riesige Blutlache rund um das Bett meiner Eltern. Letztere habe ich nie gesehen.

Nach zahlreichen Gewalttätigkeiten und Streitereien fasste sich meine Mutter endlich ein Herz, verließ meinen Vater und fand bei einer Freundin in Bayern Unterschlupf. Obwohl mein Vater ihre heimliche Unterkunft ausfindig machen konnte, was bei dem sehr kleinen Freundeskreis nicht so schwer war, hatte er meine Mutter nie mehr zu Gesicht bekommen. Zwischen ihrer Flucht und dem Selbstmord eskalierte die Lage weiter. Die Polizei griff ihn auf. Er schien ziemlich verwirrt zu sein und erzählte den Polizeibeamten, dass er von Rockern ausgeraubt worden sei. Ein Koffer mit 10 000 Mark sei aus seinem Mercedes gestohlen worden. Die Wahnwelt nahm immer mehr Raum ein. Ein zweites Mal wechselte er das Schloss zur Wohnung aus. Die »Gefahr«, vor der er sich schützen wollte, kam nicht von außen.

Er selbst war es, der ein afrikanisches Buschmesser verwendet hatte, ein Andenken von der Südafrika-Reise. Er stieß sich dieses lange Messer in den Bauch und verblutete sehr langsam und sehr qualvoll. Er wollte es sich nicht leicht machen.

Nicht der Tod, sondern diese unermessliche Gewalt gegen sich selbst ließ mich nicht los. Dieser Tod ging über ihn hinaus. Das berührte mich.

Wie viel Gewalt steckte im Leben meines Vaters, die er am Ende nur noch gegen sich selbst richten konnte?

Die lange Blutspur

Nachdem der Versuch der NPD Ende der 1970er-, Anfang der 1980er-Jahre kläglich gescheitert war, Frankfurt zur »ersten nationaldemokratischen Stadt Deutschlands« zu machen oder zumindest mit Aufmärschen Fuß zu fassen, spielte die NPD in Frankfurt keine Rolle mehr.

Auch mein weitgehendes Desinteresse an antifaschistischen Alarmmeldungen blieb. Ich fand die Empörung fahl, rückwärtsgerichtet und ein ganz wenig auch betrügerisch.

Dementsprechend gering war meine Aufmerksamkeit, als die NPD für den 28.9.1985 zu einer Wahlkampfveranstaltung in Frankfurt aufrief. Selbst der Umstand, dass die NPD ihre Versammlung im Haus Gallus abhalten wollte, löste bei mir nichts aus.

Das hatte nicht nur etwas mit der DKP (Deutsche Kommunistische Partei) und der VVN (Vereinigung der Verfolgten des Naziregimes) zu tun, die zu den Protesten aufriefen. Es lag auch an fehlenden lokalen Geschichtskenntnissen. Mir sagte das Haus Gallus nichts und erst recht nicht, warum es ganz besonders schlimm ist, wenn die NPD dort tagt.

Viele Jahre später begriff ich die Bedeutung dieses Ortes, als ich anfing zurückzuschauen oder auch die Kraft verlor, einfach nach vorne zu schauen in Richtung auf das, was kommen sollte, was anders werden muss. So stieß ich auf einen wirklich bemerkenswerten Satz des damaligen Staatsanwalts Fritz Bauer, der den »Auschwitzprozess« geleitet hatte: »Wenn ich mein Büro verlasse, betrete ich feindliches Ausland.«

Das Umfeld, das er damit meinte, waren inländische Staatsanwälte, Richter, Justizbeamte, also eigentlich nichts zum Fürchten.

Sehr viel später stellte ich eine Verbindung zwischen dem Haus Gallus und Fritz Bauer her. Bekanntlich war die Verfolgung und Bestrafung von NSDAP-Funktionären, Kriegsverbrechern und Nazi-Wirtschaftseliten nicht die Sache deutscher Nachkriegsregierungen. Umso mehr überraschte die Absicht des damaligen hessischen Generalstaatsanwalts Fritz Bauer, den Auschwitzprozess in Frankfurt zu führen. Anfangs, im Dezember 1963, wurde noch im Plenarsaal des Römers verhandelt, dann wechselte man in das neu errichtete Bürgerhaus Gallus, das mitten in einem Arbeiterviertel lag. Mehrere Jahre war das Haus Gallus Schauplatz des größten Strafprozesses der deutschen Nachkriegsgeschichte. Angeklagt waren insgesamt 22 Mitglieder der Lagermannschaft des Vernichtungslagers Auschwitz. Dieser Prozess war umso bemerkenswerter, als er zum ersten Mal mit der Entlastungsformel vom »Befehlsnotstand« aufräumte und eine juristische Verantwortung für faschistische Tötungsverbrechen jenseits von Kriegshandlungen bejahte. Die Urteile gegen Apotheker, Leiter der SS-Zahnstation, Schutzhaftlager- und Blockführer bis hin zur Lager-Gestapo reichten von dreieinhalb Jahren bis lebenslänglich.

Diesen besonderen Ort und die Existenz der postfaschistischen Partei NPD nahmen DKP, die VVN und andere DKP-nahe Organisationen zum Anlass, dazu aufzurufen, diese NPD-Versammlung zu verhindern. Zuvor sollte ein Nachbarschaftsfest die Verbundenheit mit den vielen MigrantInnen dokumentieren, die gerade auch im Frankfurter Stadtteil Gallus wohnten – alles andere als eine bevorzugte, privilegierte Wohngegend.

Der Aufruf, der spröde antifaschistische Sound, der Ruf nach der Verfassung (Verbot der NPD) hatte für uns nichts Einladendes. So ging es den meisten, die sich autonomen und anarchistischen Gruppen zuzählten. Das hatte nicht nur etwas mit ihrem

»demokratischen Protest« zu tun, sondern auch mit der Politik der DKP und ihr naher Organisationen. Unentwegt und unbeirrt riefen sie dazu auf, mit allen demokratischen Parteien zusammen dem Neofaschismus entgegenzutreten. Diese breite Bündnispolitik verstanden sie als Lehre aus dem deutschen Faschismus. Nur wenn alle demokratischen Kräfte vereint dem Faschismus die Stirn böten, sei ein Viertes Reich zu verhindern und die Lehre aus der Zerstrittenheit zwischen der SPD und der KPD der 1930er-Jahre gezogen.

Für mich war diese Analyse nicht nur falsch, sondern auch unerträglich: Warum sollten wir mit der CDU und SPD zusammen auf die Straße gehen, wo doch gerade diese Parteien die Startbahn 18 West genauso durchprügelten wie das Atomprogramm? Demokratische Parteien, die völlig geeint darin waren, Deutschland wieder zu einer militärischen Großmacht zu machen. Parteien, die vollends darin übereinstimmten, jede Alternative zum Kapitalismus mit allen Mitteln zu verfolgen, mit Verschärfungen des politischen Strafrechts, mit Berufsverboten, mit dem immer rasanteren Ausbau von Repressionsorganen – bis hin zur Legitimierung von gezielten Todesschüssen.

Zum anderen suggerierte eine solche Bündnispolitik eine Dramatik, in der der Faschismus kurz vor der Machtergreifung stünde und ein Hintanstellen politischer Differenzen nötig mache. Die ständige unterschwellige Beschwörung eines neuen »33« übertrieb nicht nur die Bedeutung neofaschistischer Parteien. Sie ignorierte genauso die Abwesenheit einer gesellschaftspolitischen Situation, die den Faschismus als einzige Lösung der herrschenden Krise nahelegte.

In unserem politischen Alltag waren nicht die NPD, sondern die demokratischen Parteien von CDU bis SPD das Hauptproblem. Auch wenn es keine gemeinsame Diskussion darüber gegeben hatte, ob und wie man auf die angekündigte NPD-Veranstaltung reagieren wollte, war vielen klar, dass man so etwas verhindern musste, nicht im Konzert der Demokraten, sondern entschieden – mehr beiläufig und folglich alles andere als gut vorbereitet. Manche hatten sich für danach etwas vorgenommen, manche nutzten bereits den Nachmittag und die besonderen Umstände.

Man ging davon aus, dass die Polizei mit einem Großaufgebot die NPD-Wahlkampfveranstaltung schützen und dafür auch fest stationierte Polizeieinheiten an der Startbahn West abziehen würde. Daher hatten wir einen anderen Plan, quasi den polizeilichen Engpass zu nutzen, dort, wo wir zu Hause waren.

Wir trafen uns um 14 Uhr am Kuchenstand, der immer an der Stirnseite der Startbahn West aufgebaut war. Sichtlich zufrieden standen wir beieinander und ließen unsere Blicke schweifen. Von der Polizei war weit und breit nichts zu sehen. Das Startbahngelände wirkte verwaist, als hätte sie es aufgegeben. In aller Seelenruhe suchten wir nach geeigneten Baumstämmen. Für Uneingeweihte sei gesagt, dass man diese dazu verwandte, um mit ihnen Betonstreben herauszubrechen, die die Startbahn West vor unbefugtem Zutritt schützen sollten. Darin hatten wir Routine, denn »die Mauer« gab es seit 1982, als sie die gerodete Fläche und später die Nutzung der neuen Startbahn West sichern sollte. Nach einer knappen Stunde waren über 50 Betonstreben herausgebrochen. So betrachtet hatte die NPD-Veranstaltung auch ihr Gutes.

Es war so gegen 16.30 Uhr, als der Vorschlag kam: »Leute, lasst uns gehen. Das reicht für heute. Wer mitkommen will: Wir fahren jetzt ins Gallus.«

Allen war klar, was damit gemeint war. Die NPD-Versammlung im Gallus. Ohne mich fuhren also so etwa 20 Startbahn-GegnerInnen nach Frankfurt ins Gallus. Zu denen gehörte auch Fritz, der mit 16 Jahren bereits im Hüttendorf lebte, weil er es zu Hause nicht mehr aushielt. Dann schloss er sich den »Sanis« an, einer Gruppe innerhalb der Startbahnbewegung, die sich selbst organisiert hatte, um Erste Hilfe zu leisten, wenn es zu Verletzungen im Zuge von

Demonstrationen kam. Mit dabei war auch Leo, der kurz davor war, sein Arzt-Studium abzuschließen.

»Die Bullen haben mächtig aufgefahren. Habt ihr das gesehen? Das kann ja heiter werden.«

»Und unsere rotgrüne Regierung in spe hat gleich zwei neue Wasserwerfer beigesteuert«, fügte Fritz angefressen hinzu.

»Es ist abenteuerlich
welche Arbeit ein
Mercedes-Geländewagen
leisten kann.
Mercedes Benz. Ihr guter Stern auf allen Straßen.«

Mit dieser gut gelaunten Werbung pries Mercedes Benz seinen neuen Hochdruckwasserwerfer WaWe 9 an.

Als wir in die Frankenallee einbogen, war bereits alles rund um das Haus Gallus abgesperrt. Weiträumig wurden Gitter auf dem Grünstreifen aufgestellt, der die beiden Straßenspuren voneinander trennte. Man versammelte sich vor den Gittern, schaute sich um, wartete, hoffte, dass es mehr würden. Man begrüßte sich, runzelte die Stirn und fragte sich, je länger sich das Warten hinzog, was das Ganze sollte. Außer Polizei war nichts zu sehen.

Allmählich wurde es dichter rund um die Absperrungen. Es waren 1 000 AntifaschistInnen, vielleicht ein paar Hundert mehr, als die ersten NPD-Leute unter Polizeischutz durch die Absperrungen geleitet wurden. Kleinere Rangeleien entstanden, ein paar Neonazis drehten wieder ab, andere erreichten unter Gegröle und Pfiffen den Versammlungsort. Die Polizei machte daraufhin die Durchsage, dass die Straße freigehalten werden müsse. Ein Pfeifkonzert und Rufe wie »Deutsche Polizisten schützen die Faschisten« waren die Antwort. Das wollte die Polizei als Provokation verstehen und räumte die Zufahrt mit Schlagstock und Wasserwerfern.

Es war schwer zu sagen, ob die Blockade erfolgreich war, wie viele NPD-Mitglieder tatsächlich an der Teilnahme gehindert wurden. Gerade einmal 70 »Kameraden« füllten den Versammlungssaal im Haus Gallus, als der NPD-Vorsitzende die Anwesenden begrüßte.

Drinnen wurde es großdeutsch-national, draußen dunkel. Von den über 1 000 AntifaschistInnen standen noch knapp 500 vor den Absperrgittern, als die Polizei abermals, diesmal auch noch sinnlos, dazu aufforderte, die Straße zu räumen. Später wurde ein gegen 19.45 Uhr abgesetzter Polizeifunkspruch zitiert, der die Marschrichtung vorgeben sollte:

»Dies Mal nicht wie bei der Südafrika-Demo!«

Bei dieser Demonstration, fünf Wochen zuvor, hatte die Polizei relativ zurückhaltend agiert. Nun beorderte sie zusätzliche Polizeieinheiten vors Haus Gallus. Die Stimmung heizte sich auf.

»Kommt, lasst uns gehen. Es ist doch alles gelaufen. Außerdem möchte ich nicht zu spät zum Konzert kommen«, rief Fritz den anderen zu. Er hatte Karten für ein Konzert mit Anne Clark in der ›Batschkapp‹, ein am anderen Ende der Stadt gelegenes Kulturzentrum, das zwar schon lange nicht mehr von einem Kollektiv betrieben wurde, aber immer noch gute Bands aufspielen ließ. Sie verließen den Grünstreifen und gingen auf der anderen Straßenseite bis zu einer Kneipe, an der Kreuzung Frankenallee/Hufnagelstraße gelegen. Dort trafen sie auch Fred, der direkt ins Gallus fuhr und die Szenerie verfolgte. Sie begrüßten sich kurz, Fritz zog seine Sani-Kennzeichnung (ein rotes Kreuz, dessen oberer Balken in einer Faust mündete) über, während die anderen den neu in Betrieb genommenen Hochdruckwasserwerfer mit der Bezeichnung IV/I beobachteten, der vor dem Haus Gallus Stellung bezogen hatte. Plötzlich fuhr der Wasserwerfer los. Mit hoher Geschwindigkeit steuerte er auf die Kreuzung zu. Dort hielten sich etwa 50 Personen auf, die genauso tatenlos herumstanden wie sie vor der Kneipe.

»Hat der sie nicht mehr alle? Will der jemand über den Haufen fahren?«

»Da sitzt Kommandant Reichert drin«, warf Fred dazwischen.

Einige nickten, andere konnten mit der Erklärung nichts anfangen.

»Ich habe ihn schon ein paar Mal an der Startbahn erlebt. Ein richtig durchgeknalltes Arschloch.«

Ohne die Geschwindigkeit zu drosseln, ohne abzubremsen, bog der Wasserwerfer in die Hufnagelstraße ein, mit seinen beiden Wasserkanonen auf die Leute zielend. Diese spritzten auseinander, versuchten aus der Schusslinie zu kommen, hinter parkenden Autos Schutz zu suchen. Fritz war noch damit beschäftigt, die Sani-Kennung in seiner Tasche zu verstauen, als Fred den Atem anhielt. Ein Demonstrant schaffte es nicht, rechtzeitig von der Straße zu kommen. Der Wasserstrahl erwischte ihn, die Person taumelte. Ohne auch nur den Versuch zu machen auszuweichen, fuhr der Wasserwerfer mit unverminderter Geschwindigkeit weiter, auf den Strauchelnden zu. Dann versperrte der Koloss die Sicht. Fred zuckte zusammen. Er hörte es dumpf knacksen. Dann gab der Wasserwerfer den Blick wieder frei. Ein Demonstrant lag ausgestreckt auf der Straße.

»Die haben ihn totgefahren«, schrie Fred. Intuitiv rannte Fritz los. Im Laufen versuchte er die Sani-Kennzeichnung wieder überzustreifen. Von allen Seiten strömten Leute auf die Kreuzung. Kurz darauf folgten »Mörder, Mörder«-Rufe. Dahinter mehrere Polizeieinheiten, die sofort auf die Leute einprügelten. Der Wasserwerfer fuhr ein kurzes Stück weiter und hielt vielleicht 10 Meter hinter dem Überfahrenen an. Fritz wich den um sich schlagenden Polizeibeamten aus und lief um den WaWe IV/I herum, in der Hoffnung, von der anderen Seite heranzukommen. Vergebens. Dennoch schafften es einige Demonstranten zu der regungslosen Person vorzudringen, umringt von Polizeibeamten. Der Überfahrene lag leicht seitlich auf dem Bauch, der rechte Arm unter dem Körper, der linke angewinkelt neben dem Kopf. Daneben breitete sich eine Blutlache aus.

»Ein Sani, ein Arzt, wer kennt jemand?«

Eine Frau brüllte diesen Hilferuf kniend durch die Beine der Polizeibeamten, während sie den blutverschmierten Kopf absuchte.

»Ich versuch durchzukommen.« Leo, Startbahngegner und angehender Arzt, ging auf die Polizeikette zu und gab sich als Mediziner zu erkennen. Mehrmals wurde er zurückgestoßen, bis es ihm an einer Stelle doch noch gelang, durch die Polizeikette zu kommen. Er befand sich im letzten Studiensemester und traute sich zu, Erste Hilfe zu leisten. Auf den ersten Blick konnte er, außer am Kopf, keine äußeren Verletzungen erkennen. Der Atem war flach, kaum zu spüren, aber er lebte noch. Leo rief den über ihm stehenden Polizeibeamten zu:

»Holen Sie einen Notarztwagen, schnell. Beeilen Sie sich!«

Die Polizeibeamten reagierten nicht. Mit einem Arzt und einer anderen Medizinstudentin zusammen drehten sie den Überfahrenen vorsichtig auf den Rücken. Leo versuchte es mit einer Herzdruckmassage, doch alles unter seinen Händen war weich, spannungslos. Es gab keinen Brustkorb mehr, die Rippen waren gebrochen, platt gewalzt.

»Machen Sie uns bitte Licht. Wir können nichts sehen.« Auch diese Aufforderung an die herumstehenden Polizeibeamten wurde mit Schweigen quittiert. Zusammen zogen sie die regungslose Person in den Lichtkegel eines PKWs, in der Hoffnung, mehr zu sehen. Aus seinem Mund, aus seiner Nase und aus den Ohren floss Blut.

Fritz gab den Versuch auf, an die überfahrene Person heranzukommen. Er ging wieder um den Wasserwerfer herum, der immer noch an derselben Stelle stand, als würde er gerade eine Pause einlegen. Und genau so war es. Fritz konnte die Besatzung des Wasserwerfers sehen, 2 Meter über ihm, wie in einer Loge. Die fünf Polizeibeamten hatte mehrere Dosen Coke aufgerissen und prosteten sich feixend zu.

In der Ferne hörte man die Sirene eines Notarztwagens. Leo unternahm abermals Reanimationsversuche, ohne sich Hoffnung zu machen. Eine gefühlte Ewigkeit später bahnte sich ein Notarztwagen einen Weg zu ihnen. Gemeinsam wuchteten sie den Verletzten in den Notarztwagen. Irgendjemand reichte dem angehenden Arzt ein Megafon durch die Polizeikette. Leo war sich sicher, dass die Person nicht überleben wird. Und er hatte Angst, was eine solche Nachricht auslösen könnte. Er hielt das Megafon vor den Mund, verharrte so für Sekunden und brachte dann folgende Worte heraus. »Die Verletzungen sind ernst ... die Situation ist kritisch. Bleibt ruhig, wir müssen überlegen ...«

Es bildete sich ein Demonstrationszug, als hätten alle die Andeutungen richtig verstanden. Irgendjemand gab die Losung aus, zum Polizeipräsidium zu ziehen. Fritz blieb auf der Kreuzung stehen, wie angewurzelt. Ein Freund hatte sich einen blutgetränkten Lappen an einen Stock gebunden und rannte damit schreiend vor der Absperrung auf und ab. Er holte ihn ein und versuchte, ihn zu beruhigen, während der Demonstrationszug aus seinem Gesichtsfeld verschwand. Auch Leo schloss sich nicht mehr der Demonstration an. Er suchte die anderen aus seiner Gruppe. Immer noch stand der WaWe IV/I an derselben Stelle, als Leo ihn passierte. Das rechte Fenster war heruntergekurbelt, ein Arm hing lässig heraus. Als einer der Insassen ihn bemerkte, fiel die Bemerkung:

»Ihr seid die Nächsten!«

Leo hatte nicht die Kraft zu antworten.

Fritz schaffte es mit dem Freund mit dem blutverschmierten Lappen bis zum »Libertären Zentrum«, das ein Steinwurf vom Haus Gallus entfernt war. Völlig erschöpft und apathisch saßen sie auf den Treppen und starrten vor sich hin. Andere kamen dazu, schweigend stand man beieinander. Dann sagte einer: »Wir müssen was machen, telefonieren, Anwälte und eine Presseerklärung rausschicken«, und einen Augenblick später hörte man einen Ruf: »Bei Mercedes brennt's …«

Es war vielleicht 23 Uhr, vielleicht auch 24 Uhr oder auch später, als Flammen aus der Mercedes-Benz-Niederlassung schlugen, direkt gegenüber dem Libertären Zentrum. Dicke Rauchschwaden stiegen auf.

Als die Genugtuung darüber abklang und Polizeisirenen andeuteten, dass der Brandanschlag auf die Mercedes-Benz-Niederlassung gemeldet worden war, raffte sich Fritz noch einmal auf und ging zurück zum Tatort, an die Kreuzung. Er wusste nicht, warum. Der Kreuzungsbereich war abgesperrt, der Verkehr wurde umgeleitet. Jetzt war die ›Unfall‹stelle auch ausgeleuchtet. Fritz konnte die Blutlache sehen, in der sich das Licht spiegelte.

Mittendrin lag ein Stein, für den mittlerweile eingetroffenen Staatsanwalt, für die spätere Lügenversion, Günter Saré sei von einem Stein getroffen worden.

Ich war in diesen Jahren sehr oft in Berlin. Dort hatte ich die meisten FreundInnen und auch die meisten politischen Kontakte. Wenn ich also mal wieder für ein paar Tage dort war, besuchte ich auch meinen Bruder Kraft, der dort studiert hatte und zu meinen Berlinbesuchen gehörte. Unsere Beziehung war mühsam. Wir waren doch ganz unterschiedlich: Er war ein Intellektueller, ein Einzelgänger, ein Kopfmensch und lebte in einer anderen Welt. Damals gab er eine Filmzeitung heraus, in der er Filme besprach. Ja, das war schon gut. Manche Besprechungen hatte ich auch gelesen, aber wirklich berührt hatte mich das nicht. Es ging eben nur um Filme. Am besten verstanden wir uns, wenn wir bekifft waren. Dann ging es zusammen. Wir verloren die Kontrolle und die Distanz, die wir nicht wirklich genau begreifen konnten. War sie nur politisch bestimmt oder auch biografisch?

Bei diesem Besuch erzählte ich ihm von den Ereignissen im Gallus. Neben dem tödlichen Polizeieinsatz spielten auch die vielen Lügen eine Rolle. Dazu gehörte auch, dass Günter Saré von einem Stein getroffen worden sei, was nahelegen sollte, dass er von seinen eigenen Leuten getötet wurde. Die spätere Obduktion bestätigte diese Version nicht, aber man gewann Zeit und darauf kam es an. Für uns war nicht nur die Polizeigewalt ausschlaggebend, an die man sich gewöhnt hatte. Eine ganz besondere Wut kam hinzu, denn diese neuen Wasserwerfer wurden von der ersten rotgrünen Stadtregierung bewilligt. In ihr fanden auch so Leute wie Daniel Cohn-Bendit Platz, der im Frankfurter Häuserkampf in den 1970er-Jahren eine große Rolle spielte. Für mich war er so etwas wie ein Ersatzvater. Er war da, erfasste brenzlige Situation sehr gut, ergriff die Initiative und konnte beeindruckend reden. Mich überraschte das Interesse meines Bruders an dieser »Krawall-Geschichte«. Er fragte mich aus, ließ sich Details erzählen, was nicht oft vorkam. Ohne dass ich wusste, was dieses Gespräch bei meinem Bruder ausgelöst hatte, verließ ich Berlin wieder.

Etwas mehr als ein halbes Jahr später verfasste mein Bruder eine Kolumne im *Vorwärts*, der Parteizeitung der SPD. Diesen Kolumnen-Platz hatte er schon zwei Jahre, was ich nicht wusste und was mich jetzt auch nicht zu Jubelschreien hätte hinreißen lassen. Wahrscheinlich war das auch der Grund, warum mein Bruder über dieses journalistische Engagement nicht redete. Die meisten Kolumnen hatten Filme zum Gegenstand, diese auch. Es ging um den gerade herausgekommenen Film von Margarethe von Trotta, mit dem schlichten Titel: *Rosa Luxemburg*.

Mein Bruder würdigte darin die gelungene filmische Darstellung der Bedeutung Rosa Luxemburgs für die damalige Zeit und die Präsenz ihrer Aussagen und Einschätzungen für heute. Das wäre für den *Vorwärts* gerade noch so tolerabel, wenn man es dabei belassen hätte, ganz viel an ihrer Rolle als Frau, als Gefangene im Kaiserreich und ihren warmherzigen Erzählungen festzumachen.

Doch mein Bruder blieb dabei nicht stehen und dachte vorwärts. Er wagte eine Einordnung des politischen Mordes am 15.1.1919 an Rosa Luxemburg, die zusammen mit Karl Liebknecht von Freikorpsoldaten ermordet wurde. Jene nationalistischen und reaktionären Freicorps, auf die sich wenig später auch die SPD stützte, als sie unverdientermaßen 1919 an die Macht kam und mit Friedrich Ebert den ersten sozialdemokratischen Reichspräsidenten stellte. Er erwähnte dabei die Zustimmung der SPD zur Bewilligung der Kriegskredite 1914 und den massiven Richtungsstreit innerhalb der Sozialdemokratie: Wahlrechtskampf kontra Massenstreik. Eine politische und entscheidende Auseinandersetzung, die zugunsten einer reformistisch-staatstragenden Ausrichtung der SPD ausging.

Ich war mir nicht sicher, ob das bereits zu viel der historischen Wahrheit war. Aber ganz unzweifelhaft war das Fazit seiner Kolumne der Tropfen auf den heißen Stein: »Durch die deutsche Geschichte zieht sich eine Blutspur. Vom Berliner Landwehrkanal, in den die Reichswehr die Leiche der ermordeten Luxemburg warf und mit dessen nachtschwarzem Wasser dieser Film endet, zieht diese Blutspur sich über Auschwitz und Dachau, über Benno Ohnesorg, Rudi Dutschke und Stammheim bis zu Günter Saré, der vor ein paar Monaten in Frankfurt von einem Wasserwerfer zermatscht wurde … Diese Blutspur ist das Kainsmal der hier immer noch herrschenden Klasse, ist das Kainsmal ihrer nationalen Geschichte, die eine Geschichte der Abtreibungen ihrer schöneren, menschlicheren Möglichkeiten war – Abtreibungen, an denen übrigens die Sozialdemokratie der Eberts und Scheidemänner, der Lebers und Schmidts stets ›staatstragend‹ mitwirkten.«

Für gewöhnlich lesen SPD-Mitglieder ihre Parteizeitung so wenig wie andere ihre Vereinsblättchen. Doch dieses Mal zog ein Sturm auf. Es gab heftigen Protest, allen voran von den »Lebers« und »Schmidts«, die seit der Großen Koalition 1968 die Politik der SPD bestimmten. Der Parteivorsitzende Willy Brandt meldete sich höchstpersönlich zu Wort und sah die »Sozialdemokraten von Friedrich Ebert bis Helmut Schmidt verunglimpft« (FR vom 14.4.1986) und kündigte »ein deutliches Wort« des SPD-Vorstandes an, das auf eine Entlassung des Chefredakteurs zielen sollte, der für den unzensierten Abdruck dieses Beitrages verantwortlich gemacht wurde.

Andere einflussreiche Sozialdemokraten reihten sich in den Proteststurm ein: »Mit ›Abscheu‹ haben sich die SPD-Bundestagsabgeordneten Lothar Löffler und Peter Corterier von der Rezension des ›Rosa Luxemburg‹-Films im ›Vorwärts‹ distanziert … Dabei gehe es nicht um einen bloßen Ausrutscher, es offenbare sich darin eine Geisteshaltung, die mit sozialdemokratischen Grundwerten unvereinbar sei …«

Tatsächlich war damit die Fahnenstange der »innerparteilichen Demokratie« erreicht und mein Bruder verlor seinen Posten als Kolumnist im *Vorwärts*.

Sägeblätter und Nervengas in Wackersdorf

1986

Bonsai stand an der Kasse eines teuren Werkzeugladens und legte ein paar billige Produkte aufs Band. Der Kassierer bonierte diese und schob sie weiter. Plötzlich schepperte es, als würde ein Spielautomat einen riesigen Münzgewinn auswerfen. Es waren aber an die zehn Metallsägeblätter, sehr teure, die den Lärm verursachten. Ich beobachtete das Ganze in 10 Metern Entfernung und hielt den Atem an.

Die Innentasche hatte ein Loch und so fielen die teuren Sägeblätter laut und hörbar auf den gefliesten Boden. Bonsai machte es gut. Er lächelte den Kassierer an, ließ das Wort Entschuldigung fallen … und sammelte die am Boden liegenden Sägeblätter ein – ohne dass der Kassierer sehen konnte, was nun wieder verschwand. Klar, der Kassierer hätte auch aufstehen können, um über das Band auf den Boden zu schauen. Das machte er jedoch nicht. Er wollte es gar nicht genau wissen. Bonsai machte eine einfühlsame Geste und verstaute die billigen Produkte in seiner Tasche.

Ich beobachtete das Ganze aus dem Innenraum, denn wir wollten zu zweit möglichst viele Sägeblätter, da wir nicht wussten, wie schnell sie im Einsatz stumpf werden. Also lieber mehr als zu wenig. Es gab ja keinen Grund zu knausern. Und da die ganze Aufmerksamkeit diesem merkwürdigen Ereignis an der Kasse galt, konnte ich in Seelenruhe weitere Sägeblätter deutscher Wertarbeit einstecken.

Die Sägeblätter waren wichtig. Denn es ging um den Sicherheitszaun, den man um die atomare Wiederaufbereitungsanlage (WAA) in Wackersdorf hochgezogen hatte. In der Tat sah er beeindruckend aus. Wir kannten von der Startbahn West Betonstreben, die als Schutzmauer für die neue Startbahn errichtet wurden. Mit solchen Sicherheitszäumen kannten wir uns jedoch nicht aus. Er wurde über alles gelobt: Unüberwindbar, eben auch deutsche Wertarbeit. Ehrlich gesagt, verließen wir uns nicht alleine auf diese Sägeblätter. Wir hatten auch eine mit Benzin betriebene Flex dabei. Die müsste eigentlich alles durchtrennen.

Als wir Pfingsten 1986 einmal mehr bei unserer Bäckersfamilie unterkamen, fuhren wir in der Nacht vor dem Aktionstag mit seinem Auto, also mit einem örtlichen Kennzeichen, in die Nähe der WAA, um die Flex und allerlei anderes dort zu bunkern. Rudolf, der Bäckermeister, war dabei ganz ruhig, als würde er solche Kurierdienste schon immer machen. Das war aber nicht der Fall. Es war seiner unerschütterlichen Überzeugung geschuldet, dass diese atomare Wiederaufbereitungsanlage nicht gebaut werden darf.

Die Bäckersfamilie hätte eigentlich in jeden IKEA-Katalog gepasst. Sie waren jung, sympathisch und modern. Im Erdgeschoss war der Bäckerladen. Im Fenster hing ein Schild: »Wir bedienen keine Polizeibeamten.«

Im ersten Stock wohnte das Pärchen. Sie waren – wie gesagt – modern eingerichtet und hatten einen großen gekachelten Holzofen im Wohnzimmer. Man konnte sich auf die Bank setzen, die um ihn herumführte, und die Wärme am ganzen Körper genießen. Das war nach den Ereignissen am Zaun ein sehr begehrter Aufwärm-Platz.

Für Pfingsten 1986 wurde bundesweit mobilisiert, mit dem klaren Ziel, die Wiederaufbereitungsanlage zu verhindern. Nachdem das Gelände gerodet war, errichtete man besagten Sicherheitszaun, der als unüberwindbar gelobt und gepriesen wurde. Der Bau der Atomanlage stand also unmittelbar bevor.

Die Mobilisierung lief auf Hochtouren und viele bereiteten sich auf dieses Vorhaben gewissenhaft vor. Der Tag selbst war in jeder

Hinsicht eine Überraschung. Fast 40 000 AtomkraftgegnerInnen fanden sich rund um das WAA-Gelände ein. Die Polizei hatte wie erwartet weiträumig Kontrollstellen eingerichtet, doch die Polizeieinsatzkräfte vor Ort waren hinter dem Zaun, auf dem Gelände postiert. Offensichtlich glaubte man den vollmundigen Bekundungen der Firma, die den Sicherheitszaun installiert hatte, und setzte alles auf die zahlreichen Wasserwerfer, die eine Demontage des Zauns verhindern sollten. Doch weder die Wasserwerfer konnten die Sägearbeiten am Zaun unterbinden, noch hielt der hoch gelobte Zaun den teuren Sägeblättern stand.

Wir mussten viel Tränengas aushalten, das die Wasserwerfer mit versprühten, wobei sie die Dosis ständig steigerten. Das war zumindest unser Gefühl, denn wir konnten die brennenden Augen – trotz Spülungen – kaum noch aufhalten. Wir wechselten uns ab, arbeiteten in Schichten, ließen uns die Augen und den Mund auswaschen und machten weiter. Zwischen den »gemeingefährlichen Chaoten« und den »braven BürgerInnen« herrschte große Übereinstimmung. Alle machten das, was sie, was er konnte. Es fehlte an nichts: Bauern, die mit Wasserflaschen die Augen ausspülten; Bürger, die Essen bereithielten; Oberpfälzer, die Steine sammelten, um die Polizei auf dem Gelände auf Distanz zu halten.

Nach knapp zwei Stunden waren an zahlreichen Stellen 2 Meter große Löcher im Zaun. Damit hatte die Polizeiführung nicht gerechnet. Aber auch wir selbst waren vom Erfolg überrascht, also gar nicht darauf vorbereitet. Jetzt müsste man nur noch den Bauplatz besetzen und die dort postierten Polizeihundertschaften zum Verlassen des Geländes auffordern. Einige wenige zwängten sich durch die herausgeschnittenen Löcher, die meisten blieben gebannt davor stehen, zumal die Tränengasschwaden, die kaum noch abzogen, das Atmen zur Qual machten.

Die Polizeiführung gab nun den Befehl an die Hundertschaften, das Gelände zu verlassen. Die Tore wurden geöffnet und Hundertschaften quollen heraus und machten Jagd auf alles, was nicht schnell genug war. Auch von außerhalb des Geländes rückten Hundertschaften nach und in wenigen Minuten verwandelte sich alles in ein Schlachtfeld. An wenigen Stellen igelten sich Hundertschaften ein, bildeten mit ihren Schildern eine Schutzburg, an anderen Stellen stoben sie auseinander und nahmen Rache. Für ein, zwei Stunden glich das Ganze einem Hexenkessel, niemand wusste, wo das enden sollte. Plötzlich waren Rotorengeräusche von Hubschraubern zu hören. Durch die geöffneten Schiebetüren wurden Kartuschen abgeworfen, mitten in die Menge. Weißer Qualm stieg auf, Würgegefühle folgten.

Ich rannte in den Wald, also das, was noch übrigblieb. Ich hatte das herzrasende Gefühl, bald zu ersticken, wenn ich nicht irgendwie da rauskomme. Ich lief weiter in den Wald hinein, da ich davon ausging, dass die Hubschrauberbesatzung diesen nicht einsehen konnte. Aber ich achtete auch gar nicht auf diese Geräusche von oben. Ich wollte nur rennen, so weit weg wie nur möglich.

Plötzlich war ein Weiher vor mir. Ich sah eine Frau mit Kind, die halb im Wasser stand. Sie schaufelte Wasser in Richtung Kind. Ich weiß nicht, ob das Kind weinte. Ich nahm das alles kaum wahr, denn ich folgte nur einem Reflex: ins Wasser, den Kopf ins Wasser tauchen, warum auch immer ….

Ob man in seiner solchen Situation intuitiv das genau Richtige macht oder das, was man über Tränengas weiß, kann ich nicht sagen. Ich hoffte nur, die Todesangst loszuwerden. Wie lange ich dort am Weiher war, weiß ich nicht mehr. Als das brennende Gefühl im Hals und in den Augen geringer wurde, sagte ich mir: Los, halt die Luft an und lauf, so lange es irgendwie geht. Ich muss zumindest aus der giftigen Wolke herauskommen.

Tatsächlich gelang mir das auch. Aber auch die Verdrängung dieser Todesängste. Später erfuhr man am Rande, dass die Polizei zum ersten Mal in der Nachkriegsgeschichte Deutschlands das Nervengas CN einsetzte. Das Nervengas CN erzeugt Atemnot, gefolgt von Störungen des Gleichgewichts- und Orientierungssinns, was zusammen Panik auslöst – ein Kampfstoff für Kriegseinsätze, der international geächtet ist.

Gerold von Braunmühl
auf dem Sonntagsspaziergang

1987

Seitdem die Mauer um die Startbahn 18 West existiert, gibt es die Sonntagsspaziergänge. Ausgangspunkt ist ein Sportheim, das direkt am Waldrand liegt und einen großen Parkplatz davor hat. Es dürfte der 266. Sonntagsspaziergang gewesen sein. Das Wetter ist angenehm, nicht zu heiß und dennoch sonnig. Zuerst geht man etwa fünf Minuten durch den Wald. Ein kleiner Waldweg, mit einem Lehrpfad als Zugabe, schlängelt sich durch den eher lichten Baumbestand, bis man an eine Holzbrücke gelangt. Rechts davon sieht man einen Weiher, links davon erstreckt sich eine große Wiese, die von Waldstücken eingesäumt wird. Die Wiese reicht bis zum Horizont, wenn man sich als Stadtmensch sehr selten in der Natur aufhält. Völlig kitschig wird es, wenn man kurz vor dem Horizont einen Haufen Dammwild zu sehen bekommt. Das kommt nicht oft vor, aber wenn man dieses Glück hat, dann ist es wie in einem *Bambi*-Film. Irgendwann gibt der Bambi-Chef oder die Schwarmintelligenz ein Zeichen und alle suchen das Weite, was in diesem Fall nur metaphorisch gemeint ist. Denn alsbald kann man auf ein großes naturloses Band schauen, das sich durch den Wald gefressen hat. Es ist von einer Betonmauer umgeben, die jedoch dank der Streben einen Blick dahinter zulässt. Dort befindet sich eine 4000 Meter lange Betonpiste. Es ist die 1984 eingeweihte Startbahn 18 West am Frankfurter Flughafen.

Diesen Weg zur Startbahn nehmen jeden Sonntag manchmal 100 oder auch bis zu 1000 Startbahn-GegnerInnen. Den etwa dreißigminütigen Weg zur Mauer nutzt man meist für Gespräche und

Wiedersehen. Der erste Treffpunkt »draußen«, so nennen die meisten diesen Ort, ist der Kuchenstand, ebenfalls eine außerinstitutionelle Institution. Er wird von der »Küchenbrigade« betrieben, die jeden Sonntag die StartbahngegnerInnen mit Kuchen, Getränken, Tee und Kaffee versorgt. Dort liegt auch immer das »Wort zum Sonntag« aus, ein zweiseitiges Flugblatt, das die Ereignisse rund um den Flughafen aus der vorangegangenen Woche flapsig bis gut informiert dokumentiert.

Die Zusammensetzung dieser Versammlung dort draußen an der Stirnseite der Startbahn West ist recht ungewöhnlich. Die einen kennt man aus dem Fernsehen, wenn über Ausschreitungen bei Demonstrationen berichtet wird: Sie sind meistens schwarz gekleidet, oft mit Lederhosen und Lederjacken. Sie sind eher jung und nicht besonders herausgeputzt, erst recht nicht an diesem Sonntag. Der andere Teil ist deutlich älter. Sie haben eher die typische Kleidung von Spaziergängern an und könnten durchaus Mitglieder einer Wandergruppe sein. Obwohl sich die beiden Gruppen überwiegend unter ihresgleichen aufhalten, gehören sie zusammen. Beobachter gaben beiden Gruppierungen sehr schnell einen Namen: Die ersten waren die »Chaoten«, die zweite Gruppe gab man als »Vorzeigebürger« aus. Das Amalgam von beidem nannte man schließlich »die Koalition der Lang- und Grauhaarigen«.

Ich stelle mich mit Clara am Kuchenstand an, vor dem sich bereits eine Schlange gebildet hat. Danach trennen sich unsere Wege. Während Clara mit Freundinnen aus der Frauengruppe zusammensteht, blinzele ich an einen der letzten Bäume gelehnt in die Sonne und genieße den Kuchen und den bizarren Ausblick. Vor mir ist ein befahrbarer, nicht betonierter Weg. Dann kommt ein Graben, der die Mauer schützen soll. Die Mauer wird von NATO-Drahtrollen gekrönt. Die Mauer aus Betonsegmenten ist inzwischen nur noch ein Flickwerk. Fast alle Betonstreben wurden mit der Zeit, also zu jeder Tages- und Nachtzeit, herausgebrochen und durch Stahlträger ersetzt. Das sieht ziemlich schludrig und verlebt aus – ein Anblick, der es nicht in die Hochglanzprospekte des Frankfurter Flughafens schaffte –, das Drehkreuz für Waren, Menschen, Waffen – für schnelle Geschäfte, Sehnsüchte und Tod. Und für Flüchtlinge, die dort interniert und dann abgeschoben werden.

Wenn die Kaffeepause vorbei ist, formiert sich der »Sonntagsspaziergang«. Ob es links oder rechts um die Startbahn herumgeht, hängt in der Regel von den Ereignissen der letzten Woche ab: Mal geht es zu einer abgebrannten Gangway, die man zum Beobachtungsposten umgebaut hatte, oder zu einer Stelle, wo Dutzende von Streben geknackt wurden. Und wenn der Sonntagsspaziergang auf der Höhe eines ausgebrannten Baggers zum Stehen kommt, dann wissen alle, dass es weder Gott noch ein Zufall war.

»Hallo Wolf. Na, wie geht's?« Ich schaue zur Seite und grüße zurück.

»Hallo Jörg. Was machst du denn hier? Das ist doch gar nicht deine Baustelle!«

Wir kannten uns seit etwa sechs, sieben Jahren. Anfang der 1980er-Jahre war Jörg zu unserer Gruppe gestoßen. Wie er den Weg zu uns gefunden hatte, kann ich nicht sagen. Vielleicht war er eine ›Frucht‹ unserer Knastarbeit, die wir nebenher machten: Einige aus unsere Gruppe betreuten Gefangene, besuchten sie regelmäßig und versorgten sie zu Ostern und Weihnachten mit Päckchen.

Unsere Gruppe machte sehr bald alles und viel zu viel: Dabei wurde die Stadtteilarbeit immer weniger. Einzelne aus unserer Gruppe waren in der Palästina-Solidarität aktiv oder beteiligten sich an Protestaktionen gegen den Bau der Startbahn 18 West am Frankfurter Flughafen. Und wenn es einen Naziaufmarsch in Frankfurt gab, dann gaben wir unser Bestes, damit dieser nicht stattfinden konnte. Zudem gab es noch außergewöhnliche Ereignisse, die wir nicht auslassen wollten, wie die Einweihung der Frankfurter Oper 1980 oder bundesweite Demonstrationen für die Solidarität mit dem Befreiungskampf in El Salvador. Und dann eben die Betreuung von Gefangenen.

Ich mochte Jörg auf eine schwer fassbare und recht unergründliche Weise, auch wenn er immer den Eindruck machte, als halte er von Stadtteilarbeit und ›kleine Brötchen backen‹ nicht viel. Während die meisten in unserer Gruppe ihr Privates nicht verbargen, was gruppendynamisch nicht immer einfach war, blieb Jörg zurückhaltend und reserviert. Er vermied das exzessive Treiben der Gruppe – was gelegentlich ins Inzestuöse ausartete – und beschränkte sich auf Treffen und politische Termine, während die anderen Zug um Zug vieles bis alles teilten: die Wohnung, die Freizeit, den Urlaub, das Geld, den Shit. Die Übergänge waren fließend, auch was die Freundinnen und Freunde anging. In den meisten Fällen führte dieser Wild-Wechsel zu kleineren und größeren Dramen, die mehr oder weniger gemeinsam in der Gruppe ausgebadet werden mussten, was die vielen politischen Anliegen nicht gerade beschleunigte.

Ganz anders Jörg. Fast niemand wusste, was er privat machte. So gut wie gar nichts wussten wir von seiner Lebensgeschichte. So blieb es immer ein Gerücht, dass Jörg sein Kinderheim angesteckt hatte und dafür sechs Jahre in den Knast kam. Dort bekam er Kontakt zu politischen Gefangenen. Die Unterstützung und Solidarität, die er dort erfahren hatte, nahm er mit, als er wieder entlassen wurde. In unserer Gruppe sorgte er mit liebevoller Hartnäckigkeit dafür, dass fast alle jedes Jahr mindestens ein Päckchen in den Knast schickten. Dabei war ihm immer wichtig, dass die Päckchen gleichermaßen an soziale wie politische Gefangene verteilt wurden. Diese Gradlinigkeit und bedingungslose Verbundenheit schätzte ich außerordentlich – neben dem wunderschönen Gerücht, dass er sich für seine miese Kindheit rächte.

»Normalerweise wäre ich auch nicht hier. Stimmt. Ich habe einen Auftrag.«

Wir witzelten sehr oft. Eine Ironie, die sich aus Unwegsamkeiten und Ungewissheiten nährte. Nachdem unsere Gruppe auseinanderflog, verloren auch wir uns aus den Augen. Doch dieses Mal klang Jörg ganz und gar nicht witzig.

»Na, dann schieß mal los, in welchem Auftrag?«

»Ich muss mit dir reden. Ich wusste gar nicht, dass ihr bereits für die Braunmühls schreibt.«

Dabei schaut mich Jörg auf eine Art und Weise an, die ausgesprochen süß-bitter ist.

»Wie bitte, Braunmühl, wer ist das?«

»Ach komm, Wolf, du weißt doch, wovon ich rede.«

Jörg legt auf das Süß-Bittere noch etwas drauf. Ich mochte diese Seite von Jörg gar nicht. Eine Art, etwas verdächtig zu machen, in die Nähe des »Das-macht-man-nicht« zu rücken, ohne mit der Sache herauszurücken.

»Jetzt hör endlich mit deinen Andeutungen auf.«

»Na, du kennst doch Braunmühl, den die RAF erschossen hat.«

»Ach so, meine Güte. Glaubst du, ich merke mir einen Namen, von dem ich zum ersten Mal höre, wenn er schon tot ist?«

»Es geht um seine Brüder.«

»Du sprichst in Rätseln. Werde doch mal deutlicher!«

»Die haben ein Buch herausgebracht …«

»Was geht mich das an?«

»Du wirst doch nicht behaupten, dass ihr damit nichts zu tun habt?«

»Mit was, verflucht noch mal?«

»Mit dem Beitrag, den ihr in diesem Buch veröffentlicht habt! Schreibt ihr jetzt für die andere Seite?« Sein Ton wurde mies.

»Jörg, jetzt mach mal halblang.«

»Und wie kommt dann euer Beitrag da rein?«

»Von welchem Betrag redest du?«

»Den ihr auf den »Libertären Tagen« gehalten habt.«

»Also, Jörg, ich kenne weder Braunmühl noch seine Brüder und schon gar nicht deren Buch. Und ich müsste es wissen, wenn wir darin einen Beitrag veröffentlicht hätten. Also was soll das Ganze?«

»Na, dann geh mal morgen in einen Buchladen und hol dir das Buch. Ich würde mich an deiner Stelle darum kümmern.«

Auch wenn ich mir äußerlich nichts anmerken ließ, war es mir schon mulmig zumute. Irgendetwas musste doch an der Geschichte dran sein. So gut kannte ich Jörg.

Am nächsten Tag suchte ich zuerst einen normalen Buchladen auf. Also keinen linken Buchladen, denn dort würde ein solches Buch bestimmt nicht ausliegen. Das Buch war leicht zu finden. Es lag sichtbar und hervorgehoben auf einem Tisch, der die Neuerscheinungen präsentierte.

Der rororo-Einband war rot und als Titelbild wurde ein Schwarz-Weiß-Foto mit der zugedeckten Leiche Gerold von Braunmühls gewählt. Zu seinen Füßen sah man einen Aktenkoffer und dahinter eine Blutspur – fast so, als flösse aus dem Aktenkoffer Blut.

Der Titel war eindeutig: *Ihr habt unseren Bruder ermordet. Die Antwort der Brüder des Gerold von Braunmühl an die RAF.*

Ich nahm das Büchlein vom Tisch, schaute mich um und blätterte hastig darin, bis ich auf den Anhang stieß: »Die Kritik an der RAF-Politik ist zugleich eine Kritik an uns selbst – Autonome zur RAF«.

Mein Puls stieg deutlich über den Normalwert. Ich überflog den Text, der durch viele Auslassungen gekennzeichnet war. Dennoch bestand kein Zweifel. Dieser Text wurde für die »Libertären Tage« geschrieben, die im April 1987 in Frankfurt stattgefunden hatten.

Am Ende stand kursiv: *Dieser Artikel erschien als Diskussionsbeitrag ›Frankfurter Autonomer‹ in der Zeitschrift Schwarzer Faden, 1/1987. Er wurde redaktionell gekürzt.*

Blitzschnell ging ich diese Anmerkung durch. Stimmt das? Ich konnte mich sofort daran erinnern. Die Redaktion *Schwarzer Faden* bat darum, den Text leicht gekürzt abzudrucken, was dann auch geschah.

Ich blätterte noch einmal zurück, denn der Text hatte es in sich. Es war klar, dass dieser Beitrag viel Unmut und Ärger auslöste, zumal er es sich mit fast allen verscherzte, mit denen, die die Politik der RAF begrüßten, und mit denen, die diesbezüglich keinen Streit wollten:

»Für Viele von uns verkörpert die RAF nur noch unseren blinden Hass, jedoch schon lange nicht mehr unsere Utopien von einer herrschaftsfreien Gesellschaft! Es ist längst überfällig, den Knoten aus moralischer Verpflichtung, bedingter Solidarität und eigener Feigheit zu durchschlagen (…) Die Kritik an der RAF-Politik ist also zugleich eine Kritik an uns selbst; eine Kritik, die unsere Schwäche mit einbeziehen muss, uns offensiv mit der RAF-Politik auseinanderzusetzen (…)

Durch die ganzen Erklärungen der RAF der letzten Jahre zieht sich ein roter Faden: ›Das imperialistische Projekt des globalen Faschismus‹. (…) Da der Weltimperialismus unfähig geworden sei, Massenproteste und soziale Unruhen politisch zu integrieren und reformistisch zu entschärfen, bliebe ihm nur noch eine Antwort: Aufstandsbekämpfung nach innen, Krieg gegen das eigene Volk.

Sicherlich, die Strategie der Konfrontation, der militärischen Eskalation ist nicht zu übersehen, Grenada-Invasion, ›verdeckter‹ Krieg gegen Nicaragua usw. (…) Doch so sehr sich der Blick der RAF auf die Waffenarsenale des Feindes reduziert, so wenig führt daran vorbei, dass der Imperialismus politisch noch lange nicht gestorben ist. Im Gegenteil: Eine Entwicklung, die vor zehn oder fünfzehn Jahren noch undenkbar war, hat sich z. B. in Südamerika vollzogen: Der friedliche Übergang von einer Diktatur zur Demokratie nach westlichem Vorbild. (…) Und wenn man sich die Bedingungen in jenen Ländern anschaut, kann man wohl sagen, dass die reformistische Strategie von oben den revolutionären Kämpfen von unten um einiges zuvorgekommen ist. (…)

So sehr also die RAF den Reformismus weltweit gescheitert sieht und für tot erklärt, so lebendig ist er nicht nur in den Köpfen der Herrschenden (…) Der Alltag ist für die Mehrheit der Bevölkerung nicht imperialistischer Krieg an allen Fronten – dieser Krieg ist für sie noch weit weg, im Fernseher, irgendwo auf der Welt, nur hier nicht. Die Kluft zwischen der Wirklichkeit ihrer Kriege und der Wirklichkeit ihres Friedens lässt sich nicht militaristisch überspringen, sondern nur politisch bekämpfen. Eine Kluft, die deutlich macht, wie (…) stark nach wie vor die politische Akzeptanz des Systems in den Köpfen der Menschen verankert ist. (…) Die ökonomische und politische Stabilität des ›Modell Deutschland‹ zeichnet sich gerade dadurch aus, dass es nicht gegen die Menschen, sondern durch sie hindurchgreift; man regiert nicht gegen die Gewerkschaften, sondern durch sie hindurch, man verbietet nicht die grüne Partei, sondern bindet sie mit ein, man vermeidet offene Gewalt – wo es geht – und gießt sie stattdessen in neue Techniken der Kontrolle, Überwachung und Verfolgung.«

»Kann ich Ihnen helfen?«

Ich schreckte hoch, als wäre ich bei etwas erwischt worden.

»Nein, nein, danke. Ich stöbere nur herum.«

Gerade mit diesem Text verknüpfte ich nicht nur monatelange Arbeit und Diskussion, sondern auch ein Wechselbad der Gefühle. Immer wieder hatte ich mit dem flauen Gefühl zu kämpfen, zu weit gegangen zu sein. Doch am Ende setzte sich die Überzeugung durch, die Kritik klar und gegen jede Art der Verwaschung zu schreiben – mit dem Wissen, dass genau das viel böses Blut geben wird.

Ich legte das Buch zu den Neuerscheinungen zurück, als könnte ich mich mit dem Kauf selbst belasten. Ich verließ den Buchladen.

Jörg teilte bestimmt nicht alles, was die RAF tat und zu erklären versuchte. Aber für ihn stand die Solidarität über allem und jede Kritik in dem Verdacht, die RAF zu isolieren und letztendlich auszuliefern. Ich schüttelte diese Gedanken und Erinnerungen ab und versuchte, mich auf den nächsten Schritt zu konzentrieren. Nicht die zusätzlichen Auslassungen waren der springende Punkt. Worum es ging, war der politische Zusammenhang, in den der Text gestellt wurde, für was man ihn sprechen ließ – und damit seine Richtung umkehrte.

Und was hat es mit dem »Diplomaten« Gerold von Braunmühl auf sich, von dem ich noch nie etwas gehört hatte?

Am 11.10.1986 tötete die Rote-Armee-Fraktion/RAF den Diplomaten Gerold von Braunmühl. Für gewöhnlich waren die Personen bekannt, die die RAF erschoss. Sie waren führende Wirtschaftsbosse oder allseits bekannte Politiker. In diesem Fall war es jedoch anders. Selbst politisch Engagierten war dieser Mann gänzlich unbekannt. Man wusste nichts von seiner politisch herausragenden Bedeutung. Keine Frage gab es auch Funktionsträger des Systems, die das Licht der Öffentlichkeit scheuten und ihre besondere Macht hinter den Kulissen ausübten – Militärstäbe, hohe Geheimdienstangehörige, Mitglieder einflussreicher Strategiezirkel (Thinktanks). Auch das schien auf von Braunmühl nicht zuzutreffen. Nun war er tot und nicht einmal die radikale Linke wusste, wofür man ihn hätte hassen, wofür man ihm den Tod hätte wünschen können. Kurzum, nicht nur für den durchschnittlich gebildeten Interessierten war Gerold von Braunmühl ein unbeschriebenes Blatt. Dementsprechend groß war das Misstrauen gegenüber öffentlichen Verlautbarungen, die die RAF für diesen Anschlag verantwortlich machten. Ein paar Tage später bekannte sich die RAF zu diesem Anschlag. Wie immer war die Erklärung lang, furchtbar allgemein und global. Man hätte mit ihr viel erklären und begründen können, am allerwenigsten die konkreten gesellschaftlichen und politischen Umstände, aus denen heraus sich eine solche Tat rechtfertigen ließe.

Ich erinnerte mich noch sehr eindrücklich an eine Report-Sendung, die die Ermordung Gerold von Braunmühls zum Anlass nahm, eine Sondersendung zu bringen. Es wurde der mögliche Tathergang rekonstruiert, die ersten Ermittlungsergebnisse der Polizei präsentiert. Dann kündigte der Report-Moderator einen Experten aus dem BKA Wiesbaden an, der sich seit Jahren mit »Linksterrorismus« beschäftigte und dem Publikum erklären sollte, warum ausgerechnet der Leiter der politischen Abteilung im Auswärtigen Amt Gerold von Braunmühl Opfer der RAF wurde.

In knappen und klaren Worten skizzierte der BKA-Experte die Imperialismus-Analyse der RAF. Er rekapitulierte, warum der Reformismus gescheitert sei beziehungsweise warum er die herrschenden Verhältnisse nicht überwinden, sondern im besten Fall modernisieren helfe. Er fasste die wesentlichen Aussagen zum »industriell-militärischen Komplex« zusammen, das sich parlamentarischer Kontrolle entziehende Agglomerat aus Wirtschafts-, Militär- und Politikereliten, flankiert von einer Bewusstseinsindustrie. Er führte die Bedeutung der Planungsstäbe aus, die unauffällig hinter der ersten Reihe die strategischen Konzepte entwickeln und insbesondere die Ost-West-Konfrontation neu akzentuieren. Schlussendlich betonte er die Bedeutung der BRD als »Frontstaat« und leitete daraus geradezu folgerichtig und zwingend die Auswahl der Opfer ab.

Mir blieb die Wirkung dieses BKA-Interviews im Gedächtnis. Wenn man so will, hat der BKA-Spezialist die Imperialismustheorie der RAF besser zusammengefasst als diese selbst.

Ein paar Tage später rief ich die Redaktion des *Schwarzen Faden* an, um sicherzugehen, dass die Redaktion einem Abdruck nicht zugestimmt hatte.

»Hallo Gerd, kennt ihr schon das Buch von den Brüdern Braunmühl? Darin ist ein Text von uns abgedruckt, der eurer Zeitung entnommen wurde. Wisst ihr was davon?«

»Nein, wir kennen das Buch nicht. Aber ganz sicher hätten wir einem Abdruck nur nach Rücksprache mit euch zugestimmt. Ich gehe mal davon aus, dass der Rowohlt Verlag das einfach so gemacht hat. Das kommt leider öfters vor.«

»Dann müsst ihr unbedingt alles tun, damit der Artikel da wieder rauskommt. Das ist für uns untragbar.«

»Wolf, ich verstehe das … ja, ja …«

»Gerd, das klingt mir zu vage. Der Rowohlt Verlag bezieht sich auf eure Zeitung. Deshalb müsst ihr den Widerspruch machen. Da führt kein Weg vorbei.«

»Ja, nein, klar … Das Problem ist ein ganz anderes …«

»Was meinst du damit?«

»Ich befürchte, dass sich rororo auf unser Impressum berufen wird …«

»Na und?«

»Da steht: Nachdrucke gegen Quellenangabe sind ausdrücklich erwünscht.«

»Ach du meine Scheiße.«

»Wer konnte schon davon ausgehen, dass das anarchistische Prinzip des copyriot gerade in bürgerlichen Kreisen Verbreitung findet. Wir werden versuchen, den Text da rauszubekommen. Das wird aber nicht leicht sein. Wir halten dich auf dem Laufenden.«

Nachdem der *Schwarze Faden* den Rowohlt Verlag schriftlich aufgefordert hatte, den besagten Text aus dem Buch herauszunehmen, bekam er die lapidare Antwort, dass dieser vergeblich versucht habe, die Herausgeber des *Schwarzen Faden* ausfindig zu machen. Großzügig und ohne rechtliche Bedeutung bot man 200.- DM als Honorar an.

Ich hörte nie mehr etwas vom Rowohlt Verlag – und das besagte Buch kam über die erste Auflage nicht hinaus.

Das Tennis-Match und zwei tote Polizisten

4. November 1987

»Wenn Sie schlagen, nicht in Rücklage kommen. Bleiben Sie mit Ihrem Schwerpunkt vorne, sonst landen die Bälle im Nirgendwo.«

Ich spielte in einem Tennisclub mit einem älteren Herrn. Er nahm gerne ein paar Tipps an. Es war recht heiß und wir verabschiedeten uns nach dem Match. Meine Freundin las im Café des Tennisclubs derweil ein Buch und bevorzugte den Schatten. Ich setzte mich zu ihr, bestellte einen Cappuccino und genoss die Erschöpfung und den Wind, der vom Meer kam. Der Tennisclub war wie alle anderen auch. Unter uns lagen mehrere Tennisplätze und leicht erhöht befand sich eine Terrasse, von der aus wir auf die Courts blicken konnten. Kein Luxus und eben doch.

Vor uns nahm ein Mann Platz. Er schlug seine Zeitung auf und ich konnte sofort erkennen, dass es die *Süddeutsche* (SZ) war. Ich schaute ihm über den Rücken und versuchte die Schlagzeilen der ersten Seite zu erfassen. Irgendetwas mit Frankfurter Flughafen und … zwei tote Polizisten. Ich schüttelte mich, kniff die Augen mehrmals zusammen, ohne dass die zwei toten Polizisten aus der Schlagzeile verschwunden wären. Ich stieß meine Freundin wortlos an und zeigte auf die Schlagzeile der *Süddeutschen Zeitung*. *»Das kann doch nicht wahr sein?«*

Viel mehr brachte ich nicht heraus. *»Wenn da was dran ist, können wir einpacken. Komm, lass uns gehen. Wir kaufen uns die Zeitung am Kiosk.«*

Wir wussten, wo wir deutsche Zeitungen bekamen, und hatten die *SZ* wenig später in der Hand und lasen stumm den Aufmacher, der komplett die erste Seite füllte. Dazu noch ein Bild von der Startbahn-West, das in der Nacht aufgenommen worden sein musste. Man konnte die Mauer sehen, den Glanz der Nato-Drahtrollen als Krönung und die Scheinwerfermasten, die wie Giraffen über die Mauer ragten und das ganze Geländer drum herum erleuchtet hatten.

Wir lasen den Aufmacher, also wir verschlangen ihn. Es ging um den 2. November 1987, den Jahrestag der Hüttendorfräumung auf dem Waldstück, das der dritten Startbahn am Frankfurter Flughafen weichen sollte. Das Hüttendorf wurde 1981 an besagtem 2. November geräumt. In den offiziellen Medien ist davon die Rede, dass das Hüttendorf »friedlich« geräumt worden sei. Wenn Tausende schwer bewaffnete Polizeibeamte einen aus dem Schlaf reißen, den BewohnerInnen ein paar Minuten Zeit geben, um das Wichtigste mitzunehmen, und sofort danach das Hüttendorf dem Erdboden gleichmachen und alle schlaftrunken und ohnmächtig den Befehlen folgen, dann nennt man das »friedlich«. Ach so.

Und was sollte am 2. November 1987 passiert sein? Ein paar Tage später veröffentlichte das Magazin *Stern* folgende Version: »Die blutigsten Zwischenfälle begannen wieder mit einem Aufmarsch der schwarz Vermummten. Sechs Jahre nachdem die Polizei im November 1981 die 70 Hütten der Startbahngegner im Wald bei Walldorf dem Erdboden gleichgemacht hatte, riefen die Unentwegten des Startbahn-Widerstands zu einem Fackelzug auf. Etwa 250 Demonstranten kamen am frühen Montagabend in Walldorf zusammen, der größere Teil zivil gekleidet. Die anderen (…) trugen Schwarz: schwere Stiefel, enge Hosen, dicke Lederjacken, Sturmhauben. Gegen 18.30 Uhr marschierten die Demonstranten nach Mörfelden, bekamen Fackeln und rückten zur Startbahn vor.

Die Spitze bildeten Pioniere, die eine aus Brettern und Balken gezimmerte Brücke aus dem Wald trugen. Ihnen folgte die ›Sicherungsgruppe‹ mit leicht entflammbarem Material – Autoreifen,

Matratzen, Holzbalken -, dazu Stacheldraht und eine Sirene. (…)
Kontakt hielten die Unkenntlichen im dunklen Wald untereinan-
der durch Zuruf verabredeter Code-Wörter: ›Stachelschwein, Kuba,
Schweinebucht.‹

Wie sich bald herausstellte, gab es in der Marschkolonne neben
den Brücken- und den Barrikadenbauern noch eine dritte Spezialgruppe: die ›Scharfschützen‹. Anfangs sah es noch nach üblichem
Geplänkel aus: Die Polizei erklärte über Lautsprecher den ›Aufzug‹ für aufgelöst und verkündete ›die sofortige Vollziehung dieser
Verfügung‹, die Demonstranten warfen Steine und Knallkörper.
Darauf reagierten die Ordnungskräfte unüberlegt mit einem Ausfall. (…) Da, so hörten Polizisten, hätte einer in dem Waldstück
das Kommando ›Scharfschützen – Feuer!‹ gebrüllt. ›Plötzlich pfiff
es um uns herum, Steine, Stahlkugeln, Leuchtspurgeschosse. Aber
da war noch ein anderes Pfeifen. Plötzlich kippte einer von uns
um.‹ (…) Ein paar Meter neben ihm war ein anderer Beamter zu-
sammengebrochen. Der 44-jährige Klaus Eichhöfer hatte an diesem Abend die 16. Hundertschaft aus Hanau ins Feld geführt (…)
Eichhöfer ging in die Knie. (…) Der Hundertschaftsführer starb
an inneren Blutungen. Noch drei weitere Polizisten gingen mit
Schussverletzungen zu Boden. (…) Schon in der Nacht schrien
Polizisten festgenommene Demonstranten an: ›Killt die Schweine,
bringt sie um!‹«

Und wir waren in einem kleinen Ort auf Mallorca und machten
dort seit einer Woche Urlaub. Natürlich wussten wir um diesen
sechsten Jahrestag. Im Jahr davor hatten wir uns an dem »Nachtspaziergang« beteiligt. Die Ideen, eben nicht in ein Ritual zu ver-
fallen, waren aufgebraucht und der große Aufwand, so etwas zu
organisieren, stand in keinem Verhältnis zum absehbaren Ergebnis: Wir ziehen mit 3–400 StartbahngegnerInnen in der Dunkelheit durch den Rest-Wald in Richtung Startbahn West. Man baut
Barrikaden, um den Rückzug abzusichern. Man baut Behelfsbrü-

cken, um Alternativrouten zu schaffen. Und man hatte in der Regel so etwa eine halbe Stunde Zeit, bis die Polizeileitung hinter der »Mauer« die Lage eingeschätzt hatte und ihre Einheiten ausrücken ließ. Wir waren müde und erschöpft und nichts deutete an, dass es an diesem Jahrestag anders kommen könnte. Also flogen wir nach Mallorca und gaben uns den letzten Sonnenstrahlen hin. Wir waren uns ganz sicher, dass wir nichts verpassen würden.

Doch nun waren unsere Urlaubsgefühle schlagartig verflogen. Was wir den Nachrichten entnehmen konnten, ließ alles offen. Es könnte ein irgendwie verübter Irrsinn sein, der nichts mit der Startbahnbewegung zu tun hat oder aber …. In den Nachrichten war ja von einer Festnahme noch in der Nacht die Rede. Dort habe man auch die Waffe, die benutzt wurde, gefunden. Und genau diese Waffe soll eine Polizeiwaffe gewesen sein, die bei einem Polizeieinsatz Jahre zuvor entwendet worden war. Das klang wie aus einem Märchenbuch, aus dem Handbuch mäßig begabter Verschwörungshandwerker. Den Tatverdächtigen gab man mit Andreas E. an. Wir wussten, wer damit gemeint sein könnte, aber natürlich konnten wir mit den spärlichen Informationen nicht im Ansatz sicher sein, ob das mit dem Waffenfund stimmt und ob er auch der Täter war, der sie in besagter Nacht benutzt hat. Zudem könnte auch vieles und alles ein Polizeikonstrukt sein. Ja, wir sind in den vielen Jahren misstrauisch geworden, was Polizeiversionen angeht, und wir haben oft erlebt, dass sie vorsätzlich falsch sind. Aber wir hatten es auch nicht ausgeschlossen. Genau diese Ungewissheit umtrieb uns heftig.

Wir mussten zurück. Die Umbuchung machte es möglich, zwei Tage später zurückzufliegen. Wir saßen auf heißen Kohlen und ich verbrachte die meiste Zeit damit, eine Skizze zu machen, was man als Selbstverständnis der Startbahnbewegung dem entgegensetzen könnte, was nun kommen würde. Denn uns war völlig klar, dass unabhängig davon, wer in dieser Nacht geschossen hat, die Reste der Startbahnbewegung in Grund und Boden geschrieben, getreten werden sollten. Auch wenn deutlich geschrumpft: Sie waren und blieben lästig, für zu viele. Für die SPD, die ihr Versprechen gebrochen hatte, einem weiteren Ausbau des Frankfurter Flughafens nicht zuzustimmen. Für die GRÜNEN, die es mithilfe der Startbahnbewegung erstmals in Hessen ins Parlament geschafft hatten und Zeugen eines politischen Verrats loswerden wollten. Aber auch die Polizeiführung wäre äußerst dankbar gewesen, wenn man das Kapitel ›Startbahn-West‹ schließen könnte. Denn sie musste jeden Sonntag ein paar Hundertschaften dafür abstellen, die seit 1984 in Betrieb genommene Startbahn zu beschützen. Kurzum, eine hervorragende Gelegenheit, viele Fliegen mit einem Schlag auszuschalten und jede Art von Repression zu rechtfertigen.

Für uns Mallorca-UrlauberInnen musste alles ganz schnell gehen, der Temperaturschock, die Einordnung sich überschlagenen Nachrichten. Die Zeitungen und Fernsehnachrichten waren voll davon. Ging es in den Jahren zuvor darum, möglichst karg bis gar nicht zu berichten, so überboten sich jetzt die Medien mit neuesten »Ermittlungserkenntnissen« und Hintergrundberichten zu den tödlichen Ereignissen am Frankfurter Flughafen.

Es waren 20 bis 30 Personen im Raum, in einer Wohnung in Wiesbaden, die entweder geräumt oder noch nicht bezogen worden war. Sie war völlig leer, ohne irgendwelche Möbel. Eine dieser schönen Altbauwohnungen, von denen es in Wiesbaden noch viele gibt. Hohe, große und helle Räume mit vielen Fenstern. Diese hatten noch die alten Doppelglasfenster. Wir stellten Transistorradios davor, in mittlerer Lautstärke. In dem leeren großen Zimmer saßen wir alle auf dem Boden, einem Parkettboden, der auf jeden Fall nicht von Ikea stammte. Wir kannten uns alle. Es waren Vertreter verschiedener Gruppen, die seit Jahren an der Startbahn aktiv sind und einen guten Umgang miteinander gefunden hatten. Obwohl der mediale Staatsblick dort nur »Gewalttäter« ausgemacht hätte, waren die Unterschiede doch bedeutend. Weder waren wir uns einig darin, was die Startbahn für uns und für die »Welt« bedeutet (sie erfüllte auch NATO-Normen), noch verstanden wir dasselbe, wenn wir von Militanz sprachen. Nachdem wir die aktuellen Ereignisse grob zusammengetragen hatten, verständigten wir uns sehr schnell darauf, dass wir einen Ermittlungsausschuss/EA gründen müssen. Er bestand im Wesentlichen aus VertreterInnen von Gruppen und sollte wöchentlich zusammenkommen. Dabei achteten wir darauf, dass der Ort des Treffens nur denen bekannt sein sollte, die daran teilnehmen.

Für mich zählte die Arbeit des EA zu den größten Leistungen der Startbahnbewegung. Mitten in einer Repression nicht auseinanderzustieben oder gar sich selbst zu zerlegen, sondern verschiedene Fähigkeiten zusammenzuwerfen, war für mich ein eindrückliches und prägendes Erlebnis. Dabei hatte ich selbst Glück im Unglück. Ich war ja an besagtem 2. November nicht dabei und musste auf nichts Rücksicht nehmen, was ja unweigerlich zu ›Loyalitätskonflikten‹ führen könnte. Diesen Bonus konnte ich nutzen. Zudem genoss ich Vertrauen, was meine politischen Positionen anbelangt, aber eben auch, was ich persönlich verantworte, wofür ich geradestehe. In den fast anderthalb Jahren haben wir fast alles gemacht: Wir haben StartbahngegnerInnen befragt, die in der Nacht »draußen« waren. Wir haben mit Rechtsanwälten gesprochen. Wir haben Ermittlungsakten ausgewertet, die uns zugänglich gemacht wurden. Wir sind mögliche Geschehensabläufe durchgegangen, haben sie rekonstruiert und auf ihre Schlüssigkeit hin überprüft. Das hat mir später sehr viel geholfen.

Es dauerte nicht lange und wir waren uns mit großer Mehrheit einig: Die tödlichen Schüsse in jener Nacht wurden aus den eigenen Reihen abgegeben. Dieses Vorgehen konnte sich weder auf getroffene Absprachen berufen noch auf vermeintliche Interpretationsspielräume. Die Behauptung des Magazins *Stern* und anderer Medien, die sich gegenseitig blind reproduzieren, es habe »eine dritte Spezialgruppe: die ›Scharfschützen‹« gegeben, ist haarsträubend falsch und wohlkalkuliert. Denn wenn man von einer »dritten Spezialgruppe« fabuliert, dann suggeriert man damit, dass sie Teil eines Gesamtkonzeptes war. Passend dazu will der *Stern*, ergo ein Polizist das »Kommando ›Scharfschützen – Feuer!‹« gehört haben. Weder gab es eine »dritte Spezialgruppe«, noch gab es das Kommando. Die Behauptung, dass es dieses Kommando gegeben habe und dass es »Scharfschützen« in der Startbahnbewegung gibt, war erkennbar falsch und faktenfrei. Denn sehr schnell war klar, wo sich der Ort des/der Schützen befand. Der eine Polizist, der tödlich getroffen wurde, stand in der Reihe von Polizisten, die vorrückten, um das Gelände zu räumen. Er befand sich etwa 60 Meter vom Schützen entfernt. Wenn man als Schusswaffe die Polizeiwaffe, Marke SIG Sauer, annimmt, dann kann man damit in der Dunkelheit bedingt gezielt treffen, zumindest was die Absicht angeht. Und der zweite Beamte, der Hundertschaftsführer Klaus Eichhöfer, war gar nicht zu sehen. Er stand über 500 Meter vom Schützen entfernt, eigentlich außerhalb jeder Gefahr. Aus absolut sicherer Entfernung leitete er den Einsatz.

Wer hat ihn getötet?

Der Hundertschaftsführer Klaus Eichhöfer war nicht einer unter vielen Hundertschaftsführern. Er war verhasst in der Startbahnbewegung. Gerade unter den Alten. Er war sich nicht zu schade, mit Wasserwerfern und prügelnden Polizeibeamten gegen StartbahngegnerInnen vorzugehen, die erkennbar nicht zum militanten Kern zählten. Sie waren alle über 60 Jahre alt und wurden als »Grauhaarige« verächtlich gemacht.

Wer hat ihn getötet? Der Zufall?

Da niemand an einen Einsatz von Schusswaffen – aufseiten der DemonstrantInnen – dachte, war der Schock und die Verwirrung groß. Hinzu kam eine nie da gewesene Repressionswelle mit Hunderten von Hausdurchsuchungen und zahlreichen Festnahmen. Mehrere Startbahngegner saßen in der JVA Preungesheim in Untersuchungshaft und warteten auf den Prozess. Mit vielen anderen Gruppen verfassten wir eine Plattform, in der wir unsere Positionen deutlich machten. Unter anderem gehörte dazu die Rücknahme von belastenden Aussagen (Anna-und-Arthur-Kampagne). Wie aber konnte man diese Positionen über die Knastmauern bringen? Demonstrationen und Kundgebungen waren direkt vor dem Knast verboten.

Wir diskutierten die verbliebenen Möglichkeiten und Ideen. Dann begeisterten wir uns schließlich für den Nachbau einer Sequenz aus dem Film Z von Costa Gavras, als griechische Militärs die Uni stürmten und nur auf Lautsprecher stießen, die von Geisterhand regimefeindliche Lieder abspielten. Die Adaption dieses historischen Beispiels gelang relativ schnell: Wir bauten Lautsprecher, die mit Booster, Kassettenrecorder und Motorradbatterie autark waren, um sie in Gang zu setzen, ohne selbst dabei zu sein. Die Kassetten waren schnell besprochen. Eine Mischung aus Texten und Musik, die ganz direkt und ungestört die Gefangenen ansprechen und erreichen sollte. Auch die Platzierung der Lautsprecher war ein Kinderspiel, denn die äußeren Umstände spielten dabei wohlwollend mit. Der eine Lautsprecher wurde auf dem Gerüst eines Kirchturmes deponiert, der zweite auf dem Gerüst eines Wohnblockes, in dem vor allem Schließer wohnten. Somit konnten beide Seiten des Knastes beschallt werden.

Obwohl die Sendezeit auf fast 40 Minuten ausgelegt war, verstummte die Tonquelle auf der Schließerseite nach circa 20 Minuten. Gegenüber Reportern erklärte ein JVA-Beamter später seinen außerdienstlichen Einsatz. Er sei aus seinem Fenster auf das Gerüst gestiegen und habe die Box gesehen, die er dann mit dem Fuß vom Gerüst stieß. Auf die Frage, warum er diese Box nicht in Verwahrung genommen und der Polizei übergeben habe, antwortete dieser: Er habe die Aufschrift ›Vorsicht! Nicht anfassen. Explosionsgefahr‹ gelesen und wollte kein Risiko eingehen.

Der Sendeort auf dem Kirchturm übertraf hingegen alle Erwartungen. Das ›Unerhörte‹ prallte auf die Knastmauer. Diese rekapitulierte alles noch einmal, um Bruchteile einer Sekunde versetzt. So, als müsse sie sich des Wortlauts vergewissern, bevor sich das Unerlaubte überschlug. Die Szenerie nahm Fahrt auf. Im Knast wurde an verschiedenen Formen der Zustimmung gearbeitet. Kleidungsstücke und Zeitungen wurden angesteckt und durch die Gitterwelt nach draußen geworfen. Kleine und größere Feuerbälle schwebten nach unten, vorbei an kleinen handtuchgroßen Öffnungen, die man für Fenster halten sollte. Die mobilen Scheinwerfer auf den Wachtürmen suchten vergebens die Gegend ab. Und im rundum verglasten Wachturm konnte man einem Wächter dabei zuschauen, wie er zum Telefon griff, während ein Kollege durch den Knastlautsprecher laute Vermutungen äußerte: »Die haben einen Lautsprecherwagen …«

Auch der Pianist in der Kirche machte sich seine Gedanken. Er spielte Chopin, und sein Publikum war vom unreinen Klangbild so irritiert wie der Pianist selbst. Porzellanzartes vermischte sich mit harten Pogo-Klängen. Nachdem Chopin auch noch mit dem martialischen Stück »Bullenschweine« von Slime konfrontiert wurde, gab der Pianist auf. Die Situation bekam etwas Skurriles. Während die um Chopin Gebrachten ratlos und mit Himmelsblicken vor der Kirche standen, verwandelte sich die graue Knastmauer in zuckende Blaulichter. Die um den gerechten Schlaf Gebrachten schrien »Ruhe, verdammt noch mal, wir rufen die Polizei!«, ohne die klare und laute Stimme aus dem Irgendwo zu stören. Wir, die etwa 12 Beteiligten, bekamen die kirchlichen Ereignisse nicht mit. Dafür hörten wir gebannt zu, wie das Gesagte sich im Echo wiederholte, mit einer ganz kleinen, perfekt getimten Verzögerung, als hätten wir selbst diese Soundeffekte erzeugt. Die Mauer war für eine viel zu kurze Zeit unsere Komplizin.

Die Brandstifter sitzen in Bonn

1993

Als die Mauer fiel, war mir das ziemlich unwichtig. Damit ist die Mauer gemeint, die Berlin bis 1989 teilte. Diese hatte für mich kaum Bedeutung. Zur Startbahnmauer hatte ich sehr viel mehr Bezug. Das lag auch an der DDR: einer Mischung aus blindem Fleck und ziemlich reizlosem »Sozialismus«. Wir kannten uns um einiges besser in Chile, Nicaragua oder El Salvador aus.

Mit der DDR kann ich noch am ehesten die schlechten Holperstraßen verbinden, um nach West-Berlin zu kommen. Aber auch, um ehrlich zu sein, die billigen DDR-Transit-Restaurants, vor deren Türen man lange warten musste, bis einem ein Platz zugewiesen wurde. Da wir das in Westdeutschland nur aus teuren Edelrestaurants kannten, waren wir darin nicht geübt. Und dann noch die meist langen Schlangen vor den DDR-Grenzposten. Das war mein Bild von der DDR, plus ein paar Greise, die die jährlichen Paraden abnahmen.

Die Deutsche Demokratische Republik hatte für uns – man kann es heraushören – sehr wenig mit Sozialismus zu tun. Aus großer Distanz betrachtet war dieser Sozialismus eher eine Zumutung als ein Vorbild. Dafür blieb mir eine Bemerkung von einem Mann haften, der in der DDR groß geworden ist und mit dem ich lange über seine Erfahrungen diskutierte: »Die Regierung tat so, als wären wir im Sozialismus, und wir taten so, als würden wir arbeiten.«

Dieses Fazit gefiel mir sehr gut. Man kann aus diesen sehr wenigen Worten entnehmen, dass in meinen politischen Zusammenhängen der »Mauerfall«, die Implosion des Ostblocks, kein großes Thema war. Doch plötzlich passierte etwas, was wir nicht für möglich hielten, was wir mit »33«, also mit dem Aufstieg der NSDAP, dem deutschen Faschismus verbunden hatten: Pogrome gegen alles, was nicht deutsch genug war. Überall gab es Brandanschläge auf Flüchtlingsheime oder Häuser, in den überwiegend MigrantInnen lebten. Wir wussten nicht, wo uns der Kopf steht. Für eine wirkliche Erklärung dieses offenen und mörderischen Rassismus war keine Zeit.

Wir richteten ein antirassistisches Notruf-Telefon ein, an dem eine Telefonkette angeschlossen war, die wir aktivieren konnten, um schnell Opfern von Rassismus zu Hilfe kommen zu können. Um uns auch politisch zu orientieren und zu sammeln, beriefen wir für Frankfurt und das Rhein-Main-Gebiet ein »antirassistisches Plenum« ein.

Dass MigrantInnen hier in Westdeutschland schikaniert, schlecht behandelt und institutionell benachteiligt wurden, war uns bekannt. Dass Nazis diese tätlich angriffen, gehörte auch dazu.

Das Besondere an den Pogromen nach und mit der Wiedervereinigung war, dass es ganz normale Menschen waren, die sich daran beteiligten, auch im ehemaligen Westdeutschland. Es war so, als ob nicht nur die Mauer gefallen wäre, sondern auch die Scham, also das, was sicherlich auch unter die »Zurückhaltung« fällt, die Lars Klingbeil, der Bundesparteivorsitzende der SPD, nur zwei Jahrzehnte später für überholt erklärte.

Noch etwas war für uns neu: das offene Zusammenspiel von Regierungspolitik und Rassismus der Straße. Man konnte das Schwarzpulver riechen, das von CSU/CDU über FDP bis hin zur SPD verteilt wurde. Die potenziellen Täter/innen wurden mit »zündfähigen Argumenten« geradezu munitioniert.

»Das Boot ist voll« (Titelbildschlagzeile des Magazins DER SPIEGEL vom 9.9.1991)

»Es kann nicht sein, dass ein Teil der Ausländer bettelnd, betrügend, ja auch messerstechend durch die Straßen ziehen, festgenommen werden und nur, weil sie das Wort ›Asyl‹ rufen, dem Steuerzahler auf der Tasche liegen« (Klaus Landowsky, CDU-Fraktionsvorsitzender in Berlin. Zitiert nach: *Stern* Nr. 43 vom 17.10.1991 … über den damaligen SPD-Minister in Nordrhein-Westfalen und Rausschmeißer Friedhelm Farthmann).

»Kurzen Prozess, an Kopf und Kragen packen und raus damit!« (zitiert nach: *DER SPIEGEL* Nr. 3/93 vom 17.3.1992) bis hin zum angedrohten »Staatsnotstand« vom damaligen CDU-Bundeskanzler Helmut Kohl.

Als dann tatsächlich »kurzer Prozess« gemacht wurde, in Mölln 1992 drei Menschen im Schlaf verbrannten und neun schwer verletzt wurden, fast überall Pogrome und Angriffe gemeldet wurden, reagierte die Politik auf das rassistische Lauffeuer fast durchweg so: Je nach blutigem Erfolg wurde der rassistische Anschlag zunächst bedauert, um im selben Atemzug wirkliches Verständnis für die »berechtigten Sorgen und Ängste der deutschen MitbürgerInnen« zu bekunden. Dem folgte die Aufforderung, schleunigst das Grundrecht auf Asyl abzuschaffen, mit dem unausgesprochenen Versprechen, den Terror der Straße in ein institutionalisiertes Verfahren zu überführen.

Das blies auch vielen »Lichterketten« das Licht aus, die den Terror der Straße beklagten, weil sie dem wahllosen Terror eine kontrollierte, von wirtschaftlichen Interessen bestimmte Zuwanderung vorzogen. Gegen »nützliche Ausländer« hatte man nichts, und die vielen anderen sollten am besten erst gar nicht Deutschland erreichen.

Dann passierte etwas, was sich von den vorangegangenen schrecklichen Ereignissen abhob: die mehrtägige Belagerung der Aufnahmestelle für Asylbewerber und eines Wohnheimes für vietnamesische Vertragsarbeiter in Rostock-Lichtenhagen im August 1992: Über vier Tage wurden diese dort Lebenden belagert. Dabei waren organisierte Neonazis, aber auch Tausende »Schaulustige«. Und das ist wörtlich gemeint: Sie hatten ihren Heidenspaß an den Steinwürfen, an den Molotow-Cocktails, die in die Fenster der Häuser geworfen wurden. Sie waren begeistert, wenn sie sehen konnten, dass ein Zimmer in Flammen aufging. Also genau jene »Schaulustigen«, denen die Regierungsparteien in ihren »berechtigten Sorgen« beistehen wollten. Und die Polizei, also die politische Führung der Stadt Rockstock? Sie sah sich außerstande, in den vier Tagen Verstärkung anzufordern, und zwar so viel, wie sie sonst auch aufbietet, wenn sie etwas unterbinden, etwas zerschlagen will. In diesem Fall war es ganz anders: Man war tage- und nächtelang »überfordert«, zog sich zurück und überließ den Pogrom-Teilnehmern das Feld. Erwartbar und absolut absehbar geschah dann am vierten Tag das, wozu alle etwas beigetragen hatten: Die Polizei machte »Schichtwechsel«, die Angreifer steckten das Haus in Brand und die Schaulustigen freuten sich über die Absicht, Menschen zu verbrennen.

Bis heute wird die Mär von der »überforderten Politik« und der »überforderten Polizei« aufrechterhalten. Mehr Mit-Täterschutz kann man nicht leisten.

Wir bekamen all dies über befreundete Gruppen vor Ort mit. Und wir hatten dazu das heuchlerische Bedauern und das hemmungslose Gelüge über eine »überforderte« Polizei als Gegenschnitt im Kopf.

All das brachte uns dazu, begreifen zu lernen, wie ein globales Ereignis einen kleinen Flecken der Erde, Deutschland, fast völlig aus dem Trott bringen kann.

Mitte 1992 machten wir als autonome L.U.P.U.S.-Gruppe den Vorschlag, am Tag der Abschaffung des Grundrechtes auf Asyl den Bundestag in Bonn zu blockieren. Viele autonome, außerparlamentarische und antifaschistische Gruppierungen beteiligten sich damals in antirassistischen Initiativen – nicht so sehr aus politischer Überzeugung, sondern der Not gehorchend. Die

Hoffnung, dass mit diesem bundesweiten Aufruf alle außerparlamentarischen, antifaschistischen und militanten Gruppierungen zusammengebracht werden könnten, erfüllte sich jedoch nicht. Sehr schnell stellte sich heraus, dass viele autonome Gruppen starke Bedenken hatten, derart defensiv aufzutreten, als Verteidiger von Grundrechten, zugespitzt formuliert als Verfassungsidealisten.

Selbst der Verweis auf die Dialektik von (bürgerlichem) Recht und Widerstand, von Legalität und Legitimität konnte nicht wirklich umstimmen. Eine grundsätzliche Diskussion blieb aus, deren Bedeutung prinzipiell nichts an Aktualität eingebüßt hat: *»Die schnelle Ablehnung dieses Raumes (die öffentliche Debatte um die Berechtigung der Grundgesetzänderung, d. V.) als reformistische Spielwiese ist hier wie so oft falsch. Die Verfasstheit der Gesellschaft ist immer umkämpft. In sie haben sich in der Vergangenheit auch zahlreiche Kämpfe von links eingeschrieben, die zwangsläufig nicht unmittelbar revolutionär waren. (…). Da wir von einem weiter sich verschärfenden gesellschaftlichen Klima, von härterem staatlichen Durchgreifen gegen Flüchtlinge und von einer anhaltenden Krise der fordistischen Produktionsweise ausgehen, stellt sich die Frage, ob es nicht ein Ansatz sein könnte, der bürgerlichen Demokratie ihre Demontage vorzuhalten, die Verfassung von denen einzuklagen, die vorgeben, ihre Patrioten zu sein?«* (Lichterketten und andere Irrlichter, Texte gegen finstere Zeiten, Edition ID-Archiv, Berlin 1994, Ein Tag in Bonn, S. 117 ff.)

Auch wenn zeitliche Überforderungen dazukamen, so waren doch diese politischen Vorbehalte entscheidend dafür, dass sich in die mehrmonatigen Vorbereitungstreffen nur circa 20–30 Gruppierungen einbinden ließen. Interessanterweise waren die Hochburgen autonomer/militanter Politik, Hamburg und Berlin, relativ schwach, während Gruppen aus dem internationalistischen Spektrum stärker vertreten waren.

Die Frage, wie man die Idee einer Blockade in Bonn umsetzen konnte, nahm den größten Raum ein. Das Zutrauen war nicht umwerfend, nachdem klar wurde, dass die anwesenden Gruppen nur eine (Eigen-)Mobilisierung von circa 1 500 Menschen garantieren konnten. Wir einigten uns auf eine Menschenblockade, in der Hoffnung, damit auch andere Organisationen/Gruppierungen wie das Spektrum des »Trägerkreis Aktion Asyl« gewinnen zu können. Auch die zweite Frage, ob man von vorneherein die Bannmeile rund um den Bundestag übertreten wolle, wurde angesichts des zu erwartenden Polizeigroßaufgebots negativ beantwortet. Wir entschieden uns für vier zentrale Punkte, die den Zugang zum Bundesstag erschweren beziehungsweise verunmöglichen sollten – Blockadepunkte, die allesamt außerhalb der Bannmeile lagen. Ob wir tatsächlich die Bundestagssitzung aufgrund der fehlenden Zahl von Abstimmungsberechtigten platzen lassen oder nur deren Eröffnung verzögern konnten, hing im Wesentlichen davon ab, wie viele sich dem Blockadekonzept anschließen würden, die nicht direkt an den Vorbereitungen beteiligt waren. Mit dieser unbekannten Variablen X wurden die Aufgaben an die verschiedenen Gruppen verteilt, ein Kommunikationsnetz aufgebaut (zum ersten Mal vertrauten wir dabei auf die erste, sehr klobige und teure Mobilfunkgeneration), um die verschiedenen Blockadepunkte miteinander zu verbinden und gegebenenfalls Verschiebungen vornehmen zu können. Aus einem einfachen und bestimmten Grund ...

Die Taktik der Bonner Polizeiführung lässt sich am besten mit Marcuses Worten von der »repressiven Toleranz« umschreiben. Einerseits wurden Medien und Öffentlichkeit auf eine »Festung Bonn« (Asylabstimmung: Bonn wird zur Festung, *Bild am Sonntag*) eingeschworen, die einen reibungslosen Ablauf der Abschaffung des Asylrechts garantieren sollte. Im Rahmen dieses martialischen Polizeiaufgebots zeigte man sich jedoch auch kontemplativ »gesprächsbereit«. Nachdem ein Anschreiben, mit der Polizeiführung zusammen die Blockade des Bundestages zu besprechen, unbeantwortet blieb, wandte sich diese an eine Bonner Gruppe, die in die Vorbereitungen eingebunden war, um ihr eine sinnlose Ortsbesichtigung anzubieten.

Auch ohne dieses Angebot war allen Beteiligten klar, dass das Polizeikonzept eine gewaltsame Räumung der Blockadepunkte nicht unbedingt vorsah – sollten sich andere Wege finden, die Bundestagsabgeordneten an ihren Abstimmungsort zu eskortieren. Wenn also der Landweg ausfiel, blieb nur noch der Luft- beziehungsweise Wasserweg übrig. Per Hubschrauber Bundestagsabgeordnete einfliegen zu lassen, hätte nicht in das Bild gepasst, das unbedingt den Anschein größtmöglicher Normalität wahren wollte. Wir rechneten also damit, dass viele Abgeordnete per Schiff dorthin gelangen würden – eine Anlegestelle befand sich in unmittelbarer Nähe des Bundestagsgeländes.

Sollte sich diese Annahme bewahrheiten und die tatsächliche Anzahl der BlockadeteilnehmerInnen dazu ermutigen, war geplant, den Blockadepunkt nahe der Anlegestelle dorthin zu verlegen, was neben der Bannmeilenverletzung eine deutliche Zuspitzung bedeutet hätte.

Aus Frankfurt fuhren die Busse um drei Uhr morgens los, mit einem eigenen Kurierdienst ausgerüstet, um mögliche Straßenkontrollen und andere Schikanen zu umfahren. Tatsächlich gelang es, über einige Umwege und dank abenteuerlustiger Busfahrer, um kurz nach sechs Uhr in Bonn anzukommen. Auch ein Schiff, das von Frankfurt aus losfuhr, kam mit über 200 DemonstrantInnen an Bord pünktlich an. Die vier Blockadepunkte wurden ab acht Uhr morgens eingenommen. Man wusste aus den Mitteilungen an Parlamentarier, dass sie möglichst früh anreisen sollten, damit die geplante Eröffnung der Bundestagssitzung um zehn Uhr nicht in Gefahr geriet. Tatsächlich blieben immer wieder Parlamentarier in den Blockaden hängen. Parlamentarier, die entweder alle mit »Nein« stimmen wollten oder gleich die Polizei zu Hilfe riefen. Diese verhielt sich im Großen und Ganzen erwartungsgemäß.

Sie wollte ihnen den Weg nicht freiprügeln, sondern verwies tuschelnd auf den Wasserweg.

Nachdem der Koordinierungsrat sichere Informationen hatte, dass die Schiffsvariante überwiegend genutzt würde, entschieden wir uns, den Blockadepunkt an die Anlegestelle vorzuziehen. Da jedoch die Variable X, die Zahl derer, mit denen wir nicht rechneten, überschaubar klein, also bedeutungslos, blieb, war ein Vordringen an die Anlegestelle mit Masse nicht möglich – zumal das Überraschungsmoment mehr als kalkulierbar war. Der Plan war großartig, der Versuch scheiterte.

Es war vielleicht elf Uhr, als die Information durchsickerte, dass die Bundestagssitzung in wenigen Minuten eröffnet werden würde. Daraufhin wurde die Entscheidung getroffen, die Blockadepunkte aufzulösen und zu einem großen Demonstrationszug zusammenzuführen. Es waren möglicherweise 3 000–4 000, als wir über den Lautsprecherwagen den Vorschlag gemacht hatten, in die Theodor-Heuss-Allee zu ziehen, die direkt auf den Bundestag führt. Da es über die Blockade hinaus keine Absprachen und kein Konzept gab, wurde dieser Vorschlag zur Abstimmung gestellt. Eine übergroße Mehrheit stimmte zu. Als der Demonstrationszug in die Theodor-Heuss-Allee einbog, war diese bis auf den letzten Zentimeter von Polizeieinheiten vollgestellt. Die Aufforderung an die Polizei, den Weg freizumachen, um ungehindert der gesetzgeberischen Versammlung bei ihrer verfassungsfeindlichen Tätigkeit beizuwohnen, blieb – nicht ganz unerwartet – ungehört. Sie hatte andere Anweisungen. Es folgten Wasserwerfer- und Knüppeleinsätze … und mit etwas Verspätung Parlamentarier, die mit einer Zweidrittelmehrheit einem »Asylkompromiss« zustimmten, der die Gesinnung jener erahnen lässt, die die De-facto-Abschaffung des Asylrechts für einen Kompromiss hielten.

Was an diesem Tag passierte, was an diesem Tag befürchtet wurde, was möglich gewesen wäre, fasste die *Frankfurter Neue Presse* vom 27.5.1993 halbwegs wahrheitsgetreu unter dem Titel

»Abgeordnete auf Schleichwegen zum Bundestag« zusammen: »Die Polizei schaute ruhig zu, als gestern 10 000 Gegner der Asylrechtsänderung das Bonner Regierungsviertel völlig abriegelten und Abgeordnete, Mitarbeiter des Bundestages und Journalisten mit Gewalt am Zutritt hinderten. Die 4 000 zur Sicherheit des Bundestages während der Asyldebatte aufgebotenen Polizisten kontrollierten hinter Stacheldraht obendrein die Ausweise derjenigen, denen es gelungen war, die Blockade der Demonstranten zu durchbrechen. Durch die beispiellose Aktion, mit der die Demonstranten sämtliche Zufahrtswege versperrten, wurde die Arbeit in der Bannmeile des Regierungsviertels lahmgelegt.

130 Abgeordnete mussten mit Hubschraubern eingeflogen werden, um zur Parlamentsdebatte zu gelangen. 260 Parlamentarier kamen mit einem Ausflugsschiff über den Rhein; andere schlugen sich zu Fuß oder mit dem Auto zum alten Wasserwerk durch. Viele wurden angepöbelt. Vereinzelt kam es zu Schlägereien zwischen Demonstranten und Abgeordneten. (…) Der in Deutschland weilende Außenminister von Mali kam, von Demonstranten aufgehalten, zu spät zum Gespräch mit Staatsminister Helmut Schäfer ins Auswärtige Amt. (…) Mit Sprechchören forderten die Demonstranten zwischendurch: ›Um Europa keine Mauer, Bleiberecht auf Dauer‹. (…) Wegen der Tatenlosigkeit der Polizei forderten Bundestagsabgeordnete den Rücktritt des Bonner Polizeipräsidenten Michael Kniesel. Der Abgeordnete Hartmut Koschyk (CSU) nannte es unverständlich, wie ein Schiff mit 200 Demonstranten aus Frankfurt in unmittelbarer Nähe des Bundeshauses habe anlegen dürfen. Dagegen hießen CDU-Generalsekretär Peter Hintze und der SPD-Abgeordnete Hans-Jochen Vogel das Einsatzkonzept gut. Kniesel verteidigte sich: ›Eine Straßenräumung hätte zu bürgerkriegsähnlichen Zuständen geführt‹. Das Hauptziel, die Abgeordneten sicher und rechtzeitig in den Bundestag zu bringen, sei erreicht worden.«

Man muss es betonen und hervorheben: Am 26. Mai 1993 haben mit großer Mehrheit keine neofaschistischen, sondern bürgerliche Parteien von CSU/CDU über FDP bis SPD der De-facto-Abschaffung des Asylrechts zugestimmt: »Die Abstimmung über den so genannten ›Asylkompromiss‹ im Bundestag am 26. Mai 1993 wurde von Protesten begleitet. Rund 10 000 Demonstranten legten das Bonner Regierungsviertel lahm. Am Ende stimmten 521 Bundestagsabgeordnete für die Gesetzesänderung, 132 dagegen.« (Bundeszentrale für politische Bildung)

Drei Tage später, am frühen Morgen des 29. Mai 1993, wurden in Solingen in einem Wohnhaus der Familie Genç fünf Menschen aufgrund eines Anschlages verbrannt, siebzehn BewohnerInnen erlitten zum Teil bleibende Verletzungen.

Bis heute wird weitgehend darüber geschwiegen, dass der Verfassungsschutz nicht eben am Rande, sondern im Zentrum der Neonazi-Szene in Solingen einen Mann als V-Mann geführt hatte, der Kontakt zu den Angeklagten und zu den neonazistischen Kaderstrukturen (unter anderem die Nationalistische Front) hatte: Bernd Schmitt. Er war Chef der Kampfsportschule »Hak Pao«, die mehr als eine sichere Adresse für Neonazis war: »Vermutlich seit 1990 agierte Schmitt klammheimlich als V-Mann des nordrhein-westfälischen Landesamtes für Verfassungsschutz. Er war Spitzel der Abteilung VI des Düsseldorfer Innenministeriums, die 300 feste und viele freie Mitarbeiter zählt.« (*DER SPIEGEL*, 22/1994)

Die vielen eingestandenen »Pannen« bei den Ermittlungen sorgten dafür, dass der Schutz des Verfassungsschutzes höchste Priorität hatte. Dazu gehört auch, dass der Verfassungsschutz bis heute nicht öffentlich gemacht hat, dass er außerdem mit einem V-Mann in antifaschistischen Zusammenhängen präsent war. Der V-Mann heißt Johannes Pietsch, hatte den Decknamen »Kirberg« und war in den linken Strukturen in Wuppertal/Solingen von 1990 bis zum Jahr 1999 aktiv.

Einige hielten unsere damalige Analyse, der Asylrechtsparagraf 16.2. im Grundgesetz werde nicht »verschärft«, sondern abgeschafft, für alarmistisch und übertrieben. In der Tat, rein sprachwissenschaftlich wurde der Grundrechtsartikel 16.2 nicht abgeschafft, sondern »ergänzt«, in der schärfsten Auslegung wurde nur seine Anwendung »eingeschränkt«. So viel Semantik gehörte auch damals dazu, die Konsequenzen dieser parlamentarischen Entscheidung zu verschleiern.

Welche Auswirkungen dies hatte und hat, und zwar im wirklichen Leben derer, die existenziell darauf angewiesen sind, dokumentiert unter anderem die staatseigene Bundeszentrale für politische Bildung, die nicht gerade für ihre systemfeindliche Gesinnung bekannt ist.

Unter dem Titel »Sinkende Asylbewerberzahlen im Zuge restriktiver Asylpolitik« hatte man festgehalten:

»Asylrechtsreform, flankierende Maßnahmen und verschärfte Grenzkontrollen drückten die Zahlen der Asylsuchenden 1993 auf circa 320 000 und 1994 sowie 1995 sogar auf circa 127 000 und ließen sie fortan noch weiter sinken: 1998 unterschritten die Zahlen wieder die Schwelle von 100 000 (98 644), sanken 1999 (95 113) und 2000 (78 564) weiter und lagen 2001 bei 88 287 sowie 2002 bei 71 127. (…)

Die historische Botschaft des alten Artikels 16 GG trägt nicht mehr. Mit dem nun gültigen Artikel 16a GG hat in aller Regel keine Chance mehr auf Asyl, wer aus ›verfolgungsfreien‹ Ländern stammt oder über so genannte ›sichere Drittstaaten‹ einreist, mit denen Deutschland lückenlos umgeben ist. Die Folge: Die Bundesrepublik ist für Asyl suchende Flüchtlinge de jure auf dem Landweg legal kaum mehr erreichbar.«

Hightech-Terroristen schlagen zu

1995/96

»Erstmals in Deutschland schlugen in Frankfurt High-Tech-Terroristen gegen die Kommunikationsgesellschaft zu. Die Täter kamen in der Nacht, irgendwann nach drei Uhr früh. An drei Orten nördlich und östlich des Frankfurter Flughafens, Kilometer voneinander entfernt, wuchteten sie zentnerschwere Betondeckel hoch und kletterten in den Orkus der verkabelten Gesellschaft. In den Gruben kreuzen sich Telekom-Kabel für Computer- und Datenleitungen mit Kabeln für Telefon- und Fax-Verkehr wie Nervenstränge.«

All das soll in der Nacht auf den 1. Februar 1995 geschehen sein.

Diese Nachricht sprang mich an. Das lag an drei Reizworten: Zum einen war vom Frankfurter Flughafen die Rede, so etwas wie meine zweite Heimat über zehn Jahre. Zum anderen erblickten »High-Tech-Terroristen« das Licht dieser Erde, was mich neugierig machte, denn die Mischung aus High-Tech und Terrorismus ist doch ein ziemlich ungewöhnliches Paar. Zu guter Letzt ging es um Mysteriöses, wenn vom »Orkus der verkabelten Welt« die Rede ist. Die Welt jenseits des Berechenbaren reizte mich schon immer, denn sie bedeutet ja immer auch Hoffnung, etwas gegen die Gesetzmäßigkeiten zu unternehmen.

Dennoch blieb ich skeptisch, was an dieser Nachricht dran ist. Ziemlich schnell stand ich vor einem Berg von Fragen:

• Warum jetzt, nachdem der Kampf gegen die Startbahn West, die Schüsse auf Polizeibeamte am 2.11.1987 schon lange Geschichte sind?

- Wer will sich daran erinnert haben, so viele Jahre später?
- Gibt es andere Motive, gegen den Flughafen zu sein?
- Und wer hat die nötige Erfahrung, was das Glasfasernetz rund um den Frankfurter Flughafen angeht?

Die paar Zeilen aus dem »Bekennerschreiben«, die man zugänglich gemacht hatte, gaben nicht viel her. Doch dann wartete *DER SPIEGEL* in seiner Ausgabe 6/1995 mit einer recht detaillierten Titelgeschichte auf. Dass sie reißerisch war und von High-Tech-Terroristen sprach, entsprach dem Magazinstil, aber es machte natürlich hellhörig: »Vermutlich mit Sägen, so die Polizei, durchtrennten die kundigen Kabel-Killer Kupferstränge und Bündel armdicker Glasfaserleitungen. Insgesamt schnitten sie 4,5 Meter Kabel heraus. Um fünf Uhr dann am vergangenen Mittwoch, als im Flughafen die Computer angeschaltet wurden, zeigte sich, was die Säger angerichtet hatten: Bildschirme flimmerten nur noch, 13 000 Telefone im Süden Frankfurts, darunter alle Leitungen der Universitätsklinik, waren tot; stumm waren auch viele Außenleitungen der Frankfurter Flughafen AG und jene Glasfaseradern, die den Lufthansa-Buchungscomputer in Kelsterbach mit dem benachbarten Airport verbinden. Ein einmaliger Anschlag, stöhnte Telekom-Sprecher Michael Hartmann; die Tat verrate Systemkenntnis und massive kriminelle Energie.«

Alleine diese Passage riet zur Vorsicht: Woher sollen die »kundigen« Saboteure kommen? Wer hat »Systemkenntnisse« und wendet diese gegen das System? Und wie vertragen sich »Systemkenntnisse« mit »massiver krimineller Energie«?

Weiter führt *DER SPIEGEL* aus: »In einem Schreiben an die *Frankfurter Rundschau* bekannte sich eine bislang unbekannte Gruppe namens Keine Verbindung e.V. zu der Untat. Mit der Aktion, so die vermutlich linksterroristischen Bekenner, hätten sie den Flughafen lahmlegen wollen. Denn der habe eine Funktion im Rahmen der imperialistischen Weltwirtschaftsordnung.«

Nun ja, das klingt fürs Erste ziemlich holprig und extrem nach Baukasten-Prinzip. Sollte da sehr dilettantisch eine (falsche) Spur in Richtung »Linksterrorismus« gelegt werden?

Und dann folgte die Einordnung: »Mit dem Blackout im Airport trafen die Terroristen die High-Tech-Gesellschaft, wo sie am verwundbarsten ist: Sie demolierten drei von insgesamt mehreren tausend Kabel-Knotenpunkten der Republik, deren exakte Lage und Bedeutung nur wenigen Experten bekannt ist. (…) Kraftwerke und Chemiefabriken, Militär, Polizei und Nachrichtendienste, Banken und Versicherungen, Krankenhäuser und Verwaltungen hängen am Computer. Tausende von Milliarden Mark werden täglich via Datenelektronik umgeschlagen, lebenswichtige Informationen per Kabel lichtschnell durch die Republik und um die Welt geschickt. (…) Allein 80 000 Kabel-Kilometer umfasst das besonders leistungsfähige Glasfasernetz. Die Leitungen sind aus Tausenden haardünner Glasfäden gewoben – und entsprechend mühsam zu reparieren: Die Fasern müssen unter einem Mikroskop aufgespleißt und Ader für Ader wieder verschweißt werden. In den letzten Jahren hat die Telekom ihre Sicherheitsvorkehrungen gegen Kabel-Vandalen verstärkt. Eine spezielle Meldeleitung mit dem sinnreichen Titel Rebell zeigt den Technikern sofort jeden Schaden in den Kommunikationsnetzen an. Doch in Frankfurt blieb Rebell stumm: Die sachkundigen Täter hatten auch die Meldeleitung des Warnsystems durchtrennt.«

Auch hier machten mich merkwürdige Details stutzig. Was soll das mit dem »Rebell«? Gibt jemand in der IT-Branche einem Überwachungssystem einen solchen Namen? Und dann ist noch etwas völlig unlogisch: Wenn man eine Meldeleitung mit verlegt, dann macht sie doch nur dann Sinn, wenn sie anschlägt, selbst wenn auch sie durchtrennt wurde?

Viel zu vieles schien von extrem labiler Konsistenz. Aber genau so eine schwierige Erkenntnislage mit markanten Auffälligkeiten reizte mich auch. Hinzu kam, dass der Beitrag auch ein paar

Schmeicheleien parat hatte, wenn man sich alle Möglichkeiten und Hilflosigkeiten im Widerstand gegen die Startbahn West in Erinnerung ruft: »Alarmiert sind die Behörden (…). Denn der Anschlag von Frankfurt setzt neue kriminelle Maßstäbe: Erstmals schlugen in Deutschland High-Tech-Terroristen zu. Gegen das Airport-Attentat muten Attacken der autonomen Szene aus den achtziger-Jahren rührend hilflos an. Gruppen wie Sägende Zellen, Aktion Heimwerker oder Hau weg den Scheiß hatten damals mehr als 200 Anschläge gegen Einrichtungen der Energieversorger verübt. Dutzende von Strommasten wurden mit Sprengstoff, Schneidbrennern oder Motorsägen gefällt. Bis zu 70 Meter hohe Stahlgerüste knickten ein, 110 000-Volt-Leitungen rissen – doch Verbraucher und Industrie merkten so gut wie nichts: Fast immer konnten durch Umschaltungen Stromausfälle vermieden werden.«

Wie bei allen Sensationen: Sie verblassen mit der Zeit. Über ein Jahr später stieß ich auf mehrere Aushänge und Flyer, die eine Filmvorführung für den 27. September 1996 im autonomen Zentrum in Frankfurt »Exzess« ankündigten.

»How to come through? … Ein Spaziergang zu den Schnittstellen der Informationsgesellschaft«.

Die Ankündigung nahm Bezug auf den Anschlag auf das Glasfaserkabelnetz rund um den Frankfurter Flughafen und machte es spannend: Es handle sich dabei um einen »Lehrfilm«. Das klang verlockend, denn vielleicht verriet der Film ja mehr, als man in der Presse erfahren konnte und durfte.

Die Filmvorführung fand in der großen Halle statt, die normalerweise für Bands und große Veranstaltungen genutzt wurde. So andeutungsvoll die »Einladung« war, so gespenstisch war die Stimmung. In der großen Halle, die eine ewige Baustelle ist, waren Bänke und Stühle aufgestellt. Eine Leinwand stand verloren im Nichts. Davor befand sich ein Tisch mit einem Projektor darauf.

Neben dem Tisch stand ein Plastikeimer mit schwarzer Flüssigkeit. Die Halle füllte sich so langsam, wobei das Wort »gefüllt« eher unangebracht ist. Es nahmen so etwa 70 Personen Platz und starrten auf die weiße Leinwand. Dass alles später beginnt als angekündigt, war man gewöhnt. Doch in der Regel waren VeranstalterInnen zugegen und vertrösteten das Publikum. Ganz kurz kam in mir das Gefühl hoch, das das Ganze so etwas wie unsichtbares Theater sein könnte. Wir sitzen und sitzen, starren auf eine weiße Leinwand … und es passiert nichts. Niemand sagt ab, niemand entschuldigt sich für die Panne. Wir sind nicht Zuschauer, sondern das unbezahlte Ensemble.

Dann ging das Licht in der Halle aus. Man hört hallende Schritte, ein paar Geräusche, unter anderem die Kühlung des Projektors.

Die Anfangssequenzen zeigen Nachrichten des Hessischen Fernsehens. Der Sprecher berichtet über einen Anschlag vom 1. Februar 1995 auf das Glasfasernetz rund um den Frankfurter Flughafen. Boarding-Computer fielen aus, Geldautomaten rückten kein Geld mehr heraus, Telefonverbindungen waren unterbrochen. Als Begründung für diesen Anschlag erwähnt der Sprecher ein Schreiben einer Gruppe namens »Keine Verbindung e.V.«, die ihre Aktion mit der Bedeutung des Frankfurter Flughafens für die Abschiebepolitik Deutschlands in Verbindung brachte. Kurz darauf wird ein Sprecher der Telekom, die das Glasfaserkabelnetz unterhält, mit den Worten anmoderiert:

»Die Telekom wurde heute nicht müde, aller Kritik zum Trotz, stets das Eine zu betonen, ›dass unser Netz internationalen Standards Stand hält. Es ist so sicher, wie es eben nur sein kann. Allerdings ist auch unter Experten unumstritten, dass sie mit krimineller Energie fast alles oder gar alles tun können‹.« Dann folgt ein Werbefilm der Lufthansa, ein wunderbar blauer Himmel, freundliches und himmelblau gekleidetes Personal, glückliche und zufriedene Kunden. Dieser Spot geht nahtlos in einen Beitrag über die Abschiebepraxis am Frankfurter Flughafen über, ohne blauen

Himmel, dafür in einem fast fensterlosen Trakt, in dem die Abzu-
schiebenden untergebracht sind.

Im weiteren Verlauf des Filmes folgen wir einer Kamera. Zuerst
sieht man einen betonierten Weg. Die Kamera ist dabei immer
auf den Boden gerichtet, als suche sie etwas. Ein Kameraschwenk
fängt Laub und Bäume ein. Man kann gerade nicht von Spannung reden. Dann bleibt die Kamera stehen, zoomt sich an einen
Schacht heran, schüttelt den ›Kopf‹, um dann den Weg fortzuset-
zen – begleitet von der leicht beschwingten Filmmusik vom *Ro-
saroten Panther*, die die Telekom ab 1995 als Erkennungsmelodie
verwendete. Die Kamerafahrt wird immer wieder von Sequenzen
unterbrochen, die Ereignisse der 1990er-Jahre Revue passieren
lassen: Die Belagerung und Erstürmung des Flüchtlingsheimes
in Rostock-Lichtenhagen 1992, der Mord- und Brandanschlag in
Solingen 1993, der Selbstmord eines Flüchtlings, der wieder abgeschoben werden sollte, die Blockade des Bundestages in Bonn und
die Abschaffung des Asylrechts 1993, eine Demonstration in Hamburg gegen die rassistische Flüchtlingspolitik unter dem Motto:
»Die Zeit der Trauer ist vorbei«.

Die Kamerafahrt verlässt die betonierte Straße und biegt in
einen Wald ein. Es ist dunkel, als das Kameraauge einen Schacht
zeigt. Im leicht wackligen Lichtkegel beginnt der Deckel des
Schachtes zu schweben. Der Deckel senkt sich neben dem Schacht
und eine Taschenlampe leuchtet dort hinein. Man blickt in die
etwa 2 bis 3 Meter Tiefe und kann die in Metallschlaufen hängenden Kabel an den Wänden sehen. Während man versucht, den
Bildern einen Sinn zu geben, folgt ein Störungssignal, das man aus
dem Fernsehen kennt. Der Bildschirm wird grieselig und die folgende Ansage kommt einem bekannt vor: Kein Anschluss unter
dieser Nummer.

Der ganze Film verzichtet in Gänze auf Erklärungen und Kom-
mentare. Er spricht in Bildern und Kontexten. Ein Blatt Papier
wird in die Kamera gehalten. Auf diesem steht: Ende? Doch dann

folgt gegen das Fragezeichen ein kurzer Ausschnitt aus dem wunderbaren Spielfilm *Birdy*.

Birdy, ein Psychiatrie-Insasse, der nie geredet hat, schreit heraus: »Wir sollten durchdrehen …« Sein Mitinsasse nimmt ihn vor Freude in den Arm und reißt ihn mit, auf den Flur, dann auf das Dach der geschlossenen Anstalt – verfolgt von den Wärtern. Birdy rennt an den Rand des Daches, sein Freund ruft ihn voller Verzweiflung zurück. Doch Birdy springt … und bleibt am Leben.

Es wird das Ende des Filmes gewesen sein, denn die Filmmusik vom Anfang setzte wieder ein, mit mehreren Schrifttafeln, so etwas wie ein wortloser Abspann. Dementsprechend laut und krachend brach die Tür zur Halle auf. Es war immer noch dunkel, als die Mischung aus Lärm und Rufen instinktiv Panik auslöste. Man konnte nur die Richtung des Lärmes orten und stürzte folglich automatisch in die entgegengesetzte Richtung. Ein paar Stühle flogen und die Rufe »Polizei, Polizei« ließen eine recht klare Zuordnung zu. Ich war – wie so oft – zu spät und wurde von Polizisten überrannt. Waren es 30, waren es 40 Polizisten in Kampfmontur? Da sich immer noch alles im Dunkeln abspielte, war man schon froh, dass plötzlich das Licht anging. Die Polizisten hatten vor der Bühne eine Kette gebildet, wohin die meisten gerannt waren. In der Mitte der Halle, die nur noch von umgeworfenen Stühlen gefüllt war, standen zwei, drei Männer in Zivil, wie Feldherren nach einer Schlacht. Dazu gehörten auch ein Staatsanwalt und ein Richter. Was danach folgte, war weniger schemenhaft: Es wurden die Personalien aufgenommen, man nahm Fingerabdrücke und wurde gefragt, ob man sich äußern möchte. Das fand ich zu großzügig und lehnte dieses Gesprächsangebot ab. Auch das Unterschreiben des Protokolls fand ich überflüssig. Warum sollte ich am Schluss etwas quittieren, an dem ich nie beteiligt war und das sich mehrere Stunden hinzog?

»Unterschreiben Sie das Protokoll?«

»*Nein.*«

Daraufhin warf mir der Polizeibeamte den Ausweis auf den Boden. Den Mut muss man haben.

Die Stürmung einer Filmvorführung blieb mir im Gedächtnis, da das ja nicht alle Tage vorkommt. Was sollte dieser Polizeieinsatz? Ich erstattete Anzeige wegen Freiheitsberaubung und bekam dann die Auskunft, warum um die 70 Personen festgenommen und ED-erfasst wurden. Man habe vermutet, dass sich unter dem Publikum auch Personen befinden könnten, die an diesen Anschlägen beteiligt waren. Na klar doch, sagte ich mir! Es gibt ja den berühmten Spruch: Der Täter kehrt immer an den Tatort zurück. Im weitesten Sinne könnte man auch diese Filmvorführung dazuzählen.

Mir leuchtete hingegen mehr ein, dass die Polizei in Besitz dieses Videos gelangen wollte. Schließlich wollte man in Ruhe herausfinden, ob dort Täterwissen eingeflossen ist und ob man darüber den Täterkreis einkreisen könnte. Dabei blitzte der Plastikeimer mit der nicht identifizierbaren Flüssigkeit noch einmal auf. Befand sich darin die Videocassette? War die ganze Polizeiaktion umsonst?

Dieser Polizeiüberfall und die mysteriösen Umstände ließen mich jedenfalls hellhörig und aktiv werden. Es fand sich sehr schnell ein Kreis von Leuten, die diesen Film erst recht zeigen wollten. Denn es ging dabei nicht nur um die Rolle des Frankfurter Flughafens, sondern auch um die Flüchtlingspolitik, um ein wiedervereinigtes Deutschland, das wir so nicht wollten.

Für dieses Vorhaben suchten wir einen größeren Raum und eine respektable Adresse. Wir entschieden uns für das Kommunale Kino in Frankfurt. Wir konnten die Leitung davon überzeugen, dieses Video zu zeigen, in Verbindung mit einer Podiumsdiskussion, die dem Thema Rassismus und Abschiebung gewidmet war. Damit brachten wir beides zusammen, den Anschlag, das Videowerk und unsere gemeinsame Geschichte am Frankfurter Flughafen. Über die vielen Jahre dort ›draußen‹ ging es um mehr als nur eine neue Startbahn und der Verlust von Bannwald. Er hatte über die angrenzende US-Air-Base eine militärische Bedeutung und diente und dient bis heute als Drehscheibe für Abschiebungen. Das »(Flughafen-)Verfahren« dort ist im wahrsten Sinn des Wortes ein exterritoriales: Die Polizei nimmt verdächtige Personen bereits auf dem Rollfeld fest und kaserniert sie in einem Extra-Komplex des Frankfurter Flughafens. Dort führte man ein »Schnellverfahren« durch, mit dem Ziel, sie so abzuschieben, dass sie erst gar nicht »deutschen Boden« betreten können.

Auf dem Weg zur Veranstaltung am 2. Dezember 1996 trafen wir die Direktorin, mit der wir in Kontakt standen. Wir standen zusammen im Aufzug, als sie sagte: »Ich wurde im Vorfeld dieser Veranstaltung von der Polizei angerufen.«

Wir stutzten und ich fragte nach. »*War es vielleicht das K 42?*«

»Wie kommen Sie darauf?«

»*Das ist für uns recht einfach. Alles, was mit ›politischer Kriminalität‹ zu tun hat, landet in dieser Staatsschutzabteilung.*«

»Ja, das könnte hinkommen.«

»*Und was wollte der Staatsschutz von Ihnen?*«

»Ich sollte die Veranstaltung absagen.«

»*Und was haben Sie geantwortet?*«

»Nun, wie Sie sehen, habe ich das Ansinnen abgelehnt.«

Wir bedankten uns für ihre Courage und betraten den Kinoraum, der sehr gut besucht war. Den Film nochmals zu sehen, war ein merkwürdiges Gefühl. Mit dem einen Auge schaut man auf die große Leinwand, auf der sich der Film viel besser machte. Mit dem zweiten (sieht man besser) … hatte man die Tür zum Filmsaal im Auge. Dementsprechend blass sind meine Erinnerungen an die Podiumsdiskussion selbst, die sich dem Film anschloss.

Dann legte sich Staub über diese Ereignisse.

»Warst du das am Flughafen?«

Na klar doch, hätte ich sagen sollen. Tagsüber Leiter eines Jugendclubs und nachts ein »Terrorist«, der den Frankfurter Flughafen lahmlegt. Zum Ausgleich. Work-live-Balance. *Ich verstehe dich nicht. Worum geht's?*«

Der »Jugendliche«, den wir im evangelischen Jugendclub in Frankfurt-Griesheim betreut hatten, war so Mitte dreißig und galt dort unter den anderen Jugendlichen als Chef. Er hatte viele Verfahren am Hals und die Polizei an den Fersen. Er verkörperte alles, was man als Clan-Chef braucht: Er war schlau, er hatte ein strategisches Händchen, er spielte mit vielen Karten, war der gute Vater und das absolute Arschloch in einer Person. »Na komm, du weißt doch, wovon ich rede.«

»*Nein.*«

»Na, die Sache am Flughafen. Du bist doch dagegen. Ich weiß doch alles.«

Nun, diese Sprüche kenne ich zur Genüge. Deshalb landen die meisten von ihnen auch im Knast. Ich mache eine Geste, dass er loslegen soll. »Ich weiß alles aus erster Hand … Sie haben meinen Schwager vernommen. Der arbeitet bei der Telekom. Sie wollten wissen, wo er in der Nacht war, als das passiert ist.«

»*Ich verstehe nicht. Warum dein Schwager?*«

»Na, der verlegt das Zeug. Sie haben alle vernommen, die damit zu tun haben.«

Ich schaute ihn an, während er nervös auf meine Antwort wartete. Ich dachte in Windeseile an seine vielschichtigen Rollen und ob ich ihm so etwas zutrauen würde. Ja, doch, durchaus. Denn er würde doch nicht von alleine darauf kommen, das, was seinem Schwager widerfahren ist, mit mir in Verbindungen zu bringen. Ganz sicher hatten wir in den zurückliegenden Jahren einmal darüber geredet, dass ich sehr lang gegen die Startbahn West am Frankfurter Flughafen gekämpft habe, was ihm so absurd vorgekommen sein muss, wie mit dem Pferd zur Arbeit zu kommen. Es muss also andere Gründe geben als ein gutes Gedächtnis.

»*Und was wollten die von deinem Schwager genau wissen?*«

»Was weiß ich. Ich nehme an, ob er an diesem Tag Dienst hatte oder wo er war. Keine Ahnung.«

Ein anderer Jugendlicher unterbrach unser Gespräch und ich hing dem Gedanken nach: Gibt es einen Zusammenhang zwischen der polizeilichen Erstürmung der Filmvorführung und der Vernehmung aller Telekom-Mitarbeiter, die für den Bereich Glasfaserverlegung zuständig sind? Wollten sie die erfassten Telekom-Mitarbeiter mit den festgenommenen Besuchern abgleichen?

Etwas mehr als zehn Jahre später konnte ich einiges besser verstehen.

In Gottes Namen – drei Kündigungen

1997–99

»Das ist doch genau das Richtige für dich«, sagte der Pfarrer. Ich schaute ihn an, als hätte er sie nicht alle.

»Ich habe doch genau vom Gegenteil gesprochen. Hast du mich nicht verstanden?«

»Doch, genau deshalb bist du genau der Richtige.«

»Aber ich habe dir doch gesagt, dass Sozialarbeit unter diesen Bedingungen reine Kosmetik ist, also Befriedungspolitik. Man möchte nichts ändern, aber die, die darunter leiden, sollen ruhiggestellt werden.«

Der Pfarrer, von dem hier die Rede ist, war Jugendpfarrer und Chef vom evangelischen Verein für Jugendsozialarbeit in Frankfurt. Er war außerdem der frühere Freund meiner damaligen Freundin. Im gemeinsamen Skiurlaub diskutierten wir manchmal über Gott und die Welt und der Pfarrer erzählte von seinen Problemen bei der Arbeit. Zu dieser gehörte die Betreuung von mehreren Jugendeinrichtungen. Eine davon befand sich in Frankfurt-Griesheim, in einem »Brennpunkt«, den man fälschlicherweise als »sozialen« Brennpunkt ausgibt. Er erzählte von einer Schießerei, einem Toten und dass der bisherige Jugendclubleiter gekündigt hatte. Die Stelle war somit vakant. Das war der eigentliche Grund des Pfarrers. Er wollte und musste die Stelle neu besetzen.

Irgendwie verhakte sich der Satz: »Das ist doch genau etwas für dich«. Ich wurde ihn nicht mehr los. Denn mir fiel die Decke meines bisherigen Lebens auf den Kopf. Ich wollte etwas machen, was mich aus dem Hamsterrad der Gedanken herausbrachte. Zudem verbanden sich die Erzählungen des Pfarrers über die Frankfurter

»Bronx« unmerklich mit meinen ersten politischen Erfahrungen, die mich mit der Idee der Randgruppenarbeit in Berührung brachten. Also ein Blick auf die Welt, der nicht im eigenen (privilegierten) Milieu versumpft, sondern sich dort bewährt, wo das Leben kein Zuckerschlecken ist.

Ich gab mir einen eigenen Auftrag: Wenn das, was ich politisch denke, dort besteht, dann haben meine politischen Ansichten den Härtetest bestanden. Nach ein paar Wochen Grübeln und Zögern nahm ich die Stelle im evangelischen Jugendclub Griesheim an. Man brauchte nicht lange, um sich in dieser kleinen, im wahrsten Sinnen des Wortes abgeschriebenen Welt zurechtzufinden.

Wenn man von »Ahornstraße« spricht, meint man exakt drei Wohnblöcke. Diese versprühten den ganzen Charme des »sozialen« Wohnungsbaus: vier Stockwerke, hellhörige Wände, ein Balkon für einen Wäscheständer, viel Beton und eng. Man gab diesen Wohnkästen schnell den Namen »Störerblocks«. Denn dort wurden alle eingewiesen, die woanders störten. Abgeschobene in jeder Hinsicht: Menschen, die ihre Miete nicht mehr bezahlen konnten, »auffällig« gewordene Menschen, Sozialhilfeempfänger, Flüchtlinge und russische Aussiedler. Wer »Ahornstraße« sagte, wusste, was damit gemeint ist. Niemand wollte dort herumbummeln, niemand wollte dort abends sein, niemand wollte dort leben. Auch die Polizei fuhr nur mit Verstärkung in die Ahornstraße, wenn es um die Bearbeitung eines Vorfalls ging.

Die meisten dort lebten von Sozialhilfe und wer noch halbwegs fit war, versuchte auf kriminelle Art, ein bisschen besser zu leben. Die Spannbreite ist von einer brutalen Hierarchie geprägt, die auch ganz unten nicht verschwindet, sondern nur über weniger feines Werkzeug verfügt. Die Junkies wurden von denen ausgenommen, die noch ein bisschen fitter waren. Die etwas Fitteren lebten vom Drogenhandel und kleineren Diebstählen, und ein paar wenige hatten sich hochgeschafft und drehten größere Dinger, die bis in den sechsstelligen Zahlenbereich gingen. Wie im »anständigen«

Leben auch bildeten sich mit der Zeit klare und harte Hierarchien aus, von Handlangern und Laufburschen bis hin zu den Chefs, die mit sehr teuren Autos durch die Ahornstraße fuhren und dort ab und an Audienzen abhielten.

1993 geriet die »Frankfurter Bronx«, also der Stadtteil Frankfurts, der aus Sozialbau, Schrottplätzen und Einkaufszentren besteht, in die Schlagzeilen. Damals erlag der 19-jährige Kai-Uwe Gärtner seinen Schussverletzungen. Sein Tod wurde in den Zusammenhang »rivalisierender Jugendbanden« gebracht. In der Folge avancierte die Straße zum sicherheitspolitischen Präzedenzfall der Stadt. Die Polizei bildete nach Gärtners Tod eine Sonderkommission (SOKO), die »Arbeitsgruppe Griesheim«. Diese präsentierte sehr schnell Ergebnisse: In der Ahornstraße gäbe es 135 sogenannte Intensivtäter. Gefühlt war also jeder Zweite in der Ahornstraße, wenn man die Altersgruppe zwischen 16 und 30 Jahren wählt, ein »Intensivtäter«. Das dann vorgestellte »Sicherheitskonzept« war denkbar einfach: permanente und unverdeckte Präsenz, sehr viele Festnahmen und Verfahren, die auch zu zahlreichen Haftstrafen führten. So viel zu der Peitsche. Die Sozialarbeit hatte dabei eine explizit begleitende Funktion: »Ohne begleitende sozialpolitische Maßnahmen kann die Polizei nichts machen.« So sah es der Sprecher der Polizei Reinstädt.

Als »Zuckerbrot« wurden Gelder zur Verfügung gestellt, die die Ahornstraße wieder ansehnlich machen sollten. Die heruntergekommenen Fassaden wurden neu gestrichen und man stellte dafür Jugendliche aus der Ahornstraße ein. Eine Grillstelle wurde eingerichtet, der Müll weggeräumt. Sozialdezernent Martin Berg (SPD) und Frankfurts damaliger rotgrüner Oberbürgermeister Andreas von Schoeler gaben sich vor laufenden Kameras die Klinke in die Hand. Das Magazin DER SPIEGEL pries »die Rettung der Ahornstraße« als Modellfall für die Brauchbarkeit der Broken-Windows-Theorie:

»So könnte es gehen: mit Sozialarbeit und polizeilicher Härte zugleich«, hieß es in der Story mit dem Titel »Aufräumen wie in New York«.

In den ersten Jahren war die Arbeit dort lehrreich. Denn alles, was ich bisher nur aus der Theorie kannte, kam hier zusammen: Prekäre Lebensverhältnisse, Stadtpolitik, der Zwei-Klassen-Arbeitsmarkt (was man damals mit dem ersten und zweiten Arbeitsmarkt umschrieb), Repressionsstrategien und Befriedungsprogramme.

Ein paar Jahre später war ich um einige Details reicher … und desillusioniert. Wobei Letzteres nicht unerwartet kam, denn ich hatte ja vor Beginn dieser Lohnarbeit über die Grenzen der Sozialarbeit gesprochen. Dann ereignete sich etwas in der Ahornstraße, was mir die Jugendlichen einen Tag später ganz aufgeregt berichteten.

Am 8. August 1997 schob der 31-jährige Kamusch A. ein Schrottauto auf die Griesheimer Ahornstraße und zündete es an. Er protestierte damit gegen Misshandlung und Festnahme seines jüngeren Bruders Hakan, den die Polizei wegen des Verdachts auf Diebstahl und Hehlerei verhaftet hatte. Daraufhin rückten eine Hundertschaft der Polizei und ein Wasserwerfer an. Kamusch wurde vorübergehend festgenommen, ebenso drei Anwohner, die schlichtend eingreifen wollten.

Kamusch und sein Bruder waren eine Hausnummer in der Ahornstraße: Kamusch galt als Boss in der Straße und schaffte es über das Befriedungsprogramm zum Hausmeister. Diese Mischung aus Ober- und Untergrund verstanden die BewohnerInnen sehr schnell und gaben Kamusch den Namen »Bürgermeister«.

Dabei handelte die Stadt Frankfurt auf eine recht übliche Weise: Man bekämpft nicht die Hierarchien, sondern benutzt sie, indem man sich in die Spitze einkauft. Ein bisschen Anerkennung über den Job und ein bisschen Zugriff über den Lohn. Dass also ausgerechnet Kamusch an diesem besagten Abend durchdrehte, war nicht vorgesehen.

Als wir den Jugendclub am nächsten Tag öffneten, war all das natürlich das Thema. Jugendliche berichteten, die Beamten hätten ihnen entsicherte MPs vor den Bauch gehalten. Der Auftritt der Polizei war schlichtweg martialisch und die Prügel, die Kamuschs Bruder einstecken musste, ein Machtgehabe, um zu zeigen, wer das Sagen hatte: nicht der »Bürgermeister«, sondern die Polizei.

Ich entschloss mich, als Leiter des Jugendclubs eine Presserklärung zu schreiben. Ich fasste die vielen Aussagen von Jugendlichen zusammen und verband dies mit einer Kritik an einer städtischen Jugend- und Sozialarbeit, die immer mehr die Jugendlichen »stillstellen« sollte, anstatt an den sozialen und politischen Verhältnissen etwas zu ändern. Das führte nicht zu öffentlichen Diskussionen, sondern zu intensiven Gesprächen hinter der Bühne. Man könnte auch sagen: Der Gang-Charakter von Stadtpolitik zeigte sich in seiner ganzen Reife und Tiefe: Der Polizeisprecher Peter Öhm tat die Vorwürfe als »die Fehlleistung eines Einzelnen« ab. Die Jugendkoordinatorin der Frankfurter Polizei, Claudia Ringel hielt den Polizeieinsatz für berechtigt. Der Abteilungsleiter Sehnert vom städtischen Jugendamt ließ in einem Schreiben an meinen Vorgesetzten wissen, dass ich ein »Agitator der sozialen Arbeit« sei. Was eigentlich auch als Ehrung und Auszeichnung verstanden werden könnte, war genau das Gegenteil. Denn er ließ meinen Vorgesetzten wissen, dass er mein Engagement »nicht für sinnvoll« hielt. In der Gang-Sprache der Oberwelt hieß das: Daumen runter. Mein Chef und Freund verstand sofort und verfasste eine fristlose und fristgerechte Kündigung. Zugleich erteilte er mir Hausverbot und suspendierte mich für das laufende Verfahren. Ich wütete über diese Erwachsenengang, die Jugendlichen beibringen will, wie man fair und gewaltfrei mit Konflikten umgehen soll, und legte Widerspruch ein.

Der vorvorletzte Akt fand in einem ehemaligen Kloster statt, das geschmackvoll und sehr aufwendig restauriert worden war. Dort sollte kirchenintern über das Kündigungsverfahren gesprochen werden. Das herrliche Gewölbe mit den freigelegten Steinen, der lange Tisch, der die Mitte des Raumes ausfüllte, erinnerte mich an den Film *Der Name der Rose*.

Es nahmen etwa zehn bis zwölf Personen an dem langen Tisch Platz. Die meisten waren Kirchenvertreter. Und da wir ja nicht mehr im Mittelalter sind, waren auch zwei Männer der Mitarbeitervertretung (MAV) zugegen – so etwas wie eine laue gewerkschaftliche Vertretung. Das Spannendste dieses Kirchengerichts fand in der Pause statt. Ein Kirchenvertreter kam zu mir und sagte recht leise: »Ich wollte Sie wissen lassen, dass Sie mit dem, was Sie gesagt haben, recht haben. Aber darum geht es hier nicht.«

Ich will nicht behaupten, dass das Ergebnis schon vorher feststand, da die Mehrheitsverhältnisse dies sehr nahelegten. Vielleicht war es nur ein Zufall, aber genau dieser trat ein. Man sprach mich für »schuldig«, aber wollte Gnade vor Härte walten lassen und entschied sich »aus sozialen Gründen« für eine Abmahnung, verbunden mit einer »Dienstanweisung«, die geradezu darauf angelegt war, Kündigungsgründe zu schaffen, die dem kirchlichen und weltlichen Recht Stand halten. Ich fand dieses vergiftete Gnadenbrot so gar nicht verlockend.

In dieser Phase bekam ich eine Anfrage vom Hessischen Rundfunk, ob ich am 5. März 1998 an dem »Stadtgespräch« zum Thema Jugend und Gewalt teilnehmen mochte. Sie hätten von den Auseinandersetzungen erfahren und würden mich dazu gerne als Studiogast befragen. Ich sagte zu, auch wenn ich wusste, dass man dort mehr Placebo als Gast ist.

Ich konzentrierte mich also ganz darauf, bei Aufruf zwei Dinge loszuwerden. Zum einen ging es mir darum, über strukturelle Gewalt zu reden, die mehr mit dem Kuli anrichtet als mit dem Baseballschläger: »*Was sie (die Jugendlichen) machen, ist eigentlich nichts anderes als das, was sie in der Erwachsenenwelt sehen, dass nämlich sofort zugeschlagen wird.*«

Zum anderen wollte ich die aktuelle Auseinandersetzung zur Sprache bringen: »*Wir haben zum Beispiel als Jugendclub Griesheim einen Polizeieinsatz in der Ahornstraße kritisiert. Das Ergebnis war, dass ich als Hausleiter suspendiert wurde, dass eine fristlose Kündigung gegen mich eingeleitet wurde und dass ich seit sechs Monaten diese Auseinandersetzung führe, gerichtlich, eben nicht inhaltlich, nicht darum, welche Gewalt erfahren Jugendliche, eine, die sie auch reproduzieren, und das ist eine Situation, wo institutionelle Gewalt überhaupt nicht thematisiert werden darf.*«

Die Antwort bekam ich schlagartig. Mein Pfarrer verfasste eine dritte Kündigung und zitierte darin ausführlich meine Stellungnahmen in der Fernsehsendung.

Ich wollte jetzt einen weltlichen Abschluss. So fand schließlich der Prozess gegen die Kündigungen vor dem Arbeitsgericht in Frankfurt statt. Dabei stand sehr schnell fest, dass es doch noch eine kleine Differenz zwischen dem göttlichen und dem weltlichen Recht gab: Der Richter machte unmissverständlich deutlich, dass die Kündigungen rechtswidrig seien. Ich war bereits dabei, mich zwischen Glück und Enttäuschung zu entscheiden. Denn die Rücknahme der Kündigungen hätte die Fortsetzung der Arbeit zur Folge gehabt. Ich hatte mich jedoch schon innerlich von diesem Job verabschiedet. Doch dann führte der Richter weiter aus, dass das Vertrauensverhältnis wohl nachhaltig und dauerhaft gestört sei, und schlug aus diesem Grund die Auflösung des Arbeitsverhältnisses mit einer angemessenen Abfindung vor. Ich musste mir also nicht mehr überlegen, was ich tun muss, um rausgeschmissen zu werden.

Damit war der Ausflug in die Sozialarbeit beendet.

Der Märchenprinz

1999

Es muss so Anfang der 1980er-Jahre gewesen sein. Ein Freund aus Berlin rief mich an und fragte, ob zwei Freunde bei uns in der WG für zwei Wochen schlafen könnten. Sie hätten in der Nähe von Frankfurt eine Fortbildung in Fotosatz und suchten deshalb eine Übernachtungsmöglichkeit.

»*Prinzipiell habe ich nichts dagegen. Aber weißt du, mit Berliner Genossen habe ich in letzter Zeit verdammt schlechte Erfahrungen gemacht und keine Lust auf Wiederholungen.*«

»Wie meinst du das?«

»*Na ja, sie kommen von wo weiß ich her, nehmen alles mit einer wortlosen Selbstverständlichkeit in Anspruch, rauschen mit einem milden Lächeln ab – und wir dürfen den Dreck wegmachen. Solche Auftritte kann ich mir ersparen. Also wenn die ne Putzhilfe mitbringen, bin ich einverstanden.*«

Ein paar Wochen später kamen sie – ohne Putzhilfe. Sie fragten jeden Tag, ob jemand abends zum Essen da ist, kochten, deckten den Tisch, spülten ab, räumten auf. So oft, so regelmäßig, dass ich mir mit meinen Vorwürfen ziemlich blöd vorkam und mich über diesen geliehenen WG-Alltag freute, den wir alleine kaum noch hinbekommen haben. Ich war traurig, als sie nach zwei Wochen zurück nach Berlin fuhren und mich zurückließen – mit meiner Inkonsequenz und meinem Aushaltevermögen.

Mit Tarek verband mich von da ab eine Freundschaft, die für mich in dieser Intensität recht ungewöhnlich war. So ein bisschen was wie Liebe auf den ersten Blick. Ich mochte seine Art, ich genoss seine Ruhe, seine Souveränität, die sich nicht zur Schau stellte, sondern mit Bescheidenheit wirkte. Ich mochte ihn als Mann und seine großen, klaren Augen. Mit der Zeit unserer Freundschaft wuchs auch das Vertrauen. Wir warfen damit nicht herum. Als ich ihn in Berlin die ersten Male besuchte, lebte er in einer 1,5-Zimmer-Wohnung am Bethaniendamm, direkt mit Blick über die Mauer. Die Tür zu einem kleineren Zimmer blieb immer zu. Damals fiel mir das nicht auf und Tarek machte mich auch nicht durch geheimnisvolle Andeutungen neugierig. Sie blieb einfach verschlossen.

Bei unseren Besuchen sprachen wir oft über Demo-Erfahrungen. Für uns beide waren Demonstrationen ein wichtiger Bestandteil unseres politischen Alltags – und es gab in dieser Zeit viele, davon einige große und ab und an sogar erfolgreiche. Und so rankten sich immer wieder Gedanken und Überlegungen darum, wie man aus schlechten Erfahrungen lernen kann. Zwangsläufig kamen wir auf Polizeibeamte in Zivil (Zivis), auf Observationen und Abhörmethoden (Telefon, Wanzen etc.) zu sprechen. Was kann man dagegen tun? Welche technischen Möglichkeiten gibt es, sich davor zu schützen?

Es dürfte in dieser Zeit gewesen sein, als eine Hamburger Gruppe eine Broschüre von über 100 Seiten veröffentlichte, in der bis ins Detail offengelegt wurde, was die politische Polizei, der Verfassungsschutz mit einigem Aufwand (›zivile‹ Einsatzwagen und -kräfte, Anmietung von »normalen« Wohnungen, Sprachverschleierung, Zerhacker beim Funkverkehr und vieles andere mehr) zu verdecken suchten: offene und verdeckte Observationsmethoden, Ausforschung von politischen Projekten und besetzten Häusern, Beschattung von ausgemachten Zielpersonen (ZP), Einsatz von Richtmikrofonen und anderen technischen Lauschmitteln zum Erfassung von Gesprächen, Diskussionen etc. Diese Broschüre dokumentierte über eineinhalb Jahre Fleißarbeit: die Fahrzeugnummern von zivilen Einsatzkräften, die Gesichter von zivilen Fahndern, die Frequenzen der Bereitschaftspolizei, des Staatsschutzes und Verfassungsschutzes in allen Einzelheiten … und eine ganze Portion fachliches Grundwissen für NeueinsteigerInnen. Diese Broschüre schlug ein – eine Bombe hätte sicherlich weniger Wirkung erzielt: Der gesamte verdeckt arbeitende Apparat des Staatsschutzes in Hamburg musste umstrukturiert, neu getarnt werden. Ein politischer Erfolg, der zur Nachahmung geradezu ermutigte.

So reiften in unserer Gruppe die Überlegungen heran, diesem Beispiel zu folgen. Wir besorgten uns für viel Geld einen Scanner im Ausland, da der Verkauf zu dieser Zeit in der BRD verboten war. Wir kauften uns Funkgeräte, überlegten, wie wir das kontinuierlich bewerkstelligen können, und streckten die Fühler nach Leuten und Gruppen aus, die auf diesem Gebiet bereits Ahnung und wenn möglich Erfahrungen hatten. All das floss auch in unsere Gespräche immer wieder ein, verdichtete sich von Mal zu Mal von allgemeinen Andeutungen hin zu praktischen Hinweisen.

Irgendwann schloss Tarek die Tür zu dem kleineren Zimmer auf. Auf einem Tisch waren mehrere Scanner aufgebaut, mit Aufzeichnungsgeräten verbunden. Dazwischen waren Schaltungen eingefügt, die die Kassettenrecorder erst dann in Gang setzten, wenn es tatsächlich zu einem Funkverkehr kam. Wenn ich in der Folgezeit immer wieder auf dieses Wissen zurückgriff, Fragen hatte oder um Tipps bat, dann hatte ich nie das Gefühl, dass sich Tarek in diesem Wissen sonnte und mich das spüren ließ. Er machte es mit einer Selbstverständlichkeit, die ich an ihm schätzte, ohne das konspirative Gehabe, das so viele an den Tag legten, die nichts zu verbergen hatten.

So richtig er es mit dem Polizeifunk machte, so machte er auch Karate. Ich glaube, er trainierte damals fünfmal in der Woche. Während ich Gürtelprüfungen ablehnte, dürfte er damals bereits den schwarzen Gürtel getragen haben.

Wir kochten gerade in seiner spartanisch eingerichteten Wohnung, als ich auf eine Dose Proteine stieß. Ich holte sie vom Regal herunter und fragte Tarek erstaunt: »*Nimmst du so ein Zeug?*«

»Ja, das geht nicht anders, wenn du fünfmal in der Woche trainierst. So viel Proteine, wie ich brauche, produziert der Körper nicht selbst.«

Ich fand's merkwürdig, dachte an Spitzensportler und dass man es nicht übertreiben muss – und stellte die halb leere Dose Proteine wieder ins Regal. Tarek hatte nicht nur handwerkliche Fähigkeiten, die ich schätzte, wenn man nicht bei der Theorie und klugen Einsichten stehen bleiben wollte. Ich teilte mit ihm die Lust, autonome Benimm-Regeln infrage zu stellen.

Ich kann mich noch gut an die Aufregung erinnern, die eine szene-interne Einladung zu einer Beachparty in einem besetzten Haus auslöste, wo mittlerweile Tarek wohnte: »Vergessen Sie nicht Ihr Sonnenöl. Benutzen Sie die bereitgestellten Strohhalme. Das Nacktbaden ist nicht untersagt. Die Pärchen werden gebeten, sich nicht allzu offensichtlich als solche zu erkennen zu geben. Für liegen gebliebene Handtücher kann keine Haftung übernommen werden.«

Es gab Sekt, Cocktails und das gesamte Flair dekadenten Strandlebens. Mit verschämt-erregter Stimme wurde sogar erzählt, dass einige Frauen – auf jener Party Ende August 1986 – barbusig herumliefen. Ein Skandal, an dem Tarek mit Freude beteiligt war.

Am 12.3.1988 fand in Berlin im Mehringhof/Ex eine Startbahnveranstaltung statt. Wir wurden eingeladen, dort über die Ereignisse und den Stand der Auseinandersetzungen nach den »Schüssen« am 2.11.1987 zu berichten. Der Veranstaltungsraum war mit über 500 BesucherInnen und ziemlich unterschiedlichen Erwartungen und Befürchtungen gefüllt. Unsere Position hatten wir bereits auf einem Teach-in am 19.11.1987 in Frankfurt deutlich gemacht: »*Wir waren so überrascht von den Schüssen wie die Polizei.*

Die Schüsse sind keine Konsequenz unseres militanten Widerstandes, sie stellen für uns einen Bruch, eine Missachtung eines gemeinsam beschlossenen Konzeptes dar. Gerade weil wir an jede Form militanten Widerstandes ein hohes Maß an Eigenverantwortung und kollektiver Verantwortung stellen, sind die Schüsse aus einer Demonstration heraus auch Schüsse gegen unseren Anspruch auf Zielgerichtetheit und vor allem Berechenbarkeit gegenüber allen, mit denen wir Widerstand leisten.«

Die Sorge, dass unsere Position zwischen Bekenntnissen für und gegen Gewalt zerrieben wird, erfüllte sich nicht. Bis heute habe ich eine Konzentration, Ernsthaftigkeit und Stille in Erinnerung, die ich bei solchen Veranstaltungen nur sehr selten erlebt habe.

Tarek wusste von dieser Veranstaltung. So ging ich davon aus, ihn dort zu treffen. Doch er war nicht da. Wir telefonierten tags darauf und verabredeten uns. Er erzählte mir, dass er über den Polizeifunk mitbekommen hatte, dass die Veranstaltung observiert worden war und unsere Namen dort fielen, obwohl wir uns in Veranstaltungen nicht mit Namen vorstellten. Besonders überrascht war ich darüber nicht – umso mehr über die Konsequenz, die Tarek daraus zog: »Es ist besser, wir brechen den Kontakt zueinander ab. Das ist besser für dich und mich.«

Ich war so perplex, dass ich nicht einmal nach einer Begründung fragte. Das hatte weniger etwas mit unserer Art von Freundschaft zu tun als mit der Zeit, in die diese Entscheidung fiel. Die »Schüsse« am 2.11.1987 an der Startbahn hatten viel verändert. Die Repression, die vielen Ungewissheiten ließen viele Gruppen auseinanderbrechen. Viel zu wenige versuchten, für eine Bewegung Verantwortung zu übernehmen, die sich – samt Selbstverständnis und Anspruch – fast in Luft auflöste. In dieser Zeit verschwanden so viele – im wahrsten Sinne des Wortes – von der Bildfläche, dass ich dafür gar keine Gefühle aufbringen wollte. Ich hatte weder die Kraft noch Energie dazu. Irgendwo dort legte ich auch die Entscheidung von Tarek ab.

Ich hatte mich schon längst mit diesem jähen Abbruch unserer Beziehung abgefunden, als ich ein paar Jahre später in Kreuzberg durch eine Szene-Kneipe lief auf der Suche nach einem ruhigen Plätzchen. Meine Augen streiften durch den Raum. Für Bruchteile von Sekunden stockte meine Bewegung: Ich war mir ganz sicher, dass Tarek an einem dieser Tische saß. Zwischen dem Impuls, meinen Augen zu trauen, und dem Wissen, dass Tarek unsere Beziehung abgebrochen hatte, entschied ich mich für Letzteres. Ich ging weiter, versuchte das Gefühl von Feigheit mit einem möglichen Irrtum zu betäuben und verließ die Kneipe.

Im Dezember 1999 bekam ich Post von einer Freundin aus Berlin. Ihrem Brief war ein längerer Zeitungsartikel aus der *Berliner Zeitung* beigefügt, in dessen Mitte ein Bild platziert war, auf dem schwer bewaffnete Polizeibeamte den Eingang zum Kulturzentrum Mehringhof abgeriegelt hatten. Ich überflog den Artikel, in dem die Durchsuchung des Mehringhofes in Zusammenhang mit Ermittlungen gegen die »Revolutionären Zellen« (RZ) gestellt wurden.

Für viele von uns waren die RZ so etwas wie die heimliche Liebschaft. Man wusste, dass es sie gibt. Die bürgerliche Presse bezeichnete sie als »Feierabendterroristen«, weil sie nicht illegal gelebt hatten, sondern unerkannt für alle, Aktionen gemacht hatten, die wir – im Großen und Ganzen – gut fanden. Was ihnen alles zugeschrieben und zugetraut wurde, steht dabei auf einem anderen Blatt. Wir konnten es nicht überprüfen. Aber ganz sicher wussten wir, dass es in den RZ auch »Frauengruppen« gab, die den Namen »Rote Zora« trugen.

Der »Wecker«, der auf diese klandestine Gruppe wies, erlangte dann auch 1987 große Berühmtheit. Ganz normale Wecker wurden damals als Zeitzünder für Anschläge genutzt. Auch die Rote Zora verwendete diesen Zündmechanismus und bevorzugte dabei das Modell »Emos Sonochrom«. Als den Fahndern dieses spezielle Merkmal auffiel, präparierten sie diesen Wecker. So geriet eine Frau namens Ingrid Strobl ins Visier. Sie hatte als Journalistin für ORF, WDR und *Emma* gearbeitet, wurde mit diesem Kauf zur »Feierabendterroristin« und saß von Weihnachten 1987 bis Mai 1990 in Isolationshaft. Über 30 Jahre später erklärte sie gegenüber der *taz*, dass sie wusste, wofür dieser Wecker genutzt werden sollte. Die Rote Zora wollte mit einem Sprengstoffanschlag auf das Lufthansa-Gebäude in Köln gegen die dort praktizierte Abschiebepraxis protestieren und gegen die »Bumsbomber« nach Bangkok oder Manila.

Es gab noch eine aktuelle Spur, die mit RZ etwas zu tun haben sollte. Bereits ein paar Wochen zuvor wurde Rudolf Schindler als angebliches RZ-Mitglied in Frankfurt verhaftet. Laut Pressemitteilungen ging diese Verhaftung auf Belastungen von Hans-Joachim Klein zurück, der diesen verdächtigte, an der OPEC-Aktion im Jahre 1975 beteiligt gewesen zu sein. Nachdem auch andere mit dem Namen Rudolf Schindler nicht das Geringste anzufangen wussten und sein Rechtsanwalt in einer ersten Stellungnahme von einer Verwechslung sprach, gerieten diese Vorfälle an den Rand meiner Aufmerksamkeit. Den Zeitungsartikel aus Berlin legte ich ebenfalls dort ab.

Kurz vor Silvester fiel mir der Artikel vom 20.12.1999 im Berliner *Tagesspiegel* nochmals in die Hände. Dieses Mal las ich ihn aufmerksam von Anfang bis Ende und traute meinen Augen kaum, als ich auf den Name Tarek Mohamad Ali M. stieß: »In einer groß angelegten Aktion durchsuchten Mitarbeiter des Bundeskriminalamts (BKA) und des Bundesgrenzschutzes (BGS) aus Karlsruhe und Wiesbaden (…) das Gebäude stundenlang nach Waffen und Sprengstoff. Auch das Spezialkommando GSG 9 war im Einsatz. Zuvor waren Sabine Barbara E. in Frankfurt am Main und Axel H.

und Harald G. in Berlin in ihren Wohnungen wegen des Verdachts der Mitgliedschaft bei einer terroristischen Vereinigung ›Revolutionäre Zellen/Rote Zora (RZ)‹ festgenommen worden (…) Bereits Ende November wurde der Berliner Kampfsportlehrer Tarek Mohamad Ali M. unter dem Verdacht festgenommen (…) Kopf der ›Revolutionären Zellen‹ zu sein.«

Ich lief auf und ab, konnte mit Mohamad und Ali nichts anfangen, suchte in meinem Gedächtnis nach seinem Nachnamen und dachte mir: So viele, die Kampfsport machen und den seltenen Vornamen Tarek tragen, gibt es doch nicht. Das muss er sein. Ein paar Tage später musste ich die klitzekleine Hoffnung auf eine Verwechslung oder einen Doppelgänger aufgeben.

Im Magazin *Focus* vom Dezember 1999 war zu lesen: »Das bürgerliche Leben der RZ-Terroristen: Die Chefs der Revolutionären Zellen in Berlin und Frankfurt bauten über Jahre hinweg eine unscheinbare Fassade auf.« Dazu war ein Bild abgedruckt. Kein Zweifel: Das ist Tarek. Und es kam noch schlimmer. Unter dem reißerischen Aufmacher »Revolutionäre Plaudertaschen« nannte das Blatt nach dem »Plauderer Nummer eins: der 1998 gefangene Ex-Terrorist Hans-Joachim Klein (…) den Plauderer Nummer zwei: der Deutsch-Palästinenser Tarek Mohamad Ali Mousli. Der 40-jährige Karatekämpfer-Träger des sechsten Dan und Berliner Verbandstrainer – war am 23. November in Berlin verhaftet worden (…) packte aus und belastete Schindler und dessen Freundin Eckle (Kampfnamen ›Roxy‹) schwer (…) Als Kronzeuge der Bundesanwaltschaft legte Mousli ein umfangreiches Geständnis ab und verpfiff 50 Genossen des ›klandestinen Kampfes‹.«

Nein, das kann nicht wahr sein. Das ist eine plump lancierte Lüge. Tarek, ein RZ-Mitglied, ein Verräter und Kronzeuge? Oder vielleicht doch? Was kann nicht alles in knapp zehn Jahren passieren, was sich mit meinen Erinnerungen nicht vertragen will? Täuschen mich möglicherweise meine Erinnerungen?

Tagelang stöberte ich in meinem Gedächtnis. Ich versuchte mich an Situationen, an Gespräche, an Umstände zu erinnern, in denen – im Nachhinein – eine Andeutung stecken könnte, die seine jetzige Haltung, seinen Verrat erklärt. Es war nichts zu machen: Mit meinen Erfahrungen konnte ich den Verrat nicht erklären.

Die dritte Hälfte
meines Lebens

In einer Nacht

2000 ff.

Ich stand am Balkonfenster und schaute Sabrina zu. Sie schwamm im Meer. Am Anfang konnte ich ihre Kontur noch klar sehen, dann wurde sie immer kleiner, bis es nur noch ein Punkt war. Und je nachdem, ob die Welle gerade vor oder hinter ihr war, war sie ganz verschwunden. Sabrina konnte sehr gut schwimmen und hatte keine Angst, weit hinauszuschwimmen. Ganz der Gegensatz zu mir. Ich hatte immer Angst, nicht mehr zurückzukommen.

Ich schaute ihr vom Appartement aus zu, das direkt am Meer lag. Ich bekam Angst. Es war wahrscheinlich schon mehr eine Panik, die mich ergriff. Kalter Schweiß kam auf, obwohl es recht warm war. Ich fürchtete, dass Sabrina nicht mehr zurückkommt, oder anders gesagt: Mit Sabrina bekam meine Angst eine Kontur, dass ich ins Nichts treiben könnte.

Ich hatte in dieser Phase oft solche Panikattacken. Die mächtigste davon war das schwindelerregende Gefühl, den Boden unter den Füßen zu verlieren, keinen Halt mehr zu spüren. Dass solche Alpträume meinen Alltag erreichten, war neu. Aber sie spielten in meinen Träumen schon sehr lange eine Rolle. Und wenn ich sie durchgehe, wird klar, dass sie gar nicht willkürlich und beliebig sind, sondern meine drei Lebenshälften geradezu traumhaft untertiteln:

In der ersten Hälfte, also bis etwa 16 Jahre, wachte ich oft auf, schoss schweißgebadet in die Höhe, um nach Luft zu schnappen. Ich wäre ansonsten ertrunken.

In der zweiten Hälfte meines Lebens wurden die Träume sehr schmutzig und peinlich. Ich kann gar nicht alle Varianten aufzählen, die diese Lebensphase füllten. Im Zentrum dieser Träume befand sich immer ein Klo, das ich aufsuchen wollte, also aufsuchen musste, dringend. Doch es ging nicht: Entweder war das Klo besetzt oder … und das kam recht häufig vor, war es nicht mehr zu benutzen. Die Scheiße quoll über und drückte sich selbst unter die Klotür hindurch. Manchmal watete ich darin, um doch noch zum Zuge zu kommen. Es war ein fürchterliches Gefühl. Beim Durchscrollen der verschiedenen Versionen stieß ich auf eine weitere bemerkenswerte Gemeinsamkeit: Es waren meist öffentliche Klos, die ich aufsuchte. Ganz oft waren sie bereits belegt und ich raste schweißnass zum nächsten, das ebenfalls besetzt war.

In der dritten Hälfte meines Lebens kann ich einen Traum-Genre-Wechsel konstatieren. Bei diesen Varianten geht es im Kern darum, dass ich nicht mehr den Weg zurückfinde. Es geht ums Alleinsein, um das Verlassenwerden. Ich bin zum Beispiel in einem Hotel untergebracht, gehe spazieren und weiß partout nicht, wie mein Hotel heißt, in dem ich eingecheckt hatte. Ich kann also nicht einmal nach dem Hotel fragen, denn ich wusste den Namen nicht mehr.

In einer anderen, sehr »beliebten« Variante bin ich mit Freunden unterwegs. Plötzlich sind meine Freunde weg. Ich schaue mich um, renne um die Ecke. Sie sind weg, wie vom Erdboden verschluckt. Ich stehe völlig alleine da. Oder ich habe einen Schlüssel verloren, also den Haustürschlüssel, um nach Hause zu kommen. Wer sich jetzt sicher ist, dass dieser Traum doch ganz einfach zu entschlüsseln ist, der … liegt ziemlich richtig. Ich dachte mir sehr oft, als ich aufwachte und diesem Traum nachhing: Ich hätte es gerne ein bisschen komplizierter. Wir können also festhalten: Man kann offensichtlich nicht nur an seinem Körper, sondern auch an seinen Träumen arbeiten. Zumindest indirekt, denn ich weiß immer noch nicht, wo sich die Traum-Redaktion befindet und ob man mitreden kann.

Damit ist, was die Träume angeht, aber noch nicht alles gesagt. Denn es fehlt ein Traum, der alles in den Schatten stellt: Ich konnte fliegen, einfach so, wie wenn man geht. Ich streckte die Arme aus, hob ab und flog. Ich kann mich ganz genau daran erinnern, dass ich Baumwipfel im Auge hatte und auf die Strommasten aufpassen musste, um an keinem Stromkabel hängen zu bleiben – obwohl das als »Vogel« keine Gefahr darstellt. Und ich kann mich daran erinnern, dass ich mitten im Flug den blitzgescheiten Einfall bekam, dass ich doch gar nicht fliegen kann. Ausgerechnet diesen Traum hatte ich, als ich an dieser Einleitung arbeitete. Vielleicht sind die drei Traum-Sets und der Ikarustraum als Überflieger so etwas wie die Türöffner zu meinem Leben.

Zurück auf den Boden der Tatsachen: Auf eine gewisse Weise hatte ich eine leise Ahnung. Irgendetwas drohte mir zu entgleiten.

Meine Lebenskonstruktion? Irgendwelche unterdrückten Erlebnisse, Ängste von früher? Tatsächliche Veränderungen, die mein Leben wie ein Kartenhaus zusammenfallen ließen? Alles zusammen?

Ein wesentlicher Auslöser war sicherlich meine Beziehung zu Sabrina. Wir waren richtig verliebt. Wir haben uns sehr viel zugetraut.

Alles begann im Frühjahr 1994, irgendwann um zwei Uhr morgens in einem völlig verqualmten Kellergewölbe. Dort befand sich das autonome Zentrum in Frankfurt. Hier fanden nicht nur Treffen und Veranstaltungen statt. Einmal im Monat gab es auch eine Disco, in der einiges anders war. Es gab keinen Eintritt und keine Türsteher. Und voll wurde es wie in jeder Disco – so ab Mitternacht.

Dort zu tanzen, war ein Gesundheitsrisiko. Es handelte sich um ein Kellergewölbe mit ein paar kleinen Fensterluken, die wahrlich nicht für Luft sorgten. Außerdem rauchten viele und eine Lüftungsanlage konnte man sich nicht leisten. Aber Atemnot war kein Grund, nicht dorthin zu gehen. Eher die Suche nach einem Ausweg aus der bisherigen Beziehung.

Ich bin und war kein Disco- oder Partygänger und musste mich immer wieder dazu aufraffen. An diesem Samstagabend Anfang 1994 aber hat es geklappt. Selbstverständlich verbot ich mir auch dieses Mal, wegen einer Frau dorthin zu gehen. Ich wollte tanzen, schwitzen, mich verausgaben, meine »Bleiernheit« loswerden.

Ich muss kurz die Regeln an diesem Ort unter Autonomen erklären: Man tanzt in der Regel alleine, also ohne Paar-Figuration. Man ist – im besten Fall – ganz bei sich selbst und macht niemanden an. Das heißt: keine anzüglichen, sexuell zu deutenden Bewegungen. Autonome Ich-Bezogenheit.

Die Frau, um die es jetzt geht, hatte ich ein paar Monate zuvor dort gesehen. Wir tanzten uns an, was man als erotisch und wenig ichbezogen bezeichnen kann. Mir blieb dieses regelwidrige Erlebnis also im Gedächtnis. Ich hatte mich erkundigt, wer sie ist. Ich bekam heraus, dass sie Sabrina heißt, in einer Beziehung lebt, ein Kind hat, in der Frauengruppe ist und mit Frauen Kampfsport macht. Meine Gewährsfrau ließ dabei noch den Satz fallen: »Spiel nicht mit ihr.«

Diese Frau, Sabrina, war auch wieder da. Alleine, wie die Monate zuvor. Diesmal trafen sich unsere Blicke nicht. Nur ein kurzes schattiges Hallo. Die Musik war schlecht, Techno-Kälte. Sie warf mich immer wieder raus und auf mich zurück. So gegen zwei Uhr morgens gab ich auf. Auf dem Weg nach Hause sah ich an der Konstabler Wache zahlreiche Polizeiwagen und ein Menschenknäuel vor dem »Nachtleben«, einer ganz normalen, angesagten Diskothek im Zentrum Frankfurts. Einige Jungs aus der Ahornstraße arbeiteten dort als Türsteher.

Ich wollte und konnte noch nicht ins Bett. Es war einer jener Tage, die von aufgeblähter Leere geprägt sind. Ein Tag, an dem man auch der Löschung eines brennenden Hauses zuschaut. Also legte ich auf halbem Weg nach Hause einen Stopp ein. Ich begrüßte die Jungs, die aufgereiht vor der großen Glasscheibe Position eingenommen hatten. Es hatte zuvor eine Schlägerei gegeben und man wollte auf diese Weise das Abschreckungspotenzial zur Schau stellen.

Plötzlich sprach mich jemand an: »Na, du bist auch hier?!«

Ich drehte mich zu der Stimme um. Ich erkannte sie sofort. An diesem Ort, um diese Uhrzeit hätte ich sie jedoch nicht erwartet. Es war die Frau aus dem Zentrum. Sabrina hatte ebenfalls genug von der Disco gehabt und wollte mit dem Nachtbus nach Hause. Doch der Bus war ihr vor der Nase weggefahren.

»Ich kann dich ja nach Hause fahren …«

Das klang neutral und sollte auf jeden Fall keine Andeutung auf besagte Tanznacht enthalten. Ich fuhr sie nicht nach Hause. Stattdessen standen wir an der Theke, bestellten etwas zu trinken und redeten los. Kreuz und quer, unverkrampft, leicht, ohne uns etwas aus den Fingern zu saugen. Unsere Augen begegneten sich hin und wieder und verfingen sich dabei für klitzekleine Augenblicke. Unser Gespräch stockte, dann musste ich weggucken, wieder auf Worte ausweichen, wieder Abstand gewinnen.

Wir redeten bis vier Uhr morgens miteinander und waren die Letzten, die gingen. Benommen stolperten wir ins Freie und liefen in allerlei Schwebezustände über die Fußgängerzone »Zeil«. Ich genoss die Ziellosigkeit und den Wunsch, noch etwas länger mit ihr zusammen zu sein. Die Zeil war menschenleer. Wir waren alleine auf der Welt. Nur Vogelgezwitscher kam dazu.

»Das ist ein neues Projekt – das Nachtprogramm der ›Zeil-Gemeinschaft‹. Das Vogelgezwitscher kommt vom Band.«

Sabrina schaute mich verschmitzt an. »Soso. Das soll ich dir jetzt glauben.«

»Nicht nur das. Riechst du was?«

Sabrina schüttelte den Kopf.

»Es riecht doch eindeutig nach Wald … Das sind Duftdüsen, die sie auf der Konsummeile angebracht haben.«

Sabrina streckte die Nase übertrieben weit nach oben. Wir gingen weiter. Als wir bereits am Schauspielhaus waren, gaben wir uns doch noch ein Ziel: Das »Maxim«. Wir machten einen Bogen zurück zur Konstabler Wache und trafen unterwegs einen Eriträer, der besoffen durch die Straßen irrte.

»Ich bin ein Revolutionär.« So stellte er sich uns vor. Ich glaube, er spürte in dieser Nacht, dass er hier nichts verloren und kaum etwas zu gewinnen hatte. Am Ende dieser kurzen Begegnung schenkte ich ihm die Flasche Wein, die ich im »Nachtleben« von den Jungs bekommen hatte. Schon lange hatte ich das Wort »Bourgeoisie« nicht mehr gehört. Er gebrauchte es.

Wir betraten das »Maxim«. Mit einem Schlag war alles voller Leute, zerhacktem Licht, dröhnender Musik und Stimmengewirr. Wir kamen nicht bis zur Tanzfläche. Benommen stellten wir uns an den Rand des Durchganges und guckten und guckten. Gelegentlich schauten wir uns an, verloren uns jedoch alsbald in der Überdosis an Eindrücken. Wir hatten die Sektgläser noch in der Hand, als sich unsere Köpfe berührten. Reiner Zufall. Wir spielten mit unseren Nasen, berührten uns scheu und vorsichtig. Das war weniger Zufall. Der Taumel fing plötzlich an, wir knutschten miteinander, als würden wir uns schon seit Jahren kennen. Wir fassten uns an, tastend, fest, begierig. Sie drückte sich an mich, verstärkte den Druck, wich wieder zurück, kam wieder. Ihre Hände glitten unter mein T-Shirt, berührten meinen Bauch, meinen Rücken, meine Brust. Für kurze Momente dachte ich, gleich kommen zwei kräftige Türsteher, greifen das Knäuel aus Kleidern, Haut und Lust und befördern es wie ein Kran nach draußen.

Als wir die Augen wieder öffneten, jetzt für länger, waren wir abermals die Letzten. Wir taumelten ins Freie. Fast völliger Ausfall des Kontrollturmes. Gelegentlich murmelte ich Wahnsinn, was wohl diesen Verlust umschreiben sollte.

Es war halb sieben Uhr und langsam wurde es hell. Wir waren statt und hungrig. Wir gingen in den Hauptbahnhof, holten uns zwei noch warme Croissants und landeten in einem Bistro. Wir mussten uns setzen, sahen uns lachend an, als wollten wir uns vergewissern, dass alles wahr ist. Wir einigten uns auf die juristisch einwandfreie Formel: Eine Verkettung von lauter (un-)glücklichen Umständen. Wieder war es uns – fast – egal, wo wir sind. Ich genoss unsere Direktheit, unsere Körperlichkeit und Lust, uns hinzugeben und uns wieder zurückzunehmen.

So saßen wir da, im Bahnhofs-Bistro, in einer Ecke, schauten uns an, vertraut, unverschämt, erzählend.

»Eigentlich wollte ich dich nur nach Hause fahren«, murmelte ich vor mich hin. Ich hielt vor ihrem Haus, wir knutschten im Auto wie zwei 14-Jährige, die unbemerkt nach Hause kommen wollten. Die Fensterscheiben beschlugen von innen und ab und an schaute ich über Sabrinas Schultern nach draußen, um mich zu vergewissern, dass nicht eine ganze Traube von Menschen ums Auto rumstand und uns zuschaute.

»Ich möchte dich wiedersehen.«

Wir kamen uns danach sehr nahe. Aber vielleicht zu nahe. Wie Ikarus, der mit seinen Flügeln aus Wachs abstürzte, als er der Sonne zu nahe kam.

Nach fünf Jahren sind Streits und Ermüdungen in Beziehungen eigentlich normal. In der Regel gibt es dann klare, handfeste Gründe, die man sich irgendwann eingestehen kann. In diesem Fall nicht. Nicht für mich. Für mich war das, was sich nun unaufhaltsam anbahnte, nicht fassbar. Ich konnte zusehen, wie die Beziehung baden ging. Zugleich war ich hilflos, denn ich konnte mir überhaupt nicht erklären, warum das Unverständnis immer größer wurde, die Streitereien immer heftiger. Ich fand keine einleuchtende Erklärung, auch nicht für mich alleine. Ich spürte nur, dass wir uns immer weiter voneinander entfernen. Je mehr ich versuchte, sie, uns, festzuhalten, desto heftiger schlug Sabrina zu.

Der letzte Urlaub in der Türkei gehört ganz sicher zur Schlagserie dazu. Ich hielt ihn für eine geniale Idee, die auch Sabrina begrüßte. Meine Mutter bot an, sich bei uns in der Nähe ein Zimmer zu suchen. Sie griff meinen Vorschlag auf, über alles zu reden, was ich von ihr wissen wollte. Das war also zu einer Zeit, wo meine Vorstellung, dass meine Eltern keine Rolle in meinem Leben spielen, zu bröckeln begann. Ich wollte alles wissen, was ihr Leben ausmachte, wie sie im Dritten Reich groß geworden ist, was tatsächlich die Gründe ihrer Flucht nach Südafrika waren, was sie davon weiß, was zum Selbstmord meines Vaters geführt hatte.

Sie bot mir an, wie eine »Zeugin« Rede und Antwort zu stehen. Wir vereinbarten drei Tage und Sabrina stimmte diesem Arrangement zu. Ich traf mich mit ihr in ihrem kleinen, dürftig ausgestatteten Hotelzimmer. Es bestand aus einem Doppelbett und einem Tisch mit Stuhl. Es war heiß. Ein großer Ventilator an der Decke verteilte die schwüle Luft. Die ganze Atmosphäre hatte etwas von *Casablanca* mit Humphrey Bogart.

Alles war anstrengend. Man schwitzte durchs Dasein. Ich nahm den Stuhl und legte meinen Block mit den vielen Fragen auf den kleinen Tisch. Meine Mutter saß auf dem Bett. Sie antwortete und ich schrieb, so gut es ging, mit. Nach drei bis vier Stunden beendeten wir diese erste »Sitzung«.

Mit jedem Tag, den ich mit meiner Mutter verbracht hatte, wuchs Sabrinas Wut auf mich. Wir konnten nicht darüber reden – weder über das Gespräch mit meiner Mutter noch über das, was in Sabrina brodelte. Als meine Mutter wieder abgereist war, ich von meinem Verhör und ihren Antworten in den drei Tagen völlig erschlagen war, war die Kluft zwischen Sabrina und mir noch größer. Die restlichen Tage in der Türkei waren für die Katz, eine Qual. Nur noch ein Satz von Sabrina spannte sich über diese restlichen Tage: »Bring doch deine Mutter um.«

Dieser Satz schlug wie ein Blitz ein. Er traf etwas, wovon ich keine Ahnung hatte. Es ging dabei nicht um den absurden Vorschlag, sondern wie meine Mutter plötzlich »zwischen« uns geriet. Und es war mir überhaupt nicht erklärlich, warum mich dieser Satz so erschüttern konnte. Hatte Sabrina etwas Verborgenes in mir ausgemacht, was mit diesem Mordvorhaben in Verbindung stand?

Ich musste das alleine herausbekommen, denn meine Lebenslegende hielt kaum noch etwas aus. Dazu gehörte die Vorstellung, dass ich immer wieder aufstehe, dass mich nichts umhauen könne. In der Ultra-Version wird man mit jedem Fall sogar noch stärker. Tatsächlich hatte mich diese Legende viel Kraft gekostet. Das spürte ich. Das war wie ein Korken, den man ständig unter Wasser drücken muss, damit er nicht hochkommt. Irgendwann schwindet die Kraft. Und das war nun der Fall.

Wesentlicher Bestandteil dieser Legende ist auch, dass meine Eltern mir nichts anhaben können. Auch an dieser Version bekam ich Zweifel. Damit stimmt fast nichts mehr, was jahrelang sonnenklar war. Ich sagte mir immer, dass meine Eltern keine Rolle in meinem Leben spielen und dass das gut so ist. Ich schien einen sehr plausiblen Grund dafür zu haben. Sie waren in meinem Leben kaum präsent. Ich kam in meiner Überschlagsrechnung auf ein paar wenige Jahre, von denen die meisten in der frühen Kindheit liegen, bis sie nach Südafrika geflohen waren und meinen Bruder und mich zurückließen.

In meiner Vorstellung hatte ich also mein Leben ganz alleine in der Hand. Ich war sogar stolz auf meine kaputte Familie. Eltern zu mögen, von ihnen gemocht zu werden, stand in den 1970er-Jahren nicht hoch im Kurs. Ich konnte ohne große Anstrengung und (Vor-)Täuschung mit Verachtung und Hass über meine Eltern reden. Je mehr ich dieser Eigenerzählung nachging, desto mehr Risse bekam sie.

Kann eine Nichtpräsenz von Eltern so mächtig sein, vielleicht sogar mächtiger als ihre Anwesenheit?

Welche Macht, welche Rolle mein Vater in den ersten fünf Jahren meines Lebens gespielt hatte, wie sich das in mein Leben eingeschrieben hatte, weiß ich nicht. Ich kann mich an diesen ersten Lebensabschnitt überhaupt nicht erinnern. Im Alter von fünf bis zehn Jahren spielte mein Vater ganz sicher keine Rolle in meinem Leben. In diesen Jahren verbrachte mein Vater sein Leben im Knast. Zwischen 14 und 16 Jahren schwankten meine Gefühle zu meinem – aus der Haft entlassenen – Vater zwischen Bewunderung und Angst. Mich faszinierten seine Kriegsgeschichten, seine selbstsichere Erscheinung. Dem schloss sich eine Phase der Irritation und Eskalation an, bis ich mit 17 Jahren meine Eltern verließ. Zur Angst gesellte sich Verachtung. In den nächsten zwanzig Jahren schienen meine Eltern ganz aus meinem Leben verschwunden zu sein.

Als ich um das Jahr 2000 alles auf den Kopf stellte, brachte nicht nur das Gespräch mit meiner Mutter vieles in Bewegung. Ich wollte auch wissen, was mein Vater im Dritten Reich gemacht hatte, was an den Kriegsabenteuern dran ist. Das Ergebnis war völlig anders als erwartet. Ich entdeckte nicht nur den SS-Mann, der bis zum letzten Tag fürs Tausendjährige Reich alles gab. Ich konnte mithilfe der Reichswehr- beziehungsweise SS-Akten auch sein Leben davor rekonstruieren. Plötzlich war er mir – auf eine unerwartete Weise – nahe. Er war auch ein Heimkind und in jeder Hinsicht überflüssig, bis er in die SS eintrat.

Den Vater auf diese Weise zu verstehen, den man kaum kannte, aber noch mehr verachtete, war das eine. Aber jemanden, den man liebte, schätzte, als jemanden kennenzulernen, der alles verrät, hatte nochmals vieles auf den Kopf gestellt. Im letzten Jahr des 21. Jahrhundert hielt ich die Erschütterung noch von mir fern. Ich zweifelte mit allem, was ich habe, daran, dass mein Freund Tarek eine »Plaudertasche« sein soll und selbst sehr enge Freunde ans Messer geliefert hat. Eine Zeit lang konnte ich mich an dem Misstrauen gegenüber polizeilichen Ermittlungen und medialen Inszenierungen festhalten. Doch auch diese Schutzwand brach sehr schnell ein: Mein Freund Tarek hat andere verraten und sich selbst zum Kronzeugen gemacht. Was ist in den knapp zehn Jahren passiert, seitdem wir uns das letzte Mal sahen? Kann in einer solchen Zeitspanne ein Mensch eine 180-Grad-Wendung vollziehen? Oder war es gar keine Wendung? Vielleicht habe ich Tarek nie so wahrgenommen, wie er »wirklich« ist? Ist die »Identität«, die er mit dem Kronzeugenstatus bekommen hat, gar nicht »neu«, sondern seine wahre Identität?

Ich war mir eigentlich recht sicher, dass ich aufgrund meines Lebens Menschen sehr gut einschätzen kann und Unstimmigkeiten recht schnell erkenne. Menschenkenntnis war für mich ein ganz wichtiges Faustpfand, nicht in Situationen zu geraten, in denen ich (anderen) ausgeliefert bin. Nun war auch diese innere Bastion gestürmt worden.

Schreiben als Form des Festhaltens – das ist jetzt das Glück, aus dem ich schöpfen kann. Ich habe Tagebücher, ich habe Briefe, ich habe Dokumente aus Archiven und habe auch zwei Ordner, die meine Mutter akkurat »gepflegt« hatte: Der eine Ordner sammelt alles rund um die Hausbesetzung in Offenbach und meine Schulstreikaktivitäten (wie ein Akte des Verfassungsschutzes). Die zweite Akte enthält den gesamten Schriftverkehr zwischen meinen Eltern und mir. Also fast. Beim Durchgehen der Briefe und Korrespondenzen fiel mir auf, dass zwei ganz wichtige Dokumente verschwunden waren. Mein Brief an meine Eltern, nachdem ich den Ringkampf mit dem Heimleiter überstanden hatte, und mein allerletzter Brief an sie, der mit dem Satz endete: *Ich verachte euch.*

Je mehr ich mich den ersten zwei Hälften meines Lebens widmete, desto mehr schmolzen die Gletscher, die verletzungsreiche Ereignisse zudeckten. Plötzlich bekommt das Mädchen, das der Heimleiter zusammenschlug, eine fassbare Gestalt. Bis dahin hatte ich nur den Hausschuh in Erinnerung, mit dem Dr. Hasse zuschlug. Was für ein passender Name für diesen »Lehrer«, denke ich 50 Jahre später.

Vielleicht kommt daher die Redewendung: Wärme bloß keine alten Geschichten auf. Sie sind zugefroren, also gerade jene, die einen erschüttert haben, und sie aufzuwärmen ist eben auch mit der Angst verbunden, dass man nun möglicherweise etwas spüren kann, zu spüren bekommt – was man damals nicht ausgehalten hätte. Es sind also nicht nur Details von Ereignissen, die »auftauen«. Es sind auch Gefühle. Ich war lange taub für alle die Gefühle, die die hier erzählten Geschehnisse auslösten, also ausgelöst haben müssten. Ich konnte zwar einzelne Sequenzen recht gut rekonstruieren, aber die Gefühle waren meist weg, wie abgeschnitten.

Dabei lernte ich auch, dass die Vergangenheit nie gleich ist. Sie verändert sich mit dem, was man in der Gegenwart tut, was man in der Gegenwart will. Die Vergangenheit ist, wenn man bösartig sein will, ein Komplize der Gegenwart. Man erinnert sich im Wesentlichen nur an das, was in die Gegenwart passt, was einen nicht stört, wenn man an die Zukunft denkt.

»Geschichte wird gemacht, es geht voran ...«: Das war der klangvolle neudeutsche Klang der 1980er-Jahre. Obwohl so knallig und eingängig, überhört man eines ganz gerne: Geschichte ist nicht einfach da, sie wird »gemacht«. Spätestens Anfang der 1990er-Jahre nagten Zweifel an diesem Fortschrittsglauben, also am zweiten Halbsatz.

Was prägt einen? Was treibt einen? Bestimmt das Sein das Bewusstsein? Was ist Zufall? Was musste so kommen? Wie viel Macht hat die eigene Familiengeschichte?

Natürlich würde es einem alles erleichtern, könne man sich und die Geschichte von einem panoptischen Ort aus betrachten: Ein zentraler, mittiger Ort, von dem aus die verschiedenen (Lebens-) Stränge abgehen, auf den alle (Lebens-)Abschnitte zulaufen. Diesen panoptischen Ort gibt es nur als Gefängnissystem. Sich selbst und seine Geschichte zu begreifen, hat weder einen statischen noch einen beliebigen, weder einen zentralen noch einen objektiven Ausgangspunkt. Der Ausgangspunkt wechselt vielfach, ist ständig in Bewegung. Der soziale und politische Kontext, aus dem heraus man zurückblickt, ist ständigen Veränderungen und Verschiebungen unterworfen. Jeder Blick auf die (eigene) Geschichte rekonstruiert also nicht nur das vergangene, sondern verarbeitet auch die eigene Gegenwart.

Bring doch deine Mutter um!

Ich wusste nun wirklich nicht, was meine Mutter damit zu tun hatte und warum ich sie umbringen sollte. Aber dieser Querschläger war so wuchtig, dass ich den Anlass unseres Streits vergaß. Das war so ziemlich am Ende unserer Liebesbeziehung, also mitten in der sehr heftigen Trennungsphase.

Ich hatte große Zweifel, dass meine Freundin dies im Affekt gesagt hatte. Die Absicht, etwas in die Schlacht zu werfen, was weit über uns und den Streit hinausging, war offensichtlich. Die Aufforderung traf mich, ohne dass ich verstand, was sie alles hinterging. Wahrscheinlich hätte es in der Endphase unserer Beziehung auch ein anderer Satz sein können, Hauptsache hoch ambivalent. Es müsste dasselbe Jahr gewesen sein, als sie – nicht ganz so aggressiv – sagte: »Du bist mein Traummann, aber nichts fürs Leben.«

Der Satz verwirrte noch mehr. Denn sie hat in den ganzen sieben Jahren unseres Zusammenseins nie davon geredet, dass ich ihr »Traummann« sei. Für mich war sie meine Traumfrau. Zu meiner eigenen Überraschung rutschte mir einmal der Satz heraus: *Mit dir könnte ich alt werden.*

Das war verdammt viel, eine Liebeserklärung, denn ich ging in meinem Innersten von vielen Vorläufigkeiten aus. Ich hatte immer ein jähes und unerwartetes Ende im Nacken.

Deshalb kam mir die »offene« Beziehung immer entgegen. Wenn ich zwei Freundinnen, Liebesbeziehungen, hatte, dann war ich ein wenig vor diesem jähen Ende gefeit, da gewiss nicht beide Beziehungen gleichzeitig in die Brüche gehen. Das war eher unwahrscheinlich. Das war ein Prinzip von mir, eine Art Überlebenskunst. Ich hatte mir auch oft zwei Hemden oder zwei Hosen gekauft, die ich toll fand. Ich wollte sie auf diese Art behalten, vor einem plötzlichen Verlust schützen. Gegen Ende unserer Beziehung war diese Merkwürdigkeit keine liebenswürdige Anekdote, sondern ein Messer. Gleichzeitig hatte ich das starke, sehr dunkle Gefühl, dass etwas die Trennung befeuert und besiegelt, was nichts mit uns zu tun hat. Je mehr wir suchten und uns hintergingen, in den verschiedenen Vergangenheiten und Leben herumwühlten, desto mehr verloren wir uns – die Gegenwart. Sie wurde mehr und mehr zum Austragungsort von Vergangenheiten, die nun hochkamen, mit einer Wucht, die wir nicht aushielten … und die wir nicht mehr von der Gegenwart trennen konnten.

Sie setzte sich mit einer Vergewaltigung im Schutz des »Familienkreises« auseinander, eine Vergewaltigung, die Jahrzehnte zurücklag. Manchmal, wenn ich sehr positiv gestimmt war, war ich der Ansicht, dass unsere Liebe den sicheren Ort schuf, um dieses Kindheitserlebnis, dieses Trauma zuzulassen. Ich halte das mittlerweile für eine ziemliche Überschätzung. Als die Vergewaltigung einen immer größeren Raum einnahm, begann sie eine Psychoanalyse. Ab und an hatte ich das sehr schmerzhafte Gefühl, ich bin der Onkel, der sie vergewaltigt hatte. Anfangs war ich mir aber auch sicher, dass Liebe so etwas überstehen kann, dass ich ihr nur beistehen müsse. Ein »Traummann« eben. Sie hatte wohl einen guten Riecher für die Tatsache, dass der »Traummann« das nicht überleben wird.

Die Angst vor dem Verlust meiner Traumfrau setzte einen bewährten Mechanismus in Gang. Das ist zumindest meine Arbeitsthese: Ich spürte im Innersten das Ende kommen, die Unaufhaltsamkeit und floh schon vorher. Alles, was mit Trennung zu tun hat, löst diesen Reflex aus, dem zuvorzukommen. Ich konnte in meiner Kindheit, in meiner Jugend wenig bis gar nichts tun, wenn wieder einmal alles anders kam. Ob es die Flucht meiner Eltern war, die plötzliche Ersatz-Heimat bei meinen Großeltern, die Rückkehr meiner Eltern aus dem Nichts, meine Abschiebung in Kinderheime, das völlige Ausgeliefertsein, die Macht der anderen, mein Leben völlig auf den Kopf zu stellen.

Man lernt daraus, also ich habe es wohl versucht, ohne jede Anleitung. Die Selbstrettung war recht einfach: Ich muss im »davor« wachsam sein, ich muss die Anzeichen wahrnehmen, die das ankündigen, was kommt, um so dem zuvorzukommen, was nach dem »davor« kommt, worauf ich eh keinen Einfluss haben werde.

Vielleicht habe ich auf diese Weise auch an der Trennung »mitgearbeitet«. In dieser Phase völliger Ungewissheit und großer Ohnmacht spürte ich jedenfalls, dass ganz viel in mir agiert, was wenig mit mir zu tun hat, sondern sehr viel, viel zu viel, mit dem, was andere in mein Leben eingraviert haben.

Ich habe Überlebensmechanismen entwickelt, die gar nicht so schlecht waren. Ich habe ein Gegenmodell geschaffen: Ich schaffe alles … ich bin ein Stehaufmännchen … mich bringt nichts um … meine Eltern sind ein Nichts. Das hatte auch eine gewisse Realität. Ich habe grob die Jahre zusammengezählt, in denen meine Eltern präsent waren. Ich kam mit den damals knapp 50 Lebensjahren auf ein paar Jahre, an die ich mich erinnern konnte. Also sagte ich mir, dass sie gar nichts in meinem Leben zu suchen haben, dass ich sie streichen kann. Sie hatten gar nicht die Zeit, die Gelegenheit, mein Leben zu beeinflussen. Ich habe sehr oft gesagt, als meine Freunde etwas über meine Eltern wissen wollten, dass ich keine habe und dass das gut so ist.

Später, sehr vier später, drängte sich der Gedanke auf, dass es ihre Nichtpräsenz war, die etwas mit mir machte. Ich spürte aber auch, dass ich mit diesen Lebenskünsten am Ende war. Ich war erschöpft.

»Wissen Sie, das ist wie mit einem Korken. Man kann ihn unter Wasser drücken. Aber sobald man damit aufhört, kommt er hoch.«

Diesen Satz wurde ich nicht mehr los. Er hatte meine ganze Anstrengung auf den Punkt gebracht.

Und dann platzten der Rahmen und die Glasscheibe, unter der der »Märchenprinz« ausgestellt war. Tarek, mein Freund aus den 1980er-Jahren, sollte ein Verräter sein, einer, der sich zum Kronzeugen machen ließ, um Freunde und GenossInnen für Jahre in den Knast zu bringen? Wenn ich daran zurückdenke, dann fällt mir auf, dass ich kein niedergeschlagenes Gefühl in Erinnerung habe. Ich spürte auch keine Wut auf Tarek. Und wieder warf ich die »Davor«-Maschine an: Was ist mir in den zehn Jahren, die wir uns kannten, passiert, was ich nicht wahrhaben wollte? Habe ich nicht aufgepasst? Wollte ich das nicht wahrhaben, was später den Verrat erklären könnte? Ehrlich gesagt, war ich mir recht sicher, dass ich nichts übergangen habe. Ich kann natürlich nicht sagen, dass ich Tarek in- und auswendig kannte. Aber er strahlte für mich eine Ruhe, eine Festigkeit und Gradlinigkeit aus, die ich bewunderte. Ich hatte einige Male das Gefühl, dass zwischen mir und meinem Tun eine Mauer existierte, dass ich im Innersten nicht eins war. Das ging mir bei Tarek überhaupt nicht so. Die Unbedingtheit schätzte ich an ihm. Tarek machte in meinen Augen alles mit Haut und Haaren. Während ich Kampfsport zweimal die Woche betrieb, war Karate sein halbes Leben. Während ich mir handwerkliche Fähigkeiten so nebenbei und halbwegs brauchbar beibrachte, hatte Tarek eine professionelle Ausbildung als Drucker hinter sich und verstand auch von Elektronik deutlich mehr als ich. Und all das machte er in meinen Augen nicht verbissen und auf der letzten Rille, sondern gut organisiert und selten gestresst. Und er war überzeugt von dem, was er politisch vertrat. Da war ich mir ganz sicher. Was muss also passiert sein, damit Tarek sich, seine Geschichte und seine Freunde verrät?

Etwas Zweites brachte mich eher in Rage: Nachdem feststand, dass Tarek Verrat begangen hatte und als Kronzeuge agiert, war man sich in der autonomen Szene anscheinend schnell einig: Dementsprechend knallig war der Titel eines Artikels in der *Interim*, einer

Zeitung, die weitgehend autonome Positionen vertrat: »Der Tod eines Märchenprinzen«.

Ich spürte das Unbehagen an diesem Aufreißer und war mir schnell sicher, dass hier etwas nicht stimmte. Plötzlich hatten alle Anhaltspunkte aus seinem Leben parat, die jetzt beweisen sollten, dass so etwas zu Verrat führt. Dabei ging es geradezu spießig zu: Man bescheinigte ihm viele Beziehungen zu Frauen. Aber auch die Heirat, die er in dieser Zeit veranstaltet hatte, wurde als Indiz für den späteren Verrat herangezogen. Ich war über das hyänenhafte Verhalten aufgebracht: Wenn man totes Fleisch riecht, dann stürzt man sich darauf. Mich widert so ein feiges Verhalten an. Denn wenn diese Indizien, die hier angeführt wurden, stimmen würden, dann wären alle potenzielle Verräter.

Eigentlich zähle ich die Kündigungsorgien vonseiten der evangelischen Kirche nicht zu einer Bruchlinie in meinem Leben. Wirklich getroffen hat mich meine Freundin, die in diesem Konflikt nicht an meiner Seite stand, was ja auch keine Verpflichtung für Liebespaare sein sollte. Sie war fest davon überzeugt, dass ich die Kündigung provoziert habe, dass ich also selbst daran schuld bin. Auch das hat die Beziehung nicht gerade gefestigt.

Aber es ist eben auch ein wenig komplizierter, wofür ich oft Sorge trage. Es stimmt, ich hatte den Vielfrontenkrieg in der Sozialarbeit satt. Auch da war ich müde zu bestehen. Meine Neugierde, das »wirkliche« Leben zu erfahren, war ausgereizt. Auch mein innerer Ansporn, darin nicht unterzugehen. Ich hatte das Team im Jugendclub nicht wirklich an meiner Seite. Ich hatte meinen Vorgesetzten, die evangelische Kirche, erst recht nicht an meiner Seite. Ich hatte die zuständigen städtischen Instanzen nicht auf meiner Seite, was sehr naheliegend war. Aber ich hatte auch nicht die Jugendlichen auf meiner Seite. Für sie war dieses ganze Theater eine Nummer zu groß. Für sie ist es normal, dass jemand auf der Strecke bleibt. Daran haben sie sich längst gewöhnt.

Von daher war die Eskalation tatsächlich auch von mir gewollt. Aber was mich wirklich enttäuscht und wütend gemacht hatte, war der Umstand, dass man das haarsträubende Verhalten der evangelischen Kirche als selbstverständlich hingenommen und denjenigen zum Schuldigen gemacht hatte, der nicht mitmachte.

»Das war doch klar« oder »was hast du anderes erwartet« waren die kollegialen Bekundungen. Längst war wohl klar, dass die Verhältnisse, also auch und gerade die Machtverhältnisse, so sind, wie sie sind, und dass jemand Harakiri betreibt, der das nicht hinnimmt. Dieses nie offen ausgesprochene Votum, dass ich doch selbst schuld sei, hat mich getroffen – ein Votum, dem auch meine Freundin zustimmte.

Insofern trug die Kündigung doch dazu bei, alle Pferde anzuhalten. So kann es nicht weitergehen. So kann ich nicht »überleben«.

Im Wehrmachtsbundesarchiv in Berlin

2002

Es gehört wohl schon einiges dazu, wenn man die Geschichte seines Vaters nicht genau wissen möchte. Klar, mein Vater war ein Arschloch, und so habe ich lange alles unterlassen, seiner Geschichte nachzugehen. Ich hatte die zahlreichen Kriegsgeschichten in Erinnerung, die er mir erzählt hatte. Mehr aber nicht.

Obwohl ich in den 1970er-Jahren politisiert wurde, blieb der Rückgriff auf meinen Vater außen vor. Ich beschäftigte mich mit dem deutschen Faschismus, also auch mit dem Dritten Reich und dem Zweiten Weltkrieg. Aber ich hatte dieses Wissen nicht mit meinem Vater und seinen Erzählungen in Verbindung gebracht.

»Mein« Antifaschismus sollte von diesen persönlichen Verstrickungen verschont bleiben. Und das zu einer Zeit, als es fast nur um Faschismus ging, im Zuge des »Deutschen Herbstes« 1976/77: Drittes Reich, Verdrängung, Renazifizierung, faschistische Vergangenheit, düstere Gegenwart. Wir fragten uns: Ist die »Kanzler-Diktatur« unter Helmut Schmidt ein Vorbote des Faschismus? Gibt es so etwas wie einen »institutionellen Faschismus«, der nicht von der Straße kommt, sondern aus dem Inneren des Systems, oder wie es französische Intellektuelle plakativ formulierten: Der neue Faschismus kommt aus dem Innenministerium.

Natürlich lag mir mein Vater im Magen. Ich kam an ihm nicht vorbei. Was hatte es mit seinen Kriegsgeschichten auf sich? Diese habe ich damals, als er mich zum Geheimnisträger gemacht hatte, genossen. Mit jedem Abenteuer war mein Vater gewachsen. Ich hatte noch irgendetwas mit Waffen-SS in Erinnerung. Das war für ihn kein Makel gewesen, sondern eine Auszeichnung.

So etwas wie eine Eliteeinheit, in die nicht jeder aufgenommen wurde. Aber mein Vater, mit 17 Jahren, schon! Viel später wurde mir klar, dass gerade die Waffen-SS für viele Massaker und Kriegsverbrechen verantwortlich war. Davon hat mir mein Vater nie erzählt. Immer hat er nur tapfer gekämpft. Immer wurde er angegriffen. Immer hat er gerade so überlebt. Was lag also zwischen dem Kriegshelden und dem Vater, der unberechenbar und gewalttätig war?

Ein Freund, der ebenfalls die Geschichte seines Vaters rekonstruierte, brachte mich auf die Spur. In Berlin gäbe es ein Wehrmachtsbundesarchiv. Dort lagerten auch die Unterlagen zu den Waffen-SS-Einheiten. Wenn man ein »berechtigtes Interesse« nachweisen könne, könne man die dort archivierten Unterlagen einsehen. Das tat ich auch – irgendwann im Jahr 2002.

Kaum war ich in Berlin angekommen, verschluckte mich das riesige kalte Gebäude, begleitet von einem mulmigen Gefühl. Drinnen händigte man mir eine Akte mit vielleicht 60–80 Seiten aus. Ich ging an einen Lesetisch und begann mich durchzuarbeiten. Das meiste war mir bereits grob bekannt. Aber die Akte enthielt noch etwas, womit ich gar nicht rechnete. Eine jahrelange Korrespondenz zwischen der Waffen-SS und verschiedenen Behörden, die absolut irre Bezeichnungen trugen: Da war zum einen das »Rasse- und Siedlungshauptamt«, dann das »Reichssippenamt« bis hin zum »Amt für Volkswohlfahrt«.

Während Willy Fütterer wieder einmal zusammengeflickt und für den nächsten Kriegseinsatz zurechtgemacht wurde, umtrieben NS-Rassehygieniker ganz andere Sorgen: Ist der Waffen-SS-Panzer-Grenadier Fütterer »als deutschblütig anzusehen« oder fließt in seinen Adern »artfremdes Blut«?

Man könnte denken, dass man in dem Krieg, der nicht mehr zu gewinnen war, etwas Besseres zu tun hatte, als nach »artfremdem Blut« zu fahnden. Nein. Der Wahn von der Rassenreinheit hatte –

vorsichtig formuliert – die gleiche Wichtigkeit wie kriegswillige Soldaten.

Verschiedene NS-Dienststellen zur Pflege und Reinhaltung der arischen Rasse machten sich in der Folgezeit im Falle Fütterer an die Arbeit. Zuerst versuchte das Reichssippenamt, die Vaterschaft zu klären – ohne Erfolg. Daraufhin wurde die Angelegenheit an den Chef des Rasse- und Siedlungshauptamtes in Rothenburg abgegeben. Eine eingehende »Musterung« wurde angeordnet. Trotz ständigen Anmahnens und Insistierens gelang dies nicht: Entweder wurde Willy Fütterer gerade wieder an einen anderen Frontabschnitt abkommandiert oder er befand sich erneut in einem Lazarett.

Inmitten dieses Wahnsinns meldete sich auch das Amt für Volkswohlfahrt in einem Schreiben vom 17.7.1944 zu Wort: »Ich bitte Sie (…), da Ihnen ja nun aus den Akten die ganze Tragik und Dringlichkeit der Angelegenheit deutlich geworden ist, um eine baldige Erledigung bemüht zu sein. (…) Ich bitte (Sie), auf keinen Fall die Schwierigkeiten gegenüber Willi und seinen Vorgesetzten bekannt zu geben, da sonst mit einer Katastrophe zu rechnen wäre …« Die letzte diesbezügliche Notiz datiert auf den 23.1.1945, in der die NSDAP Auskunft darüber erbittet, »bis wann mit dem Abstammungsbescheid gerechnet werden kann«.

Ich konnte dort nicht mehr länger bleiben und ließ mir Kopien von der Akte machen, um mir genug Zeit zu nehmen, auch das zu verstehen, was sich jeder Rationalität widersetzt. Ich bin mir jedoch recht sicher, dass dies meinen Blick auf meinen Vater verändert hat. Bislang war er ein Angeber, ein Lügner, ein Machtbesessener, ein Arschloch. Dass er in der Waffen-SS war, kam als Bestätigung obendrauf. Aber leise schlich sich bei mir doch der Gedanke ein, was es wohl mit ihm gemacht hat, selbst in der Waffen-SS keine Ruhe vor seiner zweifelhaften Herkunft zu haben.

Hatte er ein jüdisches Elternteil? War er ein Nazi? Ein Mörder? Oder ein Opfer? War er alles? War es einzig und alleine seine »freie« Entscheidung, mit 17 Jahren zur Waffen-SS zu gehen? Die Eindeutigkeiten schwanden. Und manchmal konnte ich für Momente meinen Vater, also den 17-jährigen »Jungen«, verstehen: nie gemocht, immer in Gefahr, »zurückgeschickt« zu werden, immer unter dem Druck lebend, sein Dasein beweisen, es sich verdienen zu müssen.

Die Schuldgrenze verschob sich. Meine Wut auf ihn wurde hingegen konkreter: Warum konnte er nach 1945 nicht aufhören, ein Krieger zu sein? Hatte er keine Gelegenheit, über seine Nazi-Vergangenheit nachzudenken? War er damit so allein wie viele andere auch, die zusammen eines machten: total zu verdrängen, was geschehen war.

1943 war er von Menschen umgeben, die den Nazis begeistert bis ergeben folgten. Nach 1945 umgaben ihn dieselben, die nun nichts mehr wissen wollten. Die »Stunde Null« war nicht nur für die politische Klasse ein Trugschluss. Die »Stunde Null« war auch für viele Millionen Menschen und für meinen Vater eine Chance, weiterzumachen.

Der Gefährder

Ein Tag vor dem 1. Mai 2002

Das Telefon klingelte und eine Männerstimme meldete sich.

»Sind Sie Herr Wetzel?«

»Ja, das bin ich. Worum geht's?«

»Ich bin von der Polizei. Sie wollen morgen auch demonstrieren?«

»Da wissen Sie mehr als ich. Wollen Sie mich dazu auffordern?«

»Ich wollte Ihnen nur sagen, dass die Polizei konsequent einschreiten wird, wenn es zu Gewalt- beziehungsweise Straftaten kommt beziehungsweise wenn Sie zu Straftaten aufrufen.«

»Das ist sehr nett von Ihnen, mich mit dem Strafrecht vertraut zu machen. Ist das jetzt ein neues Serviceangebot der Polizei?«

»Nein, so kann man das nicht sagen. Das ist eine Gefährdungsansprache.«

»Bevor es ganz gefährlich wird ... Sie können mir ja am Telefon viel erzählen. Wie ist Ihr Name noch einmal?«

»Klein. Vom Polizeipräsidium Frankfurt.«

»Das ist groß ...«

»Vom K 41.«

»Gut, und wie komme ich zu dieser Ehre, persönlich betreut zu werden? Ich gehe mal davon aus, dass das nicht allen zuteilwird?!«

»Das stimmt. Sie sind in einer Veranstaltung im Exzess aufgefallen und bei der letzten 1. Mai-Demonstration.«

»Das ist nicht mein Problem, wenn Ihnen etwas auffällt. Woher wissen Sie, dass Sie nicht einer Verwechslung aufsitzen?«

»Sie sind doch der Mann mit der hohen Stirn und den blonden Haaren.«

»*Und Sie, Herr Klein, rufen jetzt alle an, die Ihnen aufgefallen sind, um ihnen das mitzuteilen. Sie wollen mich aber nicht einschüchtern, oder?*«

»Nein, so kann man das nicht sagen. Wir sind zur Neutralität verpflichtet und daran halte ich mich. Glauben Sie mir, ich würde am liebsten wieder mit dem Fahrrad in den Taunus fahren, wie ich das sonst am 1. Mai gemacht habe.«

»*Damit zeigen Sie aber nicht unbedingt Zivilcourage. Sie wissen schon, Gesicht zeigen und so.*«

»Ich habe lediglich den Auftrag, die Personen auf der Liste abzuarbeiten. Und jetzt sind Sie dran.«

In der Tat war ich bei dem Vorbereitungstreffen dabei gewesen, zur Verhinderung eines Nazi-Aufmarsches in Frankfurt. Aber woher wusste das die Staatsschutzabteilung der Polizei in Frankfurt? Und dann kam noch hinzu, dass ich überhaupt nicht in ihre »Antifa-Kartei« passte. Wenn also jemand das Vorbereitungstreffen in Frankfurt bespitzelt hatte, setzte dies sehr viel Kenntnis voraus, um das »neue Gesicht« zu identifizieren.

Natürlich hätte ich diese Angelegenheit als Kleinigkeit abtun können – mit dem flotten Spruch: Die Polizei macht eh, was sie will. Mir geht es damit bis heute anders. Die Polizei ist aus guten Gründen keine Geheimpolizei, die nach Gesinnungen fandet und Absichten erfühlt. Die strikte Trennung von Polizei und Geheimdienst war das Ergebnis des Endes des Dritten Reiches, wo es eine »Gestapo« (Geheime Staatspolizei) gab. Die Polizei nach 1945 sollte also ausschließlich Straftaten verfolgen und aufklären. Die Frage, ob ich an einer Demonstration teilnehmen würde, hatte die also überhaupt nicht zu interessieren.

Also richtete mein Rechtsanwalt in meinem Namen eine Datenschutzabfrage an das Polizeipräsidium in Frankfurt.

Die Antwort vom 18.7.2002 hatte es in sich: »Die Gefährdungsansprache wurde im Vorfeld des 1. Mai 2002 bei Personen eingesetzt, die im Zuständigkeitsbereich meiner Behörde sesshaft sind und bei denen polizeiliche Erkenntnisse im Zusammenhang mit gewalttätigen Auseinandersetzungen anlässlich demonstrativer Veranstaltungen aus der Vergangenheit vorliegen (…). Wie Ihrem Mandanten bekannt sein dürfte, wurden die Ansprachen hessenweit durchgeführt. Ihr Mandant ist meiner Behörde seit seiner Festnahme anlässlich der Durchsuchung des dem linken Spektrum zuzuordnenden Café Exzess am 27.9.1996 bekannt. Zudem befand er sich auch am 1. Mai 2001 in Frankfurt im Kreis der Gegendemonstranten.«

Ich fragte mich sofort, was die polizeiliche Stürmung einer Filmveranstaltung 1996 mit dem Nazi-Aufmarsch 2002 zu tun hatte. Begriff die Polizei mehr Zusammenhänge, als man ihr zutraute?

Und wie hielt es die Polizei mit dem Rechtsstaat, den sie zu schützen hat? Denn wenn es mit rechten Dingen zugehen würde, dürfte die Polizei auf die Festnahme im Jahr 1996 gar nicht zurückgreifen. Schließlich hatte man mir explizit versichert, dass alle Daten diesbezüglich gelöscht worden seien. Ich hakte also nach und bekam eine verblüffende Antwort: Über meine Person gäbe es in allen automatisierten und nichtautomatisierten Dateien keine »Treffer«. Ich war demnach absolut unbescholten, ein weißes Blatt. Hatte sich also ein Staatsschutzbeamter alles im Kopf gemerkt? Oder konnten Akten partout nicht gefunden werden?

Mein Rechtsanwalt legte dem hessischen Datenschutzbeauftragten folgende Conclusio vor: »Der vorstehende Sachverhalt legt den Schluss nahe, dass die angefragten hessischen Polizeibehörden dem Betroffenen auf seine detaillierten und expliziten Anfragen falsche Auskünfte erteilt haben. Es liegt weiterhin der Schluss nahe, dass die vorgenannten Behörden geheime Akten/Dateien führen, über die sie in Widerspruch zu § 29 HSOG den Berechtigten keine Auskunft erteilen. Diese Praxis ist rechtswidrig.«

Der hessische Datenschutzbeauftragte schien der Sache gewachsen zu sein und bestätigte am 26.7.2002, dass man in meinem Fall einerseits nichts zu wissen vorgab und gleichzeitig mit Wissen, das über sechs Jahre zurücklag, eine polizeiliche Maßnahme begründete. Seine Schlussfolgerung war umwerfend: »Nach dem äußeren Anschein muss eine der Auskünfte falsch sein.«

Wie viel Schein und Anschein hier im Spiel waren, wollte der Datenschutzbeauftragte nun selbst in Erfahrung bringen und bat um eine Stellungnahme des Polizeipräsidiums Frankfurt. Insgesamt etwa vier Monate verbrachten Polizeibeamte dann damit, um aus der Nummer herauszukommen. Am Ende einigte man sich auf die dümmste Antwort: Die Erkenntnisse für die Gefährderansprache beruhten einzig und alleine auf der »Erinnerung eines Mitarbeiters des Kommissariats 41«: »Soweit (…) konkrete Angaben zu einer Festnahme sowie der Teilnahme an einer Demonstration des Herrn W. gemacht werden, beruhen diese auf der Erinnerung eines Mitarbeiters des Kommissariats 41, der im Rahmen einer polizeilichen Maßnahme im Café Exzess am 27. 9. 1996 eingesetzt war, bei der Herr W. festgenommen wurde. Da der Beamte auch anlässlich der Demonstration am 1. 5. 2001 im Einsatz war, erkannte er (ihn) als Teilnehmer dieser Veranstaltung wieder. Es ist also zutreffend, dass über Herrn W. bei meiner Behörde keine Dateien werden. Dies trifft natürlich auch auf die von Ihnen angesprochene Datensammlung für die so genannte Gefährderansprache zu.«

Wahrscheinlich kam den Polizeibehörden diese Antwort auch selbst schwachsinnig vor. Also entschied man sich im Dezember 2002, den schwarzen Peter weiterzuschieben: »Die Gefährdungsansprachen im Zusammenhang mit den Veranstaltungen am 1.Mai.2002 in Frankfurt am Main wurden von meiner Behörde (…) lediglich durchgeführt. Die Festlegung des Personenkreises erfolgte nicht durch meine Behörde, sondern durch das Hessische Landesamt für Verfassungsschutz, die meiner Behörde eine entsprechende Liste übersandte.«

Damit war nach fast einem Jahr Beharrlichkeit immerhin die Katze aus dem Sack: Der »Mitarbeiter im K 41« sollte als Strohmann fungieren, um zu verdecken, dass der hessische Verfassungsschutz diese ganze Aktion leitete und dabei auf Akten zugegriffen hatte, die offiziell gar nicht existierten.

Überwacht

2006
Einige Jahre später, 2006, hielt ich einen Brief in der Hand. Der Absender war: Bundesamt für Verfassungsschutz, Postfach 100553, 50445 Köln.

Ich grübelte. Ich hatte schon mehrmals Anfragen im Rahmen von Datenschutzabfragen an die Polizei und den Verfassungsschutz gestellt, um herauszubekommen, was diese beiden Behörden über mich gespeichert haben. Das mache ich seit den 1980er-Jahren – wie die Krebsvorsorge oder den jährlichen Zahnarzttermin. Selbstverständlich erfährt man mit der Antwort bestenfalls nur das, was relativ belanglos ist. Aber das habe ich über die Jahre gelernt: Man erfährt eben auch, was der Verfassungsschutz nicht mitteilen möchte. Man kann die Lücken ausmessen und später anhand der Topographie der Lücken ein System entdecken.

Und natürlich sind diese datenschutzrechtlichen Abfragen auch ein »Spiel«: Der Verfassungsschutz lässt einen wissen, was er über dich weiß, was ich also wissen soll. So haben sich in den zurückliegenden zwanzig Jahren einige »Erkenntnisse« über mich angesammelt, die Brücken zu meinem eigenen Gedächtnis, zu meinen Erinnerungen bildeten. Denn die eigene Erinnerung ist keine Waage, auf die man etwas legt, um ein grammgenaues Resultat zu erhalten. Ich bin auf jeden Fall dankbar für diese »Spielerei«. Denn so konnte ich mein Leben auch mit den Augen des Geheimdienstes betrachten. Das soll, so sagt man, bei der Selbsteinschätzung sehr helfen.

Das liest sich dann so:

- Am 25. Februar 1977 wurden die Personalien von Wolf Wetzel festgestellt, da er einem entsprechenden Verbot zuwider die JVA Frankfurt/Main Preungesheim fotografiert hatte.
- Im September 1977 wurden in seinem Kfz Personen des terroristischen Umfeldes festgestellt, die zur Personenbeobachtung ausgeschrieben waren.
- Im Oktober 1979 wurden zwei Ermittlungsverfahren wegen des Verdachts politisch motivierter Sachbeschädigungen eingeleitet. Der Ausgang der Verfahren ist dem BfV nicht bekannt.
- Am 16. August 1982 beobachtete Wolf Wetzel nach Feststellung der Polizei aus seinem Kfz mit einem Fernglas einen Raketenstützpunkt im Raum Montabaur.
- Ein gegen Wolf Wetzel am 17. Dezember 1983 wegen des Verdachts der Verunglimpfung des Staates und seiner Symbole durch die Staatsanwaltschaft Frankfurt/Main eingeleitetes Ermittlungsverfahren (Aufkleber »Hessenlöwe«) wurde eingestellt.
- Wolf Wetzel nahm darüber hinaus an zahlreichen Demonstrationen und Aktionen der linksextremistischen Szene teil.
- Am 13. August 1983 beteiligte sich Wolf Wetzel in Frankfurt/Main an einer Demonstration unter dem Motto: »Stoppt den US-Imperialismus in Nicaragua«, in deren Verlauf es zu gewalttätigen Ausschreitungen kam.
- Im Zusammenhang mit Aktionen gegen den Bau der Startbahn West des Frankfurter Flughafens nahm Wolf Wetzel am 13. August 1984 an einer Demonstration teil und wurde in polizeiliche Verwahrung genommen.
- Am 23. September 1984 beteiligte sich Wolf Wetzel an einer nicht angemeldeten Demonstration in Hanau, in deren Verlauf es zu Sachbeschädigungen und Tätlichkeiten gegenüber Polizeibeamten kam.
- Ebenfalls in Hanau beteiligte er sich am 25. September 1984 an einer nicht angemeldeten Demonstration, die sich gegen die NATO und die Nuklearbetriebe in Hanau richtete. Auch hier

kam es im Verlauf der Demonstration zu Sachbeschädigungen und Ausschreitungen gegenüber der Polizei. Das in diesem Zusammenhang eingeleitete Ermittlungsverfahren wurde am 22. April 1985 eingestellt.

- Am 6. Juli 1986 nahm Wolf Wetzel erneut an einer nicht angemeldeten Demonstration in Wackersdorf teil. Die Staatsanwaltschaft stellte das Ermittlungsverfahren wegen Verdachts des Verstoßes gegen das Versammlungsgesetz am 5. Januar 1987 gemäß § 170 Abs. 2 StPO ein.

- Im Jahre 1987 wurde Wolf Wetzel im Zusammenhang mit öffentlichen Versammlungen und Aufzügen in einer Kartei der Polizei als militanter Störer geführt.

- Ein Observationsbericht über eine Veranstaltung am 19.11.1987 hält folgende Erkenntnisse über Wolf Wetzel fest: Weiter lehnte er etwa die tödlichen Schüsse auf zwei Polizisten an der Startbahn West auf einem Forum am 19.11.1987 in einem Grundsatzreferat ab, betonte aber weiterhin die Notwendigkeit des militanten Widerstands, aber offenbar auf einer darunter liegenden Stufe der Gewaltausübung.

- Wolf Wetzel gilt als Gründungsmitglied der ARMK. Dem lag eine Einschätzung der Landesbehörde für Verfassungsschutz Hessen von 1988 zugrunde, die sich ihrerseits wiederum auf Observationen stützt.

- Am 23. Januar 1991 beteiligte sich Wolf Wetzel an einer Demonstration vor dem Ordnungsamt in Frankfurt/Main, die sich gegen die polizeilichen Maßnahmen anlässlich des Golfkrieges richtete.

- Am 13. Juni 1992 wurde sein Kfz im Zusammenhang mit einer Demonstration im Bereich der Sammelunterkunft für Asylbewerber in Mannheim/Schönau festgestellt.

- Das BfA entnimmt dem Buch *Krieg ist Frieden*, Unrast-Verlag 2002, dass Wolf Wetzel ein Autor der »autonomen L.U.P.U.S.-Gruppe« gewesen ist: Als deren Vertreter nahm er an einem

»Konkret-Kongress« teil, der vom 11. –13. Juni 1993 in Hamburg stattfand. Dem BfV sind zahlreiche von dieser Gruppe stammende oder diese betreffende Veröffentlichungen bekannt.

- Die autonome L.U.P.U.S.-Gruppe bekannte sich 1993 in einem Redebeitrag (»Der Faschismusvorwurf – oder die linke Illusion vom bürgerlichen Staat«) eindeutig zur Militanz als Mittel der politischen Auseinandersetzung.

Wenn ich das so geballt lese, bekomme auch ich Angst vor mir. So viel also zum Vorlauf. Das Schreiben des Verfassungsschutzes, das ich Anfang Dezember 2006 leicht fröstelnd in der Hand hielt, wirkte dagegen fast fürsorglich: »Gemäß § 12 Abs. 1 G 10 teile ich Ihnen mit, das zwischen dem 28. April 1998 und dem 23. Oktober 1998 der Fernmeldeverkehr auf Ihrem Festnetzanschluss überwacht und aufgezeichnet worden ist. Ferner sind vom 11. Mai 1998 bis 28. Oktober 1998 für Sie bestimmte Postsendungen geöffnet und eingesehen worden.«

Nun ja, der Verfassungsschutz hätte sich bei der Gelegenheit auch entschuldigen können, für die falschen Anschuldigungen, für den massiven Eingriff in meine Privatsphäre.

Ich versuchte mich an das Jahr 1998 zu erinnern, in dem die Überwachungsmaßnahmen durchgeführt wurden. Dabei half mir der Umstand, dass ich ein Tagebuch führte. Darin hatte ich mir dort meist kurze Notizen gemacht, notierte Treffen, ohne Namen, mit allerlei Kürzeln. Ich stieß dabei auf kurze Aufzeichnungen, mit denen die Erinnerungen wieder Konturen bekommen konnten. Unter anderem hatte ich mir einen Kastenwagen notiert, der ein paar Wochen in meiner Straße geparkt war. Er stand auf der Höhe des Hauses, in dem ich gewohnt hatte. Wenn man genug Fantasie hat, war es vorstellbar, dass man von dort aus sogar auf den Balkon schauen konnte. Ich behielt also das Auto im Auge und konnte sehr schnell feststellen, dass es dort abgestellt wurde, ohne ein einziges Mal bewegt zu werden. Alles zusammengenommen, der Kastenwagen, der Ort, seine getönten Fenster, seine Herrenlosigkeit hatten fast schon etwas gewollt Aufdringliches. Aus US-Cop-Serien kennt man diese in Transportern versteckten Überwachungswagen. In dieser Zeit fielen zudem »Merkwürdigkeiten« in Verbindung mit meinem Computer auf. Ich hatte mehrmals Software auf meinem Computer, wozu unter anderem Keylogger und Downloadprogramme gehörten, das klassische Werkzeug, um einen Computer auszuspionieren beziehungsweise zu »übernehmen«. Damals machte ich mir zwar ein paar Notizen, mehr aber nicht. Denn es gibt eben auch gute Gründe, das Gegenteil mit ins Kalkül zu nehmen: Zufälle, die nichts mit Polizei oder Staatsschutz zu tun haben. Und das Auto kann ja jemand abgestellt haben, weil er … Und überhaupt: *Nimm dich nicht so wichtig.* Also blieb es bei den mickrigen Notizen im Tagebuch.

Der in dem Schreiben genannte Grund für die Überwachungsmaßnahmen war jedenfalls gar nicht mickrig. Ich wusste sofort, dass ich dazugehöre, dass ich dort gerne war und wir uns regelmäßig trafen: Damit ist die »Autonome Rhein-Main-Koordination« gemeint, die wir niemals mit ARMK abgekürzt hatten. Es war ein Zusammenschluss verschiedener politischer Gruppen aus dem Rhein-Main-Gebiet, von denen die meisten »Startbahnerfahrung« hatten. Was ich nicht wusste, dass sich die ARMK ohne mein Wissen und Zutun in eine »terroristische Vereinigung« (nach § 129a) verwandelt hatte. Ebenfalls war mir entgangen, dass »deren Zweck und Tätigkeit darauf gerichtet sind, gemeingefährliche Straftaten in den Fällen der §§ 306 ff StGB zu begehen (Art. 1 § 2 Abs. 1 Satz 2 G 10 a. F. – jetzt § 3 Abs. 1 Satz 2 G 10)«.

So unterschiedlich können also Wahrnehmungen ausfallen. Man kann es auch anders ausdrücken, wenn man die konkreten Umstände berücksichtigt: Also 30–40 Personen, die sich nicht alle persönlich kennen, weil sie von ihrer Gruppe delegiert wurden, diskutieren, planen Anschläge und führen diese dann auch aus, an einem Ort, der so geheim ist, dass auch der Verfassungsschutz ihn beobachten konnte (wie sich dann später herausstellen sollte).

Nachdem sich meine Aufregung und das wilde Spekulieren gelegt hatten, beantragte ich Akteneinsicht. Drei Monate später wurden die »Akten« meinem Rechtsanwalt übersandt. Diese doch recht lange Bearbeitungszeit hatte im wahrsten Sinne des Wortes viel mit Handarbeit zu tun. Nach strikten Vorgaben waren Seiten aus der Akte entfernt beziehungsweise bestimmte Passagen und Worte geschwärzt worden. Am Ende dieses Aktentunings konnte man konstatieren: Der Aktenumfang wurde um ein Drittel reduziert und die restlichen zwei Drittel wiesen an substanziellen Stellen fast immer Schwärzungen auf, die das davor und danach Lesbare meist wertlos machten. Im Prinzip war damit der Rechtsweg schon ausgeschlossen. Dennoch machte ich mich an die Arbeit, mit den vorhandenen Informationen zumindest die Entstehungsgeschichte dieses »Terrorverdachts« zu rekonstruieren.

Ich kam zu folgendem vorläufigen Ergebnis: 1995 wurde ein »Ermittlungsverfahren gegen Unbekannt wegen des Verdachtes der Bildung einer terroristischen Vereinigung nach § 129a« eingeleitet. Im Mittelpunkt stand die Sabotage von Glasfaserkabelverbindungen am Frankfurter Flughafen 1995 und 1996. Dafür soll eine Gruppe namens »Keine Verbindung e. V.« und ein Jahr später eine Gruppe namens »K.A.B.E.L.S.C.H.N.I.T.T.« die Verantwortung übernommen haben. Angesicht des entstandenen Schadens und dem Tatort Flughafen übernahm die Generalbundesanwaltschaft den Fall. Da man mit den beiden Gruppierungen nichts anfangen konnte, war Kreativität gefragt. Dabei half, dass man dafür die seit 1988 bestehende autonome Rhein-Main-Koordination (ARMK) zur »terroristischen Vereinigung« aufrüstete. Als Beweis, dass »mit hoher Wahrscheinlichkeit Täter aus dem Bereich der ARMK« infrage kommen, dienten »auffällige sprachliche Übereinstimmungen« zwischen Texten, die der ARMK zugeordnet wurden, und den entsprechenden Bekennerschreiben.

Mit dem Paragrafen 129a in der Hand konnte man fast alles machen. Monatelang wurden verdächtige Personen observiert, Freunde, politische Treffen und Veranstaltungen überwacht und Kontakte durchleuchtet. Der damit beauftragte Verfassungsschutz in Hessen resümierte Ende 1996: »Die bisherige Beobachtung der Betroffenen zeigt, dass es wegen ihres konspirativen und vorsichtigen Verhaltens unmöglich ist, einschlägige Aktivitäten allein durch Observationen aufzudecken. Nur der gebündelte Einsatz aller infrage kommenden nachrichtendienstlichen Mitteln verspricht Erfolg.«

Dass Geheimdienste die erfolglose Suche nach Beweisen für den aufgestellten Verdacht damit begründen, dass die Beschuldigten besonders konspirativ vorgehen würden, hat sicherlich eine besondere Note. Gerade weil man ihnen nichts nachweisen kann, machen sie sich in hohem Maße verdächtig! So verwandelt man Beweisnot in einen noch dringlicheren Tatverdacht.

Mit der Bewilligung »aller infrage kommenden nachrichtendienstlichen Mitteln« war und ist Folgendes gemeint: Nun durfte der Geheimdienst den Postverkehr und das Telefon überwachen. Dazu gehört auch der Einsatz von Abhöranlagen (»Wanzen«) in der Wohnung oder Peilsender unter dem Auto. Auch die Überwachung des Computers und digitaler Medien war damit offiziell abgedeckt.

In meinem Fall brachte der Einsatz dieser Überwachungsmittel nichts. Die Fortsetzung der Genehmigungen im G-10-Auschuss des Bundestages drohte also zu scheitern. Doch dann wendete sich das Blatt: Ein V-Mann mit dem Tarnnamen »123« tauchte auf – aus dem Nichts. Wie ein Ufo landete er unerkannt in der Gruppe »ARMK« und förderte dort Sensationelles zutage. Dieser will just vor dem Verlängerungsantrag ein Gespräch am 27.2.1998 zwischen mir und weiteren namentlich nicht genannten Personen mitbekommen haben. Anschließend soll und will jener V-Mann 123 das Gespräch protokolliert haben. Es gleicht einer Lebensbeichte:

Sie beginnt mit meiner schweren Kindheit, streift berufliche und arbeitsrechtliche Probleme, gesundheitliche Schwierigkeiten, dem gefundenen »Traumberuf« als »Berufsrevolutionär«, um schließlich mit einem Feuerwerk an Anschlägen, die kurz bevorstehen, und Anschlagszielen, die für die nächsten 20 Jahre reichen, abzuschließen: »Ein Ansatz sei für alle Fälle die Sabotage der Info-Verbindungen. (…) Einen Sendemast zu ›fällen‹, der Knotenpunkt für Fernsehen, Funktelefon und die Leitungen von Polizei, Militär und Geheimdiensten sei, habe 100 Mal mehr Wirkung als das Sägen von Strommasten je hatte und sei außerdem risikoärmer.«

Das soll ich an einem Tag, in einem einzigen Gespräch offenbart haben. Der G-10-Ausschuss war jedenfalls *überwältigt und bewilligte weitere sechs Monate.*

Ich biss mich an dem angeblichen V-Mann 123 und dem besagten Gespräch fest. Das soll ich in ein paar Stunden alles gesagt haben? In einer Gruppe, in der alle nur zuhören, obwohl man sich dort nicht zur Therapie traf, sondern Sabotageaktionen plante und durchführte? Ein Parcours-Ritt durch meine Lebensgeschichte. Absurd? Vielleicht. Aber kann es auch sein, dass ich mein Leben nicht mehr im Griff habe? Ich ging alle FreundInnen und Weggefährten durch, die infrage kommen. Was weiß ich über Tom genau? Was weiß ich von Viktoria wirklich? Je länger ich nachdachte, »verdächtige« Situationen wie ein Überwachungsvideo vor- und zurückspulte, desto lückenhafter wurde mein Wissen über sie. In diese Lücken nisteten sich Verdachte, Verdächtigungen ein. Was ist mit Tom? Warum ist er plötzlich weg und in ein anderes Land gezogen?

Der Schattenmann des Staatsschutzes

2008

»Ich kann nicht verhindern, dass Sie unser Gespräch aufzeichnen.«

Ich zuckte mit den Schultern.

»Aber es ist ja klar, dass ich gegebenenfalls alles abstreiten werde.«

Wir saßen in dem gutbürgerlichen Restaurant namens Binding Schirm am Paulsplatz in der Frankfurter Innenstadt. Ich hatte mir diesen Ort ausgesucht. Er sollte recht gut besucht sein und man sollte die Umgebung gut beobachten können. Auf der anderen Straßenseite des Restaurants befand sich ein Café, das große Fenster hatte. Von dort aus konnte man sehr gut beobachten, wer in das Restaurant geht und was drum herum verdächtig sein könnte. Zwei Freunde saßen dort etwa eine halbe Stunde, bevor ich mich mit diesem Mann traf. Sollte das Treffen von irgendwem observiert werden, dann verabredeten wir ein Zeichen. Denn ich war mir über das Motiv, das zu diesem Treffen führte, nicht sicher. Ich schloss eine Falle nicht aus.

Der Mann, der auf meinen Tisch zusteuerte, hinkte. Er trug einen Anzug und wirkte deutlich angeschlagen. Ich erkannte ihn jedoch sofort. Vor etwa fünf Jahren hatten wir uns das letzte Mal gesehen. Ich saß auf der Zuschauerbank, er auf der Anklagebank. Eine doch recht ungewöhnliche Platzaufteilung.

Der Mann war ein Rechter, um es ganz vorsichtig zu formulieren. Aber er war außerdem ein recht hoher Polizeibeamter. Um genau zu sein: Er war zu dieser Zeit Chef der Staatsschutzabteilung in Bad Homburg, die unter anderem den »Rechtsextremismus« im

Auge behalten sollte. Dort hatte er sich bereits damit hervorgetan, dass er die neonazistische Szene in Bad Homburg für irrelevant abtat und sie zwischen Jugendstreich und Angeberei einordnete. Das ist in Hessen nichts Ungewöhnliches: Ziemlich rechte Polizeibeamte, die eigentlich gegen neonazistische Gruppierungen vorgehen sollen und dann aber eher Paten von ihnen sind und weitgehend ihre Gesinnung teilen.

»Ich habe Ihr Buch gelesen und war beeindruckt, wie Sie die Ereignisse rund um den 2.11.1987 beschrieben haben, also auch, was auf unserer Seite passiert ist.«

»Und? Stimmt es?«

»Woher haben Sie all das, von den Lagebesprechungen in Wiesbaden etc.?«

»Ich kann mich gut in die Gegenseite reindenken und habe eine blühende Phantasie. Aber das wollten Sie mir doch heute nicht sagen?«

»Nein, das stimmt. Sie haben ja auch Texte und Auszüge aus dem Buch ins Internet gestellt. Und dort taucht mein voller Name auf.«

»Und?«

»Ich würde Sie bitten, meinen vollständigen Namen zu löschen. Das bereitet mir berufliche Schwierigkeiten. Ich arbeite ja jetzt in der Sicherheitsbranche.«

»Schon wieder?«

»Was soll ich anderes machen?«

2001 rief mich ein Freund mit süffisanter Stimme an: »Lies heute mal die *FAZ*, da wirst du auf einen alten Bekannten stoßen.«

Mit dieser vagen Andeutung kaufte ich die aktuelle Ausgabe und fiel aus allen Wolken, als ich im Regionalteil einen Artikel über einen Kriminalhauptkommissar/KHK Walter Tietze las, der im Polizeipräsidium Bad Homburg festgenommen worden war. Ihm wurde vorgeworfen, Daten aus Polizei- und Fahndungscomputern an eine private Sicherheitsfirma verkauft zu haben.

Ich musste sofort schmunzeln und an eine sehr beliebte Parole denken: »Legal, illegal, scheißegal«. Gleichzeitig war ich sofort wieder am Zweifeln und Grübeln. Warum hat es ihn erwischt, wo es doch gang und gäbe ist, dass Polizeidienststellen und private Sicherheitsfirmen den »kurzen Dienstweg« wählen, also die Möglichkeiten der Polizei mit den Möglichkeiten der Sicherheitsfirmen zu kreuzen? Lag es an seiner Person? Lag es an besonderen Umständen?

KHK Tietze war vielen von uns aus den Zeiten des Frankfurter Häuserkampfes 1980/81 bekannt, im Zuge der groß angelegten Repressionswelle gegen den sogenannten »Schwarzen Block«, von der Startbahn und aufgrund zahlreicher Verhöre nach dem 2.11.1987. Er gehörte zur Frankfurter Staatsschutzabteilung K 41/42, Abteilung für politisch motivierte Straftaten. Da er auch im Rahmen der Fahndungsmaßnahmen gegen Strommastaktivisten auftauchte, mutmaßten wir, dass er zu der 1986 gegründeten »SOKO Strom« im Hessischen Landeskriminalamt gehört hatte. Die Sonderkommission sollte begangene Strommastaktionen im Rhein-Main-Gebiet aufklären und weitere verhindern. Davon gab es im Rhein-Main-Gebiet vier und in der ganzen Bundesrepublik über 160 Strommasten, die gefällt wurden. In der Regel war das ausdauernde Handarbeit, denn man sägte stundenlang.

Es war eine der vielen Antworten auf den »GAU« in Tschernobyl 1986, also dem »Größten anzunehmenden Unfall«. Das, was alle tausend Jahre – rein rechnerisch – passieren könnte, ereignete sich ein paar Jahrzehnte nach Inbetriebnahme. Der Reaktor schmolz und damit auch die Versicherung, dass genau das eigentlich nie passieren würde. Damals waren die politischen Reaktionen mehr als bescheiden. Man beschwichtigte, man log, man erklärte, dass die radioaktive Strahlung an der Grenze zu Deutschland haltmachen werde, man spielte auf Zeit und hielt an der »sichersten« Stromgewinnung durch Kernspaltung fest.

Anstatt sich mit dieser Weiter-so-Politik abzufinden oder sie wirkungslos zu beklagen, entwickelte sich unter anderem diese Aktionsform gegen die Fortsetzung der »zivilen Nutzung der Atomenergie«: Ein sehr beliebtes Plakat in dieser Zeit zeigte einen umgesägten Strommast mit dem Titel versehen: »So wie die Dinge liegen, stehen sie richtig«.

Nach dem 2.11.1987 wurde die »SOKO Strom« in die neu gegründete »SOKO 18 West« integriert. Im Vorfeld der Prozesse gegen StartbahngegnerInnen und vor allem während der Prozesse wurde klar, dass fast alle Personen, die noch in derselben Nacht festgenommen wurden, zuvor umfassend observiert und als Zielpersonen (ZPs) der »SOKO Strom« geführt worden waren: Telefone wurden abgehört, Einsatzkräfte in Zivil beobachteten die Wohnorte und zivile Einsatzkräfte begleiteten die Demonstration am 2.11.1987.

KHK Tietze spielte dabei eine besondere und recht spezielle Rolle. Er operierte bevorzugt alleine oder mit einem Kollegen, abseits der Großereignisse. Und er machte das, was andere Polizeikollegen nicht gemacht hätten. Er hielt sich überall da auf, wo es brannte, wo es hätte brennen können. So auch am 2. November 1987, als der Nachtspaziergang an die Startbahn West losging. Er war die ganze Zeit über in der Nähe und ging auch nach den tödlichen Schüssen seine eigenen Wege. Um zwei Uhr morgens tauchte er allein bei dem Startbahngegner und Fotografen Klaus Malorny auf. Klaus Malorny wohnte in Frankfurt-Nied in einem kleinen Häuschen und blieb hellwach. Er hatte eine dunkle Ahnung, die sich erfüllen sollte. KHK Tietze klingelte und Klaus Malorny öffnete das kleine Fenster in der Eingangstür. Walter Tietze kam sofort zur Sache: »Ich war den ganzen Abend bei dir wie dein eigener Schatten.«

Klaus Malorny kannte diesen Staatsschutzbeamten und hatte sich über die vielen Jahre Routine und Ruhe zugelegt: »Und wie kann ich helfen?«

»Gib mir die Filme, die du gemacht hast.«

Klaus Malorny hatte zwei Filmrollen bereits auf das Tischchen neben der Eingangstür gelegt. Er nahm die erste in die Hand und zog an der Filmlasche … belichtete sie damit und machte die Bilder folglich wertlos. Das machte er auch mit der zweiten Filmrolle.

Danach verlor sich die Spur von KHK Tietze. Er war wie vom Erdboden verschluckt. Wir erwarteten ihn in den Startbahnprozessen Anfang der 1990er-Jahre, aber KHK Tietze wurde nicht als Zeuge geladen. Auch die »SOKO Strom« wurde nicht in den Prozess eingeführt. Sehr viel später erfuhr ich, dass KHK Tietze vom LKA Wiesbaden als gefährdet eingestuft wurde, was zu seiner Versetzung nach Gießen führte – für zwei Jahre.

Wenige Wochen später berichtete ein Artikel der *Frankfurter Rundschau* vom 24.10.2001 über den Fortgang der Causa Tietze: »CDU-Politiker und Polizist will gestehen. Der Bad Homburger Polizeihauptkommissar und Niddaer CDU-Politiker Walter Tietze, dem Bestechlichkeit und Geldwäsche vorgeworfen werden, will am Donnerstag ein Geständnis ablegen. Das kündigte Tietzes Anwalt Rolf Kärcher an. Kärcher geht davon aus, dass Tietze seine politischen Ämter niederlegen wird. Tietze ist sowohl Vorsitzender des Stadtverbandes Nidda (Wetteraukreis) als auch der CDU-Fraktion im Stadtparlament. Das Pikante an dem Fall: Tietze hat sich als Politiker in Nidda stets als Vorkämpfer für Recht und Ordnung hervorgetan. Am Montag vergangener Woche war der 52-jährige Polizeihauptkommissar festgenommen worden. Ihm wird vorgeworfen, als Kommissar der Bad Homburger Polizei Erkenntnisse aus dem polizeilichen Fahndungssystem (Informationen über Personen, Firmen, Kraftfahrzeughalter oder Telefonanschlüsse) an Privatdetektive weitergegeben zu haben. Dafür habe er einen Tagessatz von 500 Mark kassiert. Das Geld sei an eine Unternehmensberatungsgesellschaft seiner Frau geflossen, die es auf Familienkonten transferiert habe. Tietze sitzt wegen Verdunklungsgefahr in Untersuchungshaft.«

Selbst die Satirezeitung *Titanic* hätte das Doppelleben eines Law-and-Order-Mannes nicht besser karikieren können. Mir gefiel diese Geschichte außerordentlich, denn ich nahm sie auf gewisse Weise auch sehr persönlich. Schließlich verbinden mich mit Walter Tietze etwa 20 Jahre Geschichte und gegenseitige Abneigung.

Es war nicht schwer herauszufinden, dass die *Frankfurter Rundschau* in ihrem Beitrag mehr vertuschte als aufdeckte – und dass dies sehr bewusst und von vielen Seiten aus so gewollt war. Geradezu rührend ist unter anderem die Formulierung, der KHK Tietze habe polizeiliche Datensätze an »Privatdetektive« verhökert. Was in dem Beitrag wie ein kleines kriminelles Geschäft eines entgleisten Kommissars aussehen sollte, entpuppte sich bei genauerem Hinsehen als eine kriminelle Struktur, in der aktive und ehemalige Polizeibeamte, Ex-Geheimdienstmitarbeiter und staatliche Stellen Hand in Hand arbeiteten. Walter Tietze war freier Mitarbeiter der Frankfurter Sicherheitsfirma »KDM«, ein Firmenkürzel, hinter dem sich nichts weiter als die Initialen seines Inhabers verbergen: Klaus-Dieter Matschke.

Dessen berufliche Karriere liest sich wie ein schlechter Kriminalroman: Er war V-Mann des niedersächsischen Verfassungsschutzes (*taz* vom 20.8.1992), wurde 1990 zum Kriminaloberrat ernannt und war Sicherheitsbeauftragter des Landes Sachsen-Anhalt. Nach Recherchen des Journalisten Gerhard Wisnewski wurde Klaus-Dieter Matschke als »Kontaktmann bundesdeutscher Geheimdienste« geführt und soll in der Vergangenheit »für den BND (Bundesnachrichtendienst) die deutsche Terrorszene infiltriert haben« (Berlin Online vom 20.2.1998).

In der Urteilsbegründung gegen Matschke & Co. aus dem Jahr 2004 liest sich das leicht vernebelt so: »Offenbar hat er bereits damals (in den 1970er-Jahren, d.V.) begonnen, für den Verfassungsschutz des Bundes zu arbeiten.« Dazu passen seine »Verbindungen zum Verfassungsschutzbeamten Klaus Vogt, der bei dem vom Verfassungsschutz fingierten Anschlag auf das Celler Gefängnis im Jahre 1978 (Celler Loch) Einsatzleiter war.« (Az. 5/12 KLs-5130 Js 230592/01 (8/03)

In der staatlichen und privaten Sicherheitsbranche gilt Klaus-Dieter Matschke als »Mann fürs Grobe«, der ideale Mann für Großfirmen und staatliche Geheimdienste, wenn es darum geht, »schneller als der Dienstweg« zu agieren – eine flotte Umschreibung für Rechtsbrüche (Verwanzen von Wohnungen, Peilsender unter Fahrzeugen, Einsatz von Richtfunkmikrofonen etc.) und illegale Methoden zur Beschaffung von »Beweismitteln«. Wie gut die Verzahnung von privaten und staatlichen Sicherheitsinteressen funktionierte, beweist auch das Personal, das »KDM« eingekauft hatte und mit Walter Tietze zusammen auf der Anklagebank saß: Herr Fach zum Beispiel brachte es beim Hessischen Landeskriminalamt bis zum Ersten Kriminalkommissar, Herr Thiele war Kriminalhauptkommissar, dessen Schwerpunkt ein »mobiles Einsatzkommando« war.

Die kriminelle Verfilzung von sogenannten Sicherheitsfirmen mit aktivem und ehemaligem Personal aus Polizei- und Geheimdiensten, ihre Indienstnahme durch staatliche Stellen, ist nur noch dadurch zu steigern, dass KHK Tietze im Polizeipräsidium in Bad Homburg mehr war als ein Polizeihauptkommissar: Er war dort Leiter der Staatsschutzabteilung, die für Links- und Rechtsextremismus gleichermaßen zuständig war.

Als sich Übergriffe von Neonazis in seinem Zuständigkeitsgebiet häuften, erklärte Walter Tietze gegenüber der *Frankfurter Rundschau* am 14.9.2001: »Rechtsradikale und extremistische Hintergründe oder ein fest organisierter Rechtsextremismus sind im Hochtaunuskreis bisher nicht erkennbar.«

Eine politische Einschätzung, die die Opfer neonazistischer Überfälle für eine gezielte Verharmlosung hielten.

Mein Buch *Tödliche Schüsse* war bereits einige Monate im Handel, als ich vom Verlag die Nachricht bekam, dass sich ein Walter Tietze gemeldet habe. Er möchte mit mir Kontakt aufnehmen und hinterließ eine Handynummer. John vom Verlag fragte mich sofort, wer denn dieser Walter Tietze sei. Und ich sagte ihm, dass es sich um einen Staatsschutzbeamten handelt, den ich gut kenne. Ich konnte sein Stirnrunzeln hören. Ich war ganz mit dem Gedanken beschäftigt, ob dies eine Falle sein könnte, selbst wenn er nicht mehr im Polizeidienst war. Schließlich hatte er seine Law-and-Order-Politik, seine Verharmlosung von neofaschistischen Aktivitäten nicht abgelegt. Was will er von mir? Walter Tietze als Lockvogel?

Ich entschied mich, ihn erst einmal anzurufen. Das kann ja nicht schaden. »*Herr Tietze, Sie haben Ihre Handynummer bei meinem Verlag hinterlassen. Was veranlasst Sie, mit mir in Kontakt zu treten? Das letzte Mal haben wir uns ja in Ihrem Prozess gesehen … Das hat mir schon gefallen. Sie als Krimineller und ich als Zuschauer …*«

Ich wollte die kleine Genugtuung unbedingt loswerden.

»Jaja …« Seine Stimme klang schwer und zögerlich.

»Ich habe Ihr Buch gelesen …«

»*Und? Hat es Ihnen gefallen? Sie kommen darin ja auch vor …*«

»Darum geht es auch, also indirekt. Mein Name taucht ja komplett auf. Ich habe seitdem Probleme, gerade auch mit Texten, die Sie im Internet veröffentlichen.«

»*Ja, und? Ist daran etwas falsch?*«

»Nein, darum geht es auch nicht. Ich habe berufliche Nachteile dadurch …«

»*Und warum sollte ich Ihnen dabei helfen, diese auszuräumen?*«

»Ich weiß, ich weiß das. Ich will Ihnen einfach ein Geschäft vorschlagen. Ich denke, Sie könnten an der Gegenleistung interessiert sein.«

»*Herr Tietze, wir sind ja nicht auf derselben Seite. Was sind das für Gegenleistungen?*«

»Das kann ich Ihnen nicht am Telefon sagen. Überlegen Sie sich das in Ruhe. Wenn Sie Interesse daran haben, dann machen wir einen Ort aus, wo wir uns treffen können.«

»Gut. Im Binding Schirm?«

Der Ex-KHK Tietze wirkte nervös und schaute immer wieder zur Eingangstür des Restaurants. Vielleicht dachte er dasselbe – nur umgekehrt.

»Lassen Sie uns zur Sache kommen. Ich möchte, dass Sie meinen Namen im Internet nicht mehr ausschreiben, und ich biete Ihnen im Gegenzug interessante Unterlagen an.«

»Sie haben solche brisanten Akten zu Hause. Das ist aber nicht …«

»Nein, das ist nicht legal, klar. Aber was man mit mir gemacht hat, ist auch nicht in Ordnung. Ich wurde geopfert.«

»Sie meinen den Prozess gegen KDM, wo Sie nicht kapiert haben, dass längst ein Deal gemacht wurde?«

Walter Tietze wirkte überhaupt nicht so, als hätte er eine eigene Antwort darauf.

»Ich werde es mir durch den Kopf gehen lassen und mich melden.«

Der Ex-Staatschutzbeamte hatte Mühe, den Sitzplatz zu verlassen. Er hinkte noch mehr, als er das Restaurant verließ.

Wetzel gegen Bundesrepublik Deutschland

2009

Diese Paarung – ich gegen die BRD – hörte sich nach einer aussichtslosen Angelegenheit an. Das sah mein Rechtsanwalt genauso. Ich bestand trotzdem auf dieses aussichtslose Aufeinandertreffen, denn die bei uns sehr beliebte Parole »Wir haben keine Chance, also nutzen wir sie« sollte doch eine weitere Chance bekommen. Also reichte ich Klage gegen die Bundesrepublik Deutschland ein und wollte erreichen, dass die Überwachungsmaßnahmen im Jahr 1997 für rechtswidrig erklärt würden.

Um ehrlich zu sein, rechnete ich mir dabei sehr geringe Chancen aus. Ich wollte etwas ganz anderes in diesem Prozess versuchen: Ich wollte beweisen, dass es den besagten V-Mann 123 gar nicht gibt.

Jede/r, die/der sich mit dem V-Mann-Wesen auskennt, würde bei dieser Zielsetzung erst recht abwinken. Die Argumente wurden mir dementsprechend gut gemeint von allen um die Ohren geschlagen: »Du wirst den V-Mann gar nicht zu Gesicht bekommen.« – »Die Gegenseite wird einer Vorladung des V-Mannes 123 aus Zeugen- und Quellenschutzgründen ablehnen. Das Gericht wird dem stattgeben.« – »Und wenn du ihn ausnahmsweise doch zu Gesicht bekommst, ist er unkenntlich gemacht worden. Du kannst also gar nicht überprüfen, ob du diesen Spitzel kennst.« – »Im besten Fall steht am Ende der Zeugenvernehmung Aussage gegen Aussage, womit du auch nichts gewonnen hast.«

Aus all diesen sehr vernünftigen Gründen hatte ich mich für eine ganz andere Variante entschieden, die ihren ganz eigenen Charme entfalten sollte. Ein Tagebuch.

Und so betraten dann auch mein Rechtsanwalt und ich das Gerichtsgebäude in Berlin. Der Verhandlungsraum war mittelgroß und hatte die übliche Anordnung. Auf der einen Seite eine lange Richterbank. Auf der anderen Seite mehrere Bankreihen für die Zuschauer. Dazwischen Tisch, Stuhl und ein Mikrofon.

Die Bundesrepublik Deutschland ließ sich vertreten, was ich als ein Zeichen großer Schwäche ausmachte. Dafür hat der Mann der Gegenseite viele Titel und einen Ruf. Es handelte sich um Prof. Dr. Wolff, der als Prozessbevollmächtigter des Bundesministeriums des Innern/BMI auftrat. Ihm zur Seite stand Hr. Brebeck vom Bundesamt für Verfassungsschutz/BfV. Außerdem gab sich eine Frau im Zuschauerraum als Mitarbeiterin des BfV aus.

Im Vorfeld dieses Prozesses hatte ich viele Zeitungsredaktionen mit einem ausführlichen Dossier auf diesen Fall aufmerksam gemacht. In der Regel ist das für die Katz. In diesem Fall nahm der FR-Redakteur Jörg Schindler die Gelegenheit wahr.

Vorab ließ der Vizepräsident des Verwaltungsgerichts in Berlin, Hans-Peter Rueß, die Streitparteien wissen, dass diese Kammer zum ersten Mal mit einer Klage wegen G-10-Maßnahmen beschäftigt sei. Da sich das Gericht nur auf wenige Klagen beziehungsweise Urteile in diesem Fall stützen konnte, habe man sich intensiv mit der Rechtslage beziehungsweise den -voraussetzungen befasst. Diese Vorabinformation stellte sich im Laufe der Verhandlung als alles andere als eine Lappalie heraus.

Zu Beginn rekapitulierte der Vorsitzende Richter die Vorgeschichte des Verfahrens in etwa so: Am 7. Dezember 2006 erhielt der Kläger ein Schreiben vom Bundesamt für Verfassungsschutz, in dem ihm mitgeteilt wurde, dass zwischen dem 28.4.1998 und dem 23.10.1998 sowohl der Telefonanschluss als auch der Postverkehr überwacht worden waren. Begründet wurden diese G-10-Maßnahmen damit, dass der Kläger im Verdacht stand, Mitglied der terroristischen Vereinigung »ARMK« zu sein, der

»zahlreichen Brandanschläge und Sabotageaktionen mit erheblichem Sachschaden in der Zeit von 1988 bis heute«, also bis 1996, zugeordnet wurden.

Am 29. Februar 2007 legte der Kläger Widerspruch gegen oben bezeichnete G-10-Maßnahmen ein. Dabei führte er aus: *»Da es keine konkreten Verdachtsmomente gibt, die in dem Schreiben des Bundesamtes für Verfassungsschutz aufgeführt sind, muss ich von einer Fantasiekonstruktion ausgehen. Eine selbst geschaffene Vorratsorganisation, mit dem verfassungswidrigen Ziel, mit den freigegebenen ermittlungstechnischen Mitteln die Verdachtsmomente erst zu finden, die Voraussetzung sein müssten, um einen solch schwerwiegenden Eingriff in die Schutzrechte vornehmen zu können.«*

Als »tatsächlichen Anhaltspunkt« für eine gebotene Überwachung des Klägers diente ein »V-Mann 123«, der in einem Gespräch am 27.2.1998 mit weiteren anwesenden Personen erfahren haben will, dass der Kläger unter anderem Anschläge anlässlich von Castor-Transporten plane und perspektiv »Sabotage der Info-Verbindungen« vorbereiten würde.

Nach Ablauf der Überwachungsmaßnahmen wurden sie um drei Monate verlängert. Als »tatsächlicher Anhaltspunkt« diente dieses Mal ein abgehörtes Telefonat, das belegen sollte, dass Wolf Wetzel »intensive Kontakte« zu anderen Mitgliedern der »ARMK« pflege.

Fortlaufend ergebnislos wurden die G-10-Maßnahmen nach insgesamt sechs Monaten eingestellt. Mit der Klage gegen o. g. Eingriffe verknüpft der Kläger einen Hilfsantrag, der das Bundesamt für Verfassungsschutz dazu verpflichten soll, entscheidungsrelevante Akten herauszugeben und substanzielle Schwärzungen rückgängig zu machen. Der Kläger begründet dies mit dem Vorwurf, dass die massiven Schwärzungen und die vorenthaltenen Akten nicht dem Schutz der Bundesrepublik Deutschland und deren V-Männern dienen. Vielmehr erhebt dieser den Vorwurf, dass damit die gezielte und vorsätzliche Manipulation vertuscht worden sei, um den G-10-Ausschuss im Bundestag mit frisierten und nicht vorhandenen Beweisen zu täuschen.

Bevor das Gericht seine eigenen Zweifel an der Rechtmäßigkeit der G-10-Maßnahmen vortrug, bestimmte es die Rangfolge geheimdienstlicher Mittel. In der Rechtsprechung seien geheimdienstliche Mittel wie offene und verdeckte Observationen zwar massive Eingriffe, jedoch in ihrer Schwere vor G-10-Maßnahmen einzuordnen. Man gehe davon aus, dass man sich einer Observation möglicherweise entziehen könne, jedoch machtlos sei angesichts von Telefon- und Postüberwachungsmaßnahmen, denen sich der Betroffene nicht entziehen könne. Von daher seien G-10-Maßnahmen die Ultima Ratio im Arsenal geheimdienstlicher Ermittlungen. Erst wenn sich andere Mittel, niedrigschwelligere Eingriffe, als wirkungslos erwiesen hätten, könnten G-10-Maßnahmen beantragt beziehungsweise durchgeführt werden.

Nach diesem kleinen Rechtsdiskurs wandte sich der Vorsitzende Richter an den Prozessbevollmächtigten Prof. Dr. Wolff. Wenn der Verfassungsschutz einen so erfolgreichen V-Mann besessen habe, von dem jeder Verfassungsschutz träume, dann gäbe es rechtlich keine Grundlage für die beantragten und durchgeführten G-10-Maßnahmen. Ob er ihm folgen könne? Prof. Dr. Wolff war gänzlich irritiert und folgte ihm nur schweigend, während der Vorsitzende Richter den Gedanken zu Ende führte. Nur wenn eine niedrigschwelligere Maßnahme wirkungs- und aussichtslos bliebe, könne auf das letzte Mittel zugegriffen werden. In jedem anderen Fall ist ein solch schwerer Eingriff rechtswidrig.

Im Folgenden legte der Beisitzer durch die geschwärzten Akten blätternd nach und konstatierte, dass die »tatsächlichen Anhaltspunkte« nicht substantiiert seien, womit das BMI beziehungsweise BfV ihrer Begründungspflicht nicht nachgekommen seien. Obwohl das Gericht das Innenministerium aufgefordert habe, die »Übersendung des vollständigen Erstantrages« zu veranlassen, seien weiterhin alle Ausführungen zu den vorgeblichen »tatsächlichen Anhaltspunkten« geschwärzt und somit nicht nachvollziehbar gemacht worden.

Dem schloss sich der Vorsitzende Richter an: Aus den vorliegenden Akten »erschließt sich uns nicht« die Begründung der Maßnahme. Das Gericht werde also einen Beschluss fassen müssen, der das BfV dazu verpflichte, jene Stellen zu entschwärzen beziehungsweise Akten zur Verfügung zu stellen, die der Begründungspflicht tatsächlich genügen.

Prof. Dr. Wolff schien mit der Anwendung der Rechtslage extrem unzufrieden zu sein. Er blätterte hin- und her. Der Richter schaute ihn fragend an. Prof. Dr. Wolff fand keine Hilfe in den Akten, denn diese waren ebenfalls geschwärzt, was er dann sehr recht kleinlaut zur Kenntnis brachte: »Ich kann Ihnen auch nicht sagen, was es mit den Schwärzungen auf sich hat. Ich habe auch nur diese«, und hielt eine Akte in die Luft.

Der Richter wandte sich von dem Staatsrechtler ab und richtete seinen Blick auf mich: »Wie Sie in Ihrem Widerspruch ausführten, sind Sie im Besitz von Belegen, die beweisen, dass das Gespräch mit besagtem V-Mann 123 am 27.2.1998 nicht stattgefunden haben konnte. Ich würde Sie nun bitten, diese dem Gericht vorzulegen.«

Ich hatte mir einen Fahrplan zurechtgelegt und die Praline für den Schluss vorgesehen.

Ich habe ihm in etwa so geantwortet: »*Herr Richter, ich möchte Ihnen im Folgenden mehrere Belege vorlegen, die beweisen, dass das Gespräch, auf das sich bekanntlich die Überwachungsmaßnahmen stützt, nicht stattgefunden hat. Und dann werde ich belegen, dass es den V-Mann 123 gar nicht gibt.*«

Ich machte eine kurze Pause und schaute zu Prof. Dr. Wolff, der meine Blicke erwiderte: »*Aber das wissen Sie, Prof. Dr. Wolff, ja am besten.*«

Das musste sein und ich kam ins Rollen: »*Als Erstes möchte ich auf das V-Mann-Protokoll Bezug nehmen, das das angebliche Gespräch mit* mir dokumentieren soll. Dort führt der V-Mann aus, dass ich gegenüber anderen erklärt habe, dass ich ›seit vier Monaten … in psychotherapeutischer Behandlung‹ sei. Mit diesem Hinweis verrät das Protokoll aber nicht den Verlauf eines Gespräches, sondern eine ganz andere Quelle.«

Ich machte wieder eine Pause und der Richter bat mich, das auszuführen. Dem kam ich gerne nach: »Aufgrund des eindeutigen Datums war es mir sehr leicht, die betreffende Passage zu überprüfen. Wenn ich das gewesen wäre, dann hätte ich gesagt, dass ich vor Kurzem eine Therapie begonnen habe. Jetzt könnte man annehmen, dass sich der V-Mann vielleicht verhört hat. Ich kann Ihnen einen anderen, plausibleren Grund nennen. Tatsächlich hat das BfV andere Quellen abgeschöpft und dies in das Protokoll eingefügt beziehungsweise implantiert.«

»Wie meinen Sie das?«

»Damit meine ich Unterlagen der Krankenkasse, die die Therapie bewilligen muss. Ich weiß, dass das eigentlich rechtswidrig ist, aber genau deshalb ist es schlau, diese Fakten irgendwo anders einzubauen, um so die Herkunft zu verschleiern. Aber das kann Ihnen bestimmt Prof. Dr. Wolff besser erklären.«

Der Richter schaute zu Prof. Dr. Wolff und dieser machte eine Handbewegung, die so unfreundlich wie eindeutig war.

»Gut, dann erkläre ich Ihnen jetzt, wie es zu diesem dummen Fehler kommen konnte. Für die Krankenkasse beginnt eine Therapie mit den ersten probatorischen Sitzungen, also mit der Suche nach passenden Therapeuten. In meinem Fall dauerte dies über drei Monate, bis ich mich für einen Therapeuten entschieden hatte. Das falsche Datum verrät also die echte Quelle. Das ist ein grober handwerklicher Fehler, nicht wahr? Was der angebliche V-Mann also erfahren haben will, steht nur so in den Unterlagen der Krankenkasse. Ich kann das alles deshalb auch so genau sagen, weil die erste therapeutische Sitzung wenige Tage vor dem ominösen Gespräch stattgefunden hat.«

»Gut, wenn dies alles zu diesem Punkt ist und Prof. Dr. Wolff keine Stellung dazu abgeben möchte, würde ich Sie bitten, den nächsten Beleg vorzutragen.«

»Gerne. *In besagtem Gespräch will der V-Mann 123 gehört haben, dass ich das Problem habe, wieder eingestellt zu werden, nachdem ein Kündigungsverfahren eingestellt werden musste und ich meine Arbeit als Jugendclubleiter fortsetzen konnte. Tatsächlich hätte ich ›keine Lust mehr‹ und wolle eh aufhören. Ganz offensichtlich ging das BfV davon aus, dass zu einem ›Berufsrevolutionär‹, zu dem mich der V-Mann 123 machte, nicht die Lohnarbeit eines Sozialarbeiters passe. Also musste ich ein Problem mit der Wiedereinstellung haben, um so dem Profil eines Berufsrevolutionärs gerecht zu werden. Auch diese Passage deutet sehr auf einen geschulten Profiler hin, also auf ein fingiertes Protokoll. Tatsächlich widersprach ich der Kündigung mit allen mir zur Verfügung stehenden Mitteln. Dank der arbeitsrechtlichen Einwände und der Unterstützung vonseiten der MitarbeiterInnen und der kirchlichen Mitarbeitervertretung (MAV) zog der Arbeitgeber die Kündigung zurück und musste mich zum 1.3.1998 wieder einstellen.*«

»Wollen Sie dazu Stellung nehmen, Herr Prof. Dr. Wolff?«

Auch dieses Angebot des Richters schlug Wolff aus, was mir die Gelegenheit gab, den vorletzten Punkt auszuführen. Auch dieser hat eine feine Note. »*In der Begründung zur Verlängerung der G-10-Maßnahmen wurde ein abgehörtes Telefonat angeführt, das belegen sollte, dass ich ›intensive Kontakte‹ zu weiteren Mitgliedern dieser terroristischen Vereinigung habe. Das Gespräch selbst war so von Schwärzungen geprägt, dass der Inhalt keine Zuordnung ermöglichte. Aber auch hier schlug ein weiteres Mal der Fehlerteufel zu. Man schwärzte viel, aber vergaß das, was in den Fußnoten stand. Dort fand sich der Name eines weiteren angeblichen Mitgliedes dieser Vereinigung. Damit konnte ich rekonstruieren, was es mit diesem Gespräch auf sich hat: Es handelte sich um eine Mitarbeiterin im evangelischen Jugendclub Griesheim, also um ein abgehörtes Dienstgespräch. Das ist aus einem weiteren Grund schwerwiegend. Denn mithilfe dieses manipulierten ›Beweises‹ täuschte man den G-10-Ausschuss des Bundestages, um so die Zustimmung zu einer weiteren Verlängerung der Überwachungsmaßnahmen zu erwirken.*«

Der Richter blickte wieder zum Prozessbevollmächtigten der Bundesrepublik, dieser schüttelte ein weiteres Mal den Kopf.

»Gut, dann kommen wir, soweit ich das den Unterlagen entnehmen kann, zum letzten Punkt Ihrer Klage. Sie behaupten darin, dass es den V-Mann 123 gar nicht gibt. Dies könnten Sie, wenn ich es richtig in Erinnerung habe, durch einen Tagebucheintrag belegen.«

Dem komme ich sehr gerne nach. Normalerweise weiß man zehn Jahr später nicht, was man am 27. Februar 1998 gemacht, wo man sich aufgehalten hat. Hier kommt eine Besonderheit in meinem Leben zum Tragen: Ich führe ein Tagebuch, entweder in Stichworten oder mit längeren Ausführungen. Ich ging also mein Tagebuch aus dem Jahre 1998 durch und fand für den Tag eine eindeutige Eintragung. Ich hielt mich an diesem Tag gar nicht in Frankfurt auf. Damit ist belegbar, dass es weder das besagte Treffen gab noch einen V-Mann, der das mitbekommen haben kann. Also ist auch das Protokoll eine Fälschung.

»Würden Sie das Tagebuch dem Gericht als Beweisstück zur Verfügung stellen?«

Ich mache einen Vorschlag, denn ich möchte die Beweislast nicht umkehren. Ich denke da an folgende Reihenfolge. Herr Prof. Dr. Wolff wird dafür sorgen, dass der V-Mann 123 hier vor Gericht erscheint, um unter anderem zu erklären, wo das Gespräch am 27. Februar 1998 in Frankfurt genau stattgefunden haben soll. Das ist sicher in den Akten vermerkt, die Ihnen, Prof. Dr. Wolff, ganz bestimmt zugänglich gemacht wurden. Im Gegenzug wird mein Rechtsanwalt mein Tagebuch aus dem Jahr 1998 vorlegen. Dort werden Sie einen Eintrag finden, der beweist, dass ich an besagtem Tag überhaupt nicht in Frankfurt war. Damit ist nicht nur bewiesen, dass es das bespitzelte Gespräch gar nicht gab, sondern auch die Nichtexistenz des V-Manns 123.

Ich lehnte mich zurück, denn die Präsentation mit meiner Praline am Schluss war gelungen. Prof. Dr. Wolff hätte sie ausgepackt und zwischen beiden Fingern zerquetscht, wenn er dazu in der Lage gewesen wäre. Stattdessen schwieg er. Der Vorsitzende

Richter nutzte die Gelegenheit für ein vorläufiges Schlusswort. Er äußerte Zweifel an der Existenz des V-Mannes und ließ durchblicken, dass es in der Rechtspraxis üblich sei, eine Person dann für unglaubwürdig zu halten, wenn sie in mehreren Einlassungen erwiesenermaßen die Unwahrheit gesagt hat. Wäre dies der Fall, wäre das Gespräch in seiner Gesamtheit unglaubwürdig.

»Nun, Herr Prof. Dr. Wolff, wollen Sie zu dem Vortrag des Klägers etwas sagen?«

Prof. Dr. Wolff schwante Schlimmes, ein doppeltes Fiasko: Wenn der V-Mann 123 existieren würde, wären die angeordneten G-10-Maßnahmen rechtswidrig, wenn er nie existiert hat, erst recht. So viel jedenfalls konnte man ihm im Gesicht ablesen.

»Ich werde mit meiner Behörde Rücksprache halten.« Er machte eine kurze Pause. Dann sinnierte er laut vor sich hin: »Ob der V-Mann getürkt ist oder nicht, kann nur eine höhere Instanz entscheiden.«

Nachdem auch er den Schaden seiner Aussage erkannte, verwässerte er das Gesagte zu einem persönlichen Zwiespalt: »Ich weiß nicht, ob der V-Mann 123 existiert.« Damit wollte er wohl sagen, dass er aus dieser Nummer raus ist.

Um 12.32 Uhr beendete der Vorsitzende Richter die Verhandlung. Eine Stunde später stand das mündliche Urteil fest: »Es wird festgestellt, dass die Anordnungen des Bundesministers des Inneren vom 20. April und 20. Juli 1998 zur Überwachung und Aufzeichnung des Fernmeldeverkehrs des Klägers (Zeitraum vom 28. April bis zum 23. Oktober 1998) sowie zur Öffnung und zum Einsehen der für den Kläger bestimmten Postsendungen (Zeitraum vom 11. Mai bis zum 28. Oktober 1998) rechtwidrig waren.« (Beschluss der 1. Kammer des Verwaltungsgericht Berlin vom 8.7.2009/ VG 1 A 10.08)

Unter dem Titel »Traumberuf Terrorist« veröffentlichte Jörg Schindler für die *Frankfurter Rundschau* am 9.7.2009 folgende Gerichtsreportage:

»Vor dem Verwaltungsgericht Berlin ging es an diesem Mittwoch um einen Spion, der womöglich nie lebte. Die Beklagte war die Bundesrepublik Deutschland, der Kläger ein Künstler und Politaktivist – der Fall ein Lehrstück darüber, wie schnell man bisweilen zum ›Terroristen‹ werden kann.

Am 7. Dezember 2006 erhält Wolf Wetzel einen Brief vom Bundesamt für Verfassungsschutz. 1998, heißt es darin, sei er rund sechs Monate lang abgehört worden, auch seinen gesamten Briefverkehr habe man kontrolliert.

Ein schwerwiegender Grundrechtseingriff. Der Anlass: Der Frankfurter wurde verdächtigt, Mitglied einer Terrorgruppe namens Autonome Rhein-Main-Koordination (ARMK) zu sein. Entsprechende Ermittlungen verliefen jedoch im Sand. Wetzel ist erstaunt.

Der 54-Jährige macht keinen Hehl daraus, dem Staat kritisch gegenüberzustehen. Er war bei Aktionen gegen die Startbahn West, Castor-Transporte und anderen linken Vollversammlungen dabei. Auch wurde er 1996 im Frankfurter Szenetreff Café Exzess festgenommen und sofort wieder freigelassen, nachdem er sich als Journalist ausweisen konnte. (…) Wolf Wetzel nimmt sich einen Anwalt.

Die Schriftsätze, die seither hin- und herfliegen und der *FR* in Auszügen vorliegen, zeigen einen bemerkenswerten Umgang staatlicher Stellen mit Mutmaßungen und Fakten. Um die Überwachung Wetzels zu rechtfertigen, stützen sich die Ermittler im Wesentlichen auf ein Gespräch, das er am 27.2.1998 mit dem ›V-Mann 123‹ geführt haben soll.

Folgt man dem Verfassungsschutz, beichtete Wetzel darin nicht nur psychische und arbeitsrechtliche Probleme, verriet Anschlagspläne und -ziele, plauderte gar über mögliche Mitstreiter. Auch soll er – angeblicher Mitgründer einer angeblich hoch konspirativen Bande – dem nicht zur Gruppe gehörenden Mann anvertraut haben, sein ›Traumberuf‹ sei ›Berufsrevolutionär‹. ›Das gibt's nicht mal bei James Bond‹, sagt Wetzel.

Auch die Verwaltungsrichter zeigten sich am Mittwoch erstaunt: Von derartiger Zutraulichkeit, so der Vorsitzende Hans-Peter Rueß, ›träumt ja jeder Verfassungsschutz‹. (…) Da sich der Verfassungsschutz weigert, den genauen Ort und die Zeit der Terror-Beichte preiszugeben, und Wetzel schwört, das Gespräch habe nie stattgefunden, sagt sein Anwalt Thomas Kieseritzky: ›Den V-Mann gibt es nicht.‹ (…) Merkwürdig auch, dass die damalige Rundum-Überwachung von Wetzel nach drei Monaten vor allem deshalb weiter genehmigt wurde, weil er ›intensive Kontakte‹ zu einer Person unterhielt, deren Name in den Akten geschwärzt ist. Dummerweise übersah das Amt an einer Stelle den Namen, Wetzel weiß daher, dass es sich um Barbara B. (Name der Red. bekannt) handelte. Sie war damals Sozialarbeiterin in einem kirchlichen Jugendtreff in Frankfurt-Griesheim, den Wetzel leitete. ›Intensive Kontakte‹ mit ihr bestreitet er naturgemäß nicht. Eine ARMK-Zugehörigkeit konnte auch der Frau nie nachgewiesen werden. Dass der G10-Ausschuss des Bundestages, der weitreichende Überwachungen genehmigen muss, Grundrechtseingriffe auf derart dünner Beweislage durchwinkt, hält Kieseritzky für erstaunlich: ›Dem Ausschuss kann man offenbar einiges zumuten, ohne dass kritisch nachgefragt wird.‹

Das Gericht erklärte die gesamte Abhöraktion nun für rechtswidrig. Der Verfassungsschutz habe nur behauptet, aber nie bewiesen, dass es tatsächliche Anhaltspunkte für sein Vorgehen gebe. Zu den ›erheblich geschwärzten‹ Akten sagte Richter Rueß: ›Das erschließt sich uns nicht.‹ Das wiederum fand der Prozessvertreter der Bundesrepublik unfair: ›Im Vergleich zu anderen Fällen ist das hier ein sehr transparentes und faires Vorgehen.‹«

Das hieß wohl nichts Gutes für andere Fälle.

Zwei Hülsen und eine dritte Hand

2011

»Ich stelle die Situation für Sie einmal nach. Ein Mann schießt in einem Campingwagen einen anderen Mann tot. Dafür benutzt er eine Pumpgun, also eine Waffe, die über 80 Zentimeter lang ist. Er lädt nach und eine Hülse fällt dabei heraus. Er setzt sich ans andere Ende des Campingwagens, klemmt sich die Pumpgun zwischen die Füße und schießt sich in den Kopf. Er ist sofort tot. Später findet man zwei Hülsen im Campingwagen. Fällt Ihnen etwas auf?«

»*Nein. Das passt doch alles: Zwei Schüsse, zwei Hülsen.*«

»Sie haben noch nie eine Pumpgun benutzt?«

»*Nein. Gehört nicht zu meinen Alltagsgegenständen.*«

»Es ist ganz einfach. Wenn der zweite Mann sich erschießt, dann gibt es keine zweite Hülse.«

»*Verstehe ich nicht.*«

»Er müsste ja erst wieder nachladen, damit die zweite Hülse ausgeworfen wird. Das machen Tote nicht.«

»*Ja, das leuchtet ein. Aber es gibt auch die These, dass der Nachladevorgang dadurch ausgelöst worden sei, dass die Waffe zu Boden fiel.*«

Der Waffenexperte schaut mich lachend an. »Absolut ausgeschlossen. Wenn die Waffe nach dem zweiten Schuss zu Boden fällt, weil sie dem Selbstmörder aus der Hand fällt, dann löst das gar nichts aus, weder den Nachladevorgang noch den Auswurf der zweiten Hülse.«

Der Mann, der mir das erklärt, ist mit meinem verdutzten Gesicht offenbar sehr zufrieden. Ich schaue ihn an, gehe das Gesagte schnell durch und wage ein Fazit: »*Dann muss es mindestens einen dritten Mann geben, der nachgeladen hat, jemand, der noch lebt.*«

Der versierte Waffenexperte streckt den Daumen nach oben und nickt mir zu.

Dieses finale Ereignis im Campingwagen sollte für mich zu einer Schlüsselszene in dem Fall werden, der mich beschäftigte. Wenn der Waffenexperte richtig liegt, dann stellt das alles auf den Kopf, was in den darauffolgenden Jahren an »Erkenntnissen« und »Ermittlungsergebnissen« folgte.

Es geht um das angebliche Ende der neonazistischen Gruppe »Nationalsozialistischer Untergrund« (NSU). Die mit dem Waffenexperten diskutierte Szene soll sich am 4. November 2011 in einem Campingwagen abgespielt haben, der in einer Straße in Eisenach-Stregda abgestellt worden war. Am Tag danach stand bereits fest, dass es sich nicht um einen tragischen Camperunfall handelte, sondern um den Tod zweier polizeilich bekannter Neonazis: Uwe Mundlos und Uwe Böhnhardt. Was es mit den beiden Toten auf sich hatte, wurde in schwindelerregender Geschwindigkeit aufgeklärt: Es handelte sich um die in die Illegalität abgetauchte Neonazi-Gruppe NSU, die exakt aus drei Mitgliedern bestünde. Zwei hätten einen »einvernehmlichen Selbstmord« begangen und das dritte Mitglied habe sich vier Tage später gestellt: Beate Zschäpe. Was man in den vorangegangenen elf Jahren nicht gewusst haben will, stand nun in Windeseile fest: Der NSU habe seit 2000 zahlreiche Banküberfälle und insgesamt neun Morde begangen. Acht Opfer seien aus rassistischen Gründen ermordet worden und der Mordanschlag auf Polizisten in Heilbronn 2007 wurde damit erklärt, dass sie eben Polizisten waren. So ahnungslos man angeblich elf Jahre gewesen sein will, so sicher war man sich jetzt innerhalb weniger Wochen. Dabei kamen geradezu unheimliche Glücksfälle dazu: Der verkohlte Campingwagen, den Uwe Mundlos noch zwischendurch in Brand gesteckt haben soll, entpuppte sich als fahrende Asservatenkammer. Dort fand man – trotz Feuer – alles, was die Aufklärung zum Kinderspiel machen sollte: eine Jogginghose mit Blutanhaftungen der in Heilbronn ermordeten Polizistin Michèle Kiesewetter, die beiden entwendeten Dienstpistolen und Handschellen, weitere Waffen, Geld vom letzten Banküberfall und besagte Pumpgun, an der es keine Fingerabdrücke gab.

Trotz dieser »Glücksgriffe« reihten sich Ermittlungspannen wie Glasperlen aneinander. Dazu passten auch Hunderte von Ermittlungsakten, die aus Versehen oder aufgrund eines »Wasserschadens« unbrauchbar gemacht wurden.

Für mich passte nichts zusammen – oder auf eine andere Art und Weise doch. Denn wer so viel Manipulationen vornehmen muss, schützt ein Ermittlungsergebnis, das mit den tatsächlichen Tatabläufen nichts bis wenig zu tun hat.

All das brachte mich immer wieder zu dieser Selbstmordversion zurück. Dabei kam mir ein weiterer Waffenexperte zu Hilfe, den die N24-Dokumentation »Der NSU – Eine Spurensuche« vom 4. November 2013 zu Wort kommen ließ. Anhand einer baugleichen Winchester demonstrierte der Waffenbauer Siegmund Mittag, dass es bei dieser komplett manuell zu bedienenden Langwaffe unmöglich sei, die Selbstmordthese mit den gefundenen zwei ausgeworfenen Hülsen aufrechtzuerhalten: »Geht nicht«, war seine klare Antwort.

In den folgenden fünf Jahren reizte es mich immer wieder, zwei Mauern zu überwinden oder zumindest über sie hinausschauen zu können.

Die erste Mauer ist die staatliche Selbstmordversion selbst: Was wäre, wenn sich die beiden NSU-Mitglieder nicht selbst umgebracht hätten? Wer sollte es dann getan haben? Warum geht niemand ernsthaft diesen offensichtlichen Zweifeln und Unstimmigkeiten nach? Was könnte im schlimmsten Fall dabei herauskommen? Ein tödlicher Streit unter Neonazis? Warum sollten Ermittlungsbehörden einen solchen Tathergang vertuschen? Warum wurde mit großer Professionalität der Tatort »kontaminiert«, also unbrauchbar gemacht? Wurden mit großem und riskantem Aufwand Spuren verwischt, die die Rolle staatlicher Institutionen genauer ausleuchten könnten?

Die zweite Mauer baute sich buchstäblich während meiner Recherchen auf, eine Mauer, mit der ich nie gerechnet hätte. Dass bürgerliche, staatsnahe Medien kein großes Interesse daran haben, der Möglichkeit eines Mordgeschehens nachzugehen, ist nicht sonderlich verwunderlich. Aber warum macht die Linke keinen Pieps? Warum gibt es von dieser Seite keinen vehementen Widerspruch?

Je unglaubwürdiger die Eisenacher Selbstmordthese wurde, desto größer wurde die Mauer des Schweigens, die zudem ungewöhnlich aggressiv verteidigt wurde. Plötzlich war ich mit der Verdächtigung konfrontiert, dass ich mit meinen Zweifeln und meinen Recherchen den Nazis in die Hände arbeiten würde. Anfangs dachte ich an einen Dachschaden, bis ich die »Logik« dann doch verstand. Da einige neonazistische Gruppierungen die Selbstmordversion auch in Zweifel zogen, wurde ich mit meinen Zweifeln zum »Bündnisgenossen« von Neonazis. Diese Logik trieb mich noch mehr an, meinem Argwohn nachzugehen. Dass ich damit zwischen alle Stühle geriet, war mir klar.

Meine politische Arbeit war also unter diesen Bedingungen schwierig und emotional sehr brüchig. Ich fragte mich immer wieder: Für wen machst du das? Ein Schriftsteller würde vielleicht sagen: für mich selbst. Aber ich mache es, um jene zu ermutigen, die nicht alles hinnehmen. Aber was mache ich dann, wenn es diese »andere« Seite gar nicht will, wenn sie mein Tun sogar als Gefahr ansieht?

Auch deshalb war ich aufgeregt, als ich erfuhr, dass der Politthriller »Die schützende Hand« von Wolfgang Schorlau im Fernsehen gezeigt werden würde. Ich wusste, dass er an diesem Thema dran war und viel Material gesammelt hatte. Wie wird er das Thema angehen? Gelingt es ihm, all die Widersprüche und Unterschlagungen in eine spannende und glaubwürdige Geschichte zu packen?

Ich freute mich auf diesen Fernsehabend. Denn in den fünf zurückliegenden NSU-Jahren gab es sehr wenig Momente, die mich in meinem Tun bestärkt hatten. Immer gegen den Strom zu schwimmen, ist anstrengend, auch wenn die Richtung stimmt. Das ist in Ordnung, wenn man mit halbwegs vielen gegen den Strom schwimmt. Das aber war in punkto NSU nicht so.

Am 6. November 2017 wurde im ZDF die »Schützende Hand« ausgestrahlt. Der NSU-Skandal und seine Aufarbeitung hatten also bereits sechs Jahre auf dem Buckel. Da der NSU-Prozess in München am Ende das bestätigt hatte, was zuvor schon als Richt/er/schnur ausgegeben wurde, konnte man sich dieses cineastische Trostpflaster leisten.

Im Zentrum des Krimis stand meine Schlüsselfrage: Der Privatdetektiv Dengler, den man beim Bundeskriminalamt rausgeschmissen hatte, aber immer noch hochkarätige Kontakte dorthin pflegte, bekommt von einem unbekannten Auftraggeber genug Geld, um folgende Frage zu beantworten: Wer erschoss Uwe Mundlos und Uwe Böhnhardt? Anfangs dachte er an das viele Geld und dass sich die in der Frage mitschwingende Annahme als absurd herausstellen würde. Doch je mehr er sich in den Fall vertiefte, desto mehr Zweifel bekam er. Am Ende seiner Ermittlungen kommt er zu dem Schluss, dass der Selbstmord die unwahrscheinlichste Todesursache war, dass also ein Mordgeschehen am wahrscheinlichsten ist.

Nach Ausstrahlung des Films blieb man in den staatstragenden Medien weitgehend locker und verwies mit großem Ernst darauf, dass es ja nur ein Thriller sei, der es mit der Wahrheit nicht genau nehmen müsse. So quälte sich die *Frankfurter Rundschau* für eine eiertanzende »Würdigung« dieses Filmes ab: »Die Leichen von Mundlos und Böhnhardt wurden an diesem Tag in einem

Wohnmobil in Eisenach-Stregda gefunden, aber vieles will nicht zusammenpassen: Unwahrscheinliche Zeiträume, verhinderte Leichenschau, verschwundene Fotodateien und Gehirnteile, bizarre Kugelflugbahnen, fehlende Fingerabdrücke, Lagerung des Wohnmobils an einem frei zugänglichen Ort.« Um dann zum Wesentlichen zu kommen: »Nichts Genaues weiß man natürlich trotzdem nicht.«

Während die allermeisten Medien halbwegs entspannt die »Schützende Hand« durchwinkten, sah das auf der linken Seite anders aus. Hier traf der Thriller mitten ins antifaschistische Herz: Man behauptet zwar unentwegt, staatskritisch zu sein, und kritisiert auch ab und an die Rolle von Polizei und Geheimdienst. Aber Wolfgang Schorlaus Film passte der Linken nicht. Warum?

Angesichts der haarsträubenden Faktenlage wäre es doch für die Linke (ob parlamentarisch oder außerparlamentarisch) die Gelegenheit gewesen, sich zu profilieren. Wie kann man die sagenhafte Pannenserie erklären – außer mit esoterischen Anwandlungen? Warum drehen alle durch, wenn man eine Mordversion in einem Krimi für plausibel hält? Wo würde eine Mordversion hinführen? Wer könnte ein Motiv für einen solchen Doppelmord haben?

Tatsächlich reduzierte die staatskritische Linke den »Fall NSU« fast völlig auf Rassismus. Bis zu diesem Film hatte Schorlau mit seiner Dengler-Serie ein gern gesehenes Krimivergnügen präsentiert. Jetzt aber war er unten durch. Mit entsprechender Prominenz meldete sich Katharina König-Preuss zu Wort. Sie war Landtagsabgeordnete für die Partei DIE LINKE und Mitglied im parlamentarischen Untersuchungsausschuss (PUA) zum NSU-Komplex in Thüringen. In einem Beitrag für die Zeitung *Der Freitag* (Ausgabe 44/2017) wütete sie über den Film, über seine Ausstrahlung und riet all ihren Freundinnen, alles Mögliche zu machen, zum Beispiel alle zehn Sekunden Facebook zu aktualisieren, um nur nicht diesen Film anzuschauen.

Ihre Warnung vor diesem Film hatte die Kraft einer Lösch-kanone: »Abseits einer gefühlt bereits Hunderte Male gehörten, längst widerlegten und nun noch verfilmten Verschwörungstheo-rie, die auch durch abgekühlte Blaustichromantik nicht aus ihrer Langeweile befreit wird, bleibt eine Erkenntnis: Dieser Film the-matisiert ebenso wenig wie der Roman die entscheidenden Fragen rund um den NSU-Komplex.«

Was aber waren denn die »entscheidenden Fragen«? Die Ant-wort von Katharina König-Preuss: Der Film »relativiert und negiert durch Nichtthematisierung den zugrunde liegenden Rassismus«.

Das ist wirklich ein starkes Brett. Ihre – bewusst gesetzte – Trig-gerbotschaft sollte alle anderen Themen im NSU-Zusammenhang in den Wind schlagen. Denn wer will sich mit dieser Warnung im Nacken beim Zuschauen der Beihilfe schuldig machen, Rassismus zu relativeren oder gar zu leugnen?

Als ich das gelesen hatte, stieg die Wut in mir hoch. Das war für mich Staatsraison bis zum politischen Selbstmord.

Katharina König-Preuss konnte den Film, die an- und durchge-spielte Variante eines anderen Geschehensablaufs als Selbstmord, für misslungen halten. Doch wenn es so viele »anerkannte« Pan-nen bei der Tatortanalyse und Beweiswürdigung gab, dann ist es doch nicht des Teufels, die Indizien aneinanderzulegen, die für einen Mord sprechen. Das Buch von Wolfgang Schorlau hatte dies getan – mit einem ausgiebigen Dokumentenanhang.

Mir war klar, dass es keinen Sinn machte, Katharina König-Preuss mit all den Widersprüchen zu konfrontieren. Für sie und ihre politische Karriere war und ist es essenziell, dass der Selbst-mord ein Selbstmord bleibt. Alles andere würde möglicherweise in politische und institutionelle Kreise führen, auf die Die Linke als Regierungspartei in Thüringen angewiesen ist.

Also machte ich ihr folgenden handfesten Vorschlag: Es wird ein großer Veranstaltungsraum angemietet. Die Veranstaltung bekommt den Namen: »Show down – Eisenach reloaded« und wird flächendeckend beworben. Der Eintritt ist kostenlos. Hauptdarsteller sind zwei prominente und über alle Landesgrenzen hinaus bekannte Persönlichkeiten: zum einen der ehemalige BKA-Chef Jörg Ziercke und zum anderen das damalige Ausschussmitglied der Linken im PUA in Thüringen Katharina König-Preuss. Beide vertraten lautstark die Selbstmordthese und tun es immer noch.

Zuerst betritt ein Waffenhändler die Bühne und überprüft die Pumpgun auf ihre Funktionsfähigkeit. Bestätigt er den ordnungsgemäßen Zustand der Waffe, kann es losgehen.

Beide bekommen abwechselnd 20 Versuche, den behaupteten Tatvorgang am 4. November 2011 nachzustellen. Beide setzen sich dazu an die Wand. Dann positionieren sie die über 80 Zentimeter lange Waffe am Kopf, drücken ab und lassen danach die Pumpgun fallen. Wenn dabei eine Hülse ausgeworfen wird, haben sie gewonnen.

Katharina König-Preuss hat auf diesen ernst gemeinten Vorschlag nicht geantwortet.

Die Haltung wie die der vielen »Katharina König-Preuss'« trifft mich, macht mich wütend und treibt mich bis heute um. Um mich selbst einzufangen und die Geschehnisse einzuordnen, habe ich viel über die Weimarer Zeit gelesen, die dem deutschen Faschismus vorausging und ihn möglich gemacht hatte.

Dabei bin ich auf ein Zitat von Hannah Arendt gestoßen, das mir aus dem Herzen spricht:

»Die Frage der Moral tauchte erst mit dem Phänomen der Gleichschaltung auf, weniger aus einer sich aus Angst speisenden Heuchelei, sondern mehr aus diesem sehr früh an den Tag gelegten Eifer, nur ja nicht den Zug der Geschichte zu verpassen, und mit diesem sich manchmal über Nacht vollziehenden Gesinnungswandel, der die große Mehrheit der öffentlichen Personen quer durch alle Schichten und Berufe erfasste, während lebenslange

Freundschaften mit unglaublicher Leichtigkeit aufgekündigt und abgebrochen wurden. Kurz gesagt, was uns verstörte, war nicht das Verhalten unserer Feinde, sondern das Verhalten unserer Freunde, auch wenn sie für das, was geschehen war, eigentlich nichts konnten; sie waren nicht verantwortlich für die Nazis, sondern nur von deren Erfolg beeindruckt, und sie waren unfähig, ihr eigenes Urteil gegen den, wie sie es sahen, Urteilsspruch der Geschichte zu setzen. Ohne diesen fast vollständigen Zusammenbruch, weniger der persönlichen Verantwortung als vielmehr des persönlichen Urteilsvermögens in den Anfangszeiten des Nationalsozialismus, kann man unmöglich verstehen, was tatsächlich später geschehen ist.«

Soweit ich die Gedanken von Hannah Arendt zeitlich zuordnen kann, meint sie mit dem »Zug der Zeit« nicht die Nazi-Diktatur ab 1933, sondern die Zeit davor, als der unselige »Zug« Fahrt aufnahm, als man ihn noch hätte stoppen können.

Späte Berufung:
Meister der Verschwörungstheorie

2015

Etwa 50 Jahre lang hatte ich es mit der Polizei und dem Geheimdienst zu tun. Das war mein, unser Gegner. Das fing beim Häuserkampf in Frankfurt Anfang der 1970er-Jahre an, setzte sich mit der Startbahn- und Häuserkampfbewegung in den 1980er-Jahren fort und war in den 1990er-Jahren sehr stark von antirassistischen und antifaschistischen Aktivitäten – im Zuge der »Wiedervereinigung« – geprägt.

Es ging dabei nicht um mich, sondern um eine politische Strömung, um Bewegungen. Ich selbst bekam davon selten etwas mit. Das lag natürlich auch daran, dass ich selbst nicht exponiert in Erscheinung getreten bin. Zumindest war das mein Anliegen. Ich verstand mich als Teil einer Gruppe und einer Bewegung. Von daher hatte ich nicht das Gefühl, dass Repression mir galt. Auch die medialen Anfeindungen, die es zuhauf gab, haben mich nicht wirklich getroffen. Dazu waren zu viele gemeint, als dass ich es hätte persönlich nehmen können.

Das änderte sich, als ich das Feld der Bewusstseins- und Kulturindustrie betrat. Das hat natürlich auch damit etwas zu tun, dass man dann als Ich-AG greifbar ist und somit alles, was in diesem Kontext passiert, auch auf sich beziehen kann und muss.

Die hier herrschenden Regeln sind sehr schnell zu verstehen. Für gewöhnlich wird eine Meinung, eine politische Haltung, die nicht mitmacht, gar nicht erst wahrgenommen beziehungsweise berücksichtigt. Man wird unsichtbar gemacht. In unser Jetztzeit hat man dafür das passende Wort, »Silencing«, gefunden. Das hat mich nicht weiter betroffen, denn ich wollte nicht zu diesem Laufstallkonsortium dazugehören. Ich schrieb für die Tageszeitung *Junge Welt* und die Onlineplattform NachDenkSeiten. Dennoch fehlte mir, dass mein Tun nicht in eine politische Bewegung eingebettet, dort aufgegriffen und gebraucht wurde.

Das änderte sich so um das Jahr 2014. Plötzlich bekam ich Gegenwind – jedoch von unerwarteter Seite. Ein Jahr zuvor war »NSU-Watch: Aufklären und Einmischen« ins Leben gerufen worden. Einerseits freute ich mich über jede Initiative, die sich in den NSU-VS-Komplex einmischte und so das weitgehende Schweigen im linken Spektrum zu durchbrechen half. Gleichzeitig war ich über die verhaltene Positionierung dieser Initiative, die der Partei Die Linke nahesteht, ziemlich enttäuscht. Man wollte »neutral« über die verschiedenen parlamentarischen Untersuchungsausschüsse zum NSU-Komplex und über den laufenden Prozess in München berichten. Dass es mehr denn je darauf ankam, sich auf die Seite derer zu stellen, die der staatlichen Pannen- und Zufallstheorie widersprachen, war mein Anliegen. Außerdem fehlte mir gänzlich eine kritische Haltung zum Instrument der parlamentarischen Untersuchungsausschüsse, die von den Parteien dominiert waren, die das NSU-Debakel zu verantworten hatten.

Und nun geschah das: Plötzlich forderten NSU-Watch-Gruppen Veranstalter in mehreren Städten dazu auf, mich auszuladen. Andernfalls würden sie ihren Referenten und ihr Geld zurückziehen. Das lief alles hinter meinem Rücken, und als ich dies ansprach und zu einer öffentlichen Auseinandersetzung aufforderte, kam Schweigen als Antwort. Der Vorwurf dieser NSU-Watch-Gruppen lautete, dass ich Verschwörungstheorien verträte und ein Interview für KenFM gegeben hätte. Damit hatte man all die Utensilien schon einmal auf den Tisch gelegt, die später zum Standardbesteck der Denunziation gehörten: Verschwörungstheorie und, zur Absicherung, Verbindung zu Antisemiten. Ken Jebsen wurde damals mit dem meines Erachtens haltlosen Vorwurf des Antisemitismus aus dem rbb-Sender geworfen und ist seitdem als solcher gebrandmarkt.

Von diesen Vorwürfen erfuhr ich jedoch nur hinter vorgehaltener Hand. Es gab keine einzige Stellungnahme zu den zahlreichen Texten, die ich zum NSU-VS-Komplex publiziert hatte. Keine Widerrede, die selbst nachprüfbar argumentiert und Stellung bezogen hätte. Ich machte mir keinen Reim aus diesem denunziatorischen Verhalten und suchte jetzt nach Erklärungen. Und tatsächlich gibt es einen entscheidenden Wendepunkt in der Politik der linken Partei, die sich in der Vorgehensweise von NSU-Watch widerspiegelte.

Bis 2013 war Die Linke überall eine kleine, machtpolitisch unbedeutende Partei. Im Osten deutlich stärker, im Westen eine Fußnote. Gerade ihre Oppositionsarbeit in Thüringen, zentraler Ausgangspunkt des NSU, war gut und wirkungsvoll. Das zeigte sich besonders im parlamentarischen Untersuchungsausschuss, der auch in Thüringen eingerichtet wurde. Man schöpfte weitgehend die begrenzten Möglichkeiten des »schärfsten Schwertes« des Parlaments aus.

Das spiegelte sich im Abschlussbericht des Ausschusses aus dem Jahr 2014 wider:

»Die im Anschluss an die sog. Garagendurchsuchung (1999, W. W.) und das Untertauchen von Böhnhardt, Mundlos und Zschäpe durchgeführte Fahndung nach den Untergetauchten ist in einem so erschreckenden Ausmaß von Desinformation, fehlerhafter Organisation, Abweichungen von üblichem Vorgehen und Versäumnissen bei der Verfolgung erfolgversprechender Hinweise und Spuren durchsetzt, dass es dem Ausschuss nicht mehr vertretbar erscheint, hier nur von »unglücklichen Umständen«, »Pannen« oder »Fehlern«, wie sie natürlicherweise auch bei besten Vorsätzen nie ausgeschlossen werden können, zu sprechen. Im günstigsten

Fall steht hinter dem festgestellten umfassenden Versagen vieler Akteure schlichtes Desinteresse am Auffinden der drei Gesuchten im Vergleich zu anderen Aufgaben, die den damals Handelnden möglicherweise tagesaktuell wichtiger erschienen. Die Häufung falscher oder nicht getroffener Entscheidungen und die Nichtbeachtung einfacher Standards lassen aber auch den Verdacht gezielter Sabotage und des bewussten Hintertreibens eines Auffindens der Flüchtigen zu.« (S. 1582) … Mit der Zurückhaltung wichtiger Informationen, die die Ermittlung des Aufenthalts der Flüchtigen hätten voranbringen können und deren Verbindungen zur Vorbereitung und Durchführung von Banküberfällen nahegelegt hätten, hat das TLfV (Thüringer Landesamt für Verfassungsschutz) zumindest mittelbar die Flüchtigen geschützt …«

Doch dann kam der überraschende Wahlkampfsieg in Thüringen im selben Jahr. Die Linke wurde stärkste Kraft, stellte mit der SPD und den Grünen die Landesregierung und mit Bodo Ramelow den Ministerpräsidenten.

Der neue »Landesvater« hatte noch ein Jahr zuvor in dem Beitrag »Staatsgeheimnisse um NSU« folgenden Kenntnisstand: »Drittens steht die Frage nach einer ›ordnenden Hand‹ in den Behörden, die Frage nach dem ›tiefen Staat‹. Dabei tauchen die Stichworte ›Stay behind‹ und ›Gladio‹ auf. Schnell landet man bei Verschwörungstheorien. Doch seriöse Recherche bringt Erstaunliches ans Licht. Dazu gehört die Behauptung eines Zuträgers, während der Hinrichtung von Kiesewetter sei ein US-Geheimdienst in der Nähe gewesen. Diese anfangs spektakuläre Meldung verschwand aus den Medien und wurde mit Hinweisen auf die Unglaubwürdigkeit des Zeugen gekontert. Doch in einer Vernehmung des letzten Sonderkommissionsleiters, der den Fall Kiesewetter untersuchte, kommt ans Licht, dass ein Fahrzeug eines ausländischen Dienstes in der Nähe war. (…) Die Generalbundesanwaltschaft hat Polizeiprotokolle, Ermittlungsstände und Obduktionsberichte zum 4. November 2011 unter Verschluss genommen. (…) Mir wurde nach dem 4. November durch Polizisten mitgeteilt, dass ihnen in Gotha und Eisenach Leute von MAD und Bundesnachrichtendienst (BND) auf den Füßen herumtrampelten. Auch zum ausgebrannten Wohnmobil ist Verblüffendes zu lesen. Auf Fotos vom Fahrzeuginneren sollen geschmolzene Spuren der Plexiglasfenster und Schmutz auf der Matratze zu erkennen sein sowie darauf ein nagelneuer, sauberer Rucksack. Dieser Rucksack war mit 23 000 Euro aus einem Banküberfall gefüllt. (…) Es gibt weitere Fragen. Warum war der Leiter der Polizeidirektion Gotha sehr früh der Meinung, dass alle Beteiligten noch sehr lange an den Erkenntnissen kauen würden? Warum hatte die Polizei Gotha Informationen zu allen heute vom NSU-Ermittlungsverfahren Betroffenen schon am Tag nach dem Wohnmobilbrand an die Whiteboards pinnen können? Warum sind alle Bombenspuren, alle Sprengstofffunde, alle Asservaten – sowohl in Köln als auch in Thüringen – nicht mehr existent? Die Herkunft von Sprengstoff kann man prüfen. Hätte das Ergebnis auf staatliche Stellen hingewiesen?«

Doch nun war dieses profunde Wissen in den Reihen der Linken ein großes Hindernis – oder aber ein gutes Faustpfand, um die Koalitionspartner still zu halten. Man zeigt das Ass, aber behält es in der Hand. Dabei stören aber gerade jene, die dasselbe Wissen nicht preisgeben, also daran festhalten und nicht davon abrücken. Denn nun wollte Die Linke nicht mehr aufklären, sondern regieren, auch mit der SPD, die für das, was in Thüringen passiert ist, mitverantwortlich ist. Nun wollte Die Linke den Korpsgeist in der Polizei und im Geheimdienst nicht mehr aufbrechen, sondern auf ihre Seite ziehen. Das tat man alles, still und betont lautlos: Der Verfassungsschutz, den man zu Oppositionszeiten noch abschaffen wollte, existiert noch heute, und der Polizeiführung signalisierte man, dass die eine Hand die andere wäscht. Das hat man mehr als symbolisch gemacht. Denn ausgerechnet der SOKO-Chef

Michael Menzel, der für die völlige Unbrauchbarkeit des Tatortes in Eisenach-Stregda 2011 sorgte, wurde höchstmöglich befördert und landete im Thüringer Innenministerium: Dort ist er – ohne Scherz – tatsächlich »Referatsleiter Verbrechensbekämpfung«. Will man an die Macht kommen, will man mit der SPD zusammen regieren, will man sich keine Feinde im »Inneren« schaffen, dann legt man dieses Wissen auf Eis. Um genau diesen »schlafenden Hund« geht es.

Und so kommt Friedrich Burschel ins Spiel und zum Zuge. Er arbeitete als Referent zum »Schwerpunkt Neonazismus und Strukturen/Ideologien der Ungleichwertigkeit« an der Akademie für Politische Bildung der Rosa Luxemburg Stiftung/RLS. Diese ist eine Gründung der Partei Die Linke, die so auch Staatsgelder in Anspruch nehmen kann. Außerdem ist Friedrich Burschel für den nichtkommerziellen Lokalsender Radio Lotte Weimar tätig und war bei »NSU-Watch« ständiger Beobachter des NSU-Prozesses in München.

Wenn man die Geschichte der Denunziationen verfolgt, dann ist ein immer wiederkehrendes Merkmal auffällig: Wenn das Mittel »Silencing« nicht mehr wirkt, lässt man gerne Linke, die noch staatliche Karrierehoffnungen hegen, auf jene los, die diesen Kotau benennen und stören. Dazu muss man sie nicht beauftragen. Sie machen es von sich aus, denn sie wissen sehr genau, dass sie sich nützlich machen müssen.

Und genau so tritt Burschel auf: »Er hat ja so recht, der Wolf Wetzel! Nein, im Ernst, wenn er schreibt: ›Nehmen wir einmal an, dass die Geheimdienste 13 Jahre von der Existenz des NSU nichts gewusst haben und Jahrzehnte nichts von den systematischen Ausspähungen britischer und US-amerikanischer Geheimdienste … Für diese systematische Ahnungslosigkeit muss man keine Milliarden Euro ausgeben!‹, dann hat er einfach recht. Er hat überhaupt fast durchgehend recht …«

Mir sprang sofort dieser giftige Zynismus, dieses gelangweilte Wissen an. Ich hatte dem Mann, der das verfasst hatte, kein Haar gekrümmt. Wir hatten keinen Streit. Woher also die Gehässigkeit? Friedrich Burschel hatte sich für seine Abrechnung die Rezension meines Buches *Der Rechtsstaat im Untergrund. Big Brother, der NSU-Komplex und die notwendige Illoyalität* gewählt.

Seine Methode, meine Analyse in die Tonne zu treten, folgt einem klassischen linken Prinzip: Man weiß alles, weiß, dass die Geheimdienste lügen, dass Ermittlungen auch gezielt ins Leere laufen, dass sich staatliche Strukturen gegenseitig decken und politische Parteien dies parlamentarisch abdecken, um dann zu dem Schluss zu kommen, dass ein systemischer Zusammenhang, ein vorsätzliches Handeln und Nichthandeln völlig ausgeschlossen sind. Und dann kommt der große Trick: Man nutzt die Deckung der Lügen, der Desinformation, der Beweisunterschlagung, der vielfältigen Manipulationen, um zu dem Schluss zu kommen, dass man Sinn und Zweck all dieser Maßnahmen nicht beweisen könne.

Und damit fällt das Ein-Mann-Urteil: »Verschwörungstheorien beginnen dort, wo diese Spekulationen als Gewissheiten angepriesen werden, worin Wetzel ein Meister ist. Immer dort, wo er am schärfsten argumentiert, fehlen die ohnehin spärlichen Belege vollends. Für Wetzel ist es klar, dass beim Tod »der beiden Uwes« eine »dritte Hand« im Spiel war und dass sich hinter dem großen Konfetti-Berg aus NSU-Akten ein ganzer koordinierender »Krisenstab« verbirgt. Dezidierte Nachweise dafür bleibt er schuldig.«

Bemerkenswert an diesem schäbigen Urteil ist, dass auch er sich die »Beweise« selbst beschafft. In meiner Arbeit ging es mir nie um einen »Krisenstab«, sondern immer um die Überprüfung und Bewertung, dass die offizielle Version nicht haltbar ist und dass zahlreiche noch vorhandene Indizien eine andere Version wahrscheinlich und möglich machen. Wenn ich sage, dass der »einvernehmliche Selbstmord« der beiden NSU-Mitglieder in Eisenach-

Stregda die unwahrscheinliche Version ist, dass für einen Mord mehr Indizien sprechen, brauche ich für dieses Fazit keinen ominösen oder wirklichen Krisenstab, sondern konzentriere mich auf das genaue Abwägen von Wahrscheinlichkeiten.

Was mich an Friedrich Burschel bis heute ärgert, dass er all dies nicht unwissend tut. Was er alles abnickt, worin er mir im Großen und Ganzen zustimmt, legt er lächelnd beiseite, um mir dann etwas vorzuwerfen, was aus seinem Munde kommt und nicht aus meinem: »Wetzels Logik zufolge steckt hinter allem letztlich doch ein gelenktes Komplott, dessen Verantwortliche in den Innenministerien zu finden seien …«

Ich habe in allen meinen Texten kein einziges Mal von einem Komplott gesprochen.

Ich kann mir Friedrich Burschel als guten Schornsteinfeger vorstellen. Zuerst bringt er einen Rauchmelder an der Decke an. Dann zündet er sich darunter eine Zigarette an, um dann so richtig Alarm zu schlagen.

Und noch etwas würde ich dem Referenten für »Neonazismus« auf den Weg geben: Ein ministerielles Sitzungsprotoll über die Aufstellung einer irregulären Armee namens Gladio, über ihre Tarnung, Bewaffnung und ihre Mitglieder, wird es … nicht geben.

Gladio gab es aber dennoch – auch ohne diesen Beweis.

Warum machen Sie das?

2017

Ich war bald ziemlich müde. Ich stand bis zu den Knien im NSU-VS-Sumpf und je mehr ich verstand und mitbekam, desto tiefer versank ich darin. Für Außenstehende kein schöner Anblick und ein Grund mehr, sich fernzuhalten.

Das ist nicht nur physisch gemeint, sondern vor allem sinnlich, emotional. Ich habe nicht die Gabe, mir mein Tun und die Welt schönzureden. Ich hatte in den vier zurückliegenden Jahren etwa 40 bis 50 Veranstaltungen gemacht, von Konstanz bis Bremerhaven. Sie haben mir meistens nicht Mut gemacht, sondern mich ausgelaugt. Mir war dabei nicht entgangen, dass die meisten der ZuhörerInnen über 50 Jahre alt waren. Bereits diese Tatsache war eine Niederlage. Jüngere hielten das Thema für unschön oder für »umstritten«. Wenn ich erklärte, dass man zehn Jahre »Behördenversagen« nicht mit Zufällen und Pannen erklären kann, dann stand ich mehr im Verdacht zu spinnen, als dass man sich damit auseinandergesetzt hätte. Ich spürte zunehmend, dass es überhaupt nicht um Fakten geht, um ihre Bedeutung und ihre historische Einordnung. Es ging und geht um Angst, sich auf dieses Terrain zu begeben.

Die wenigen berührenden Augenblicke gab es, als mir Verfolgte des Naziregimes Mut zusprachen und mir für mein Engagement dankten oder VeranstalterInnen mir anboten, bei ihnen für ein paar Tage Urlaub zu machen.

Als mich nun eine Anfrage aus Baden-Württemberg erreichte, in einer Gesamtschule Vorträge über den NSU-VS-Komplex zu halten, war ich alles andere als begeistert. Komme ich da nicht in Teufels Küche? Was will ich 15–18-jährigen SchülerInnen erklären, was 20–40-Jährige nicht wissen wollen? Was erwartet mich in der Gesamtschule nahe Heilbronn? Waren dort auch Jung-Nazis, vielleicht sogar in der Mehrheit?

Ich sagte dennoch zu, da ich noch nie einen Vortrag in einer Schule gehalten hatte. Das Thema war definitiv außerhalb des Lehrplans: Gibt es ein Zusammenwirken von Neonazismus und Verfassungsschutz? Das ist im Normalfall schon für ältere Menschen eine Heraus- und Überforderung. In der Regel hält man den Neonazismus und den Verfassungsschutz für zwei völlig verschiedene Dinge. Wer verfassungspatriotisch eingestellt ist oder sich einfach nur im Schlagzeilenbereich aufhält, geht selbstverständlich davon aus, dass uns der Verfassungsschutz vor dem Neonazismus schützt.

Ich bereitete meinen Vortrag gut vor: Die Herausforderung bestand darin, ein sehr komplexes Thema auf konkrete und wesentliche Aspekte zu komprimieren. Im ersten Drittel stellte ich die Geschichte meines Vaters kurz vor, der sich mit 16 Jahren freiwillig zur Waffen-SS gemeldet hatte, um den Adoptiveltern zu entfliehen, die ihn als Findelkind aufgenommen hatten. Dann folgte die Geschichte des ehemaligen CDU-Ministerpräsidenten Filbinger, das heißt: seine Nazi-Vergangenheit und die Art und Weise, wie er und seine Partei sie entsorgen wollten. Im letzten Drittel ging es um den NSU, seine guten Kontakte in Baden-Württemberg und die besondere Rolle von Polizisten in Ku-Klux-Klan-Vereinigungen. Diesen etwa einstündigen Vortrag hatte ich mit Bildern und Grafiken geschmückt, die ein Schüler an die Wand werfen sollte.

Erschöpft, aber gut vorbereitet fuhr ich los. Obwohl ich für Abschweifiges gar keinen inneren Platz hatte, blitzten unterwegs alle Stationen meines Lebens auf, die mit Baden-Württemberg zusammenhingen. Zuerst sah ich auf einem Schild den Namen *Korntal*. Ich wusste sofort mit dem Namen etwas anzufangen. Es handelte sich um den Ort, wo sich mein erstes Kinderheim befand.

Ich wusste nicht, dass Korntal auf der Strecke liegt. Dafür waren einige Erinnerungen sofort hellwach, vor allem aber ein beklemmendes Gefühl und mein schier endloses Weinen, als mich meine Oma dort abgab.

Das nächste Schild lenkte mich von der Traurigkeit ab: *Stammheim*. Ein Ort, der sich bei mir auf doppelte Weise einprägte: Zum einen besuchte ich dort meinen Vater im Knast und zum anderen spielte Stammheim später als Knast- und Justizort eine große Rolle, als dort RAF-Gefangene inhaftiert wurden. Das Bild von meinem Vater, der in einem blauen »Sträflingsanzug« mir gegenübersaß, und die dystopischen Bilder vom Rückweg nach der Beerdigung der RAF-Mitglieder überlappten sich.

Und dann kam *Waiblingen*. Eine Kleinstadt, in der meine Oma und mein Opa lebten und mich für ein paar Jahre aufnahmen, als meine Eltern im Knast waren. Zwanzig Jahre später wurde Waiblingen, also meine Oma, emotionaler Haltepunkt in meinem Leben. Ich besuchte sie mehrmals im Jahr, als ich mit meinen Eltern längst gebrochen hatte. Wie einen Vogel, der aus dem Nest gefallen war, päppelte sie mich auf in ihrer Welt, in der das teure Gedeck noch in der Vitrine aufbewahrt wurde und auch alles andere seinen Platz hatte: Schlafzimmer, Wohnzimmer, Esszimmer, Küche, Bad. Während zahlreiche Bilder kaleidoskopartig an mir vorbeizogen, hatte ich zweifelsfrei den Geruch von Paprikagemüse in der Nase. Es war mein Lieblingsessen, Paprikagemüse mit kleinen angebratenen Fleischkügelchen aus Kalbfleisch.

Und dann suchte ich einen Parkplatz auf dem Gelände der Gesamtschule. Es war ein kalter, funktionaler Betonbau aus den 1970er-Jahren. Alles andere als heimelig.

Die Veranstaltung fand in der Aula statt. Ungefähr 60 SchülerInnen hatten hier Platz genommen. Ich überflog die Stuhlreihen. Ich konnte keine auffälligen Nazi-Insignien erkennen. Glatzen, Springerstiefel, Aufnäher.

Der Lehrer stellte mich vor und gab mir das Wort. Sie hörten mir aufmerksam zu und mein didaktischer Einfall, vor jedem Kapitel Fragen an die SchülerInnen zu richten, kam gut an. Fairerweise muss ich dazusagen, dass meistens dieselben Schüler sofort aufstanden und über bemerkenswertes Wissen verfügten. Die anderen schwiegen.

Am Ende stellte der Lehrer, der die außergewöhnliche Veranstaltung leitete, die obligatorische Frage: »Habt ihr noch Fragen?«

Ein Mädchen meldete sich. Sie war wohl 16 oder 17 Jahre alt. »Es ist bestimmt nicht leicht, so ein Thema zu bearbeiten. Wahrscheinlich machen Sie sich damit auch keine Freunde. Warum machen Sie das trotzdem?«

Ich bin es gewohnt, auf Fragen zu antworten, ohne etwas von meinem Inneren preiszugeben. Bei dieser Frage stockte ich, zumal ich spürte, dass diese Frage keine Anstandsfrage war. Sie kam aus tiefem Herzen. Ohne zu überlegen oder abzuwägen, fiel die Antwort aus mir heraus: *»Ich möchte alles tun, damit es solche Väter wie meinen nicht mehr gibt.«*

Danksagung

Ich möchte Bianca, Maximilian, Otfried und Hans dafür danken, dass sie mich ermutigt haben, an diesem Buch dranzubleiben.

Ich möchte auch jenen danken, die ich als Weggefährten und Freunde verloren habe. Diese vielen Jahre, die wir zusammen verbracht haben, fließen auch in das Buch ein. Sie haben mit dazu beigetragen, dass ich genau diesen Weg gegangen bin.

Ich möchte auch Markus dafür danken, dass er bei einem gemeinsamen Essen meinen Satz aufgegriffen hat: Die drei Hälften meines Lebens … und mich verschmitzt fragte, wie ich das meine.

Und ich möchte mich ausdrücklich bei der Zeit bedanken, in der sich meine zweite Hälfte des Lebens abgespielt hat. Ich hatte großes Glück, wofür ich nichts konnte. Ohne sie gäbe es die dritte Hälfte auch nicht.

Die zwei Gesichter plus x

Ich möchte zur Ergänzung zwei Chronologien anbieten, die zwei sehr entgegengesetzte Perspektiven berücksichtigen.

Der erste Teil dieser Rekonstruktion ist also meine Geschichte, eine biografische Berg-und-Tal-Bahn.
https://wolfwetzel.de/index.php/2021/03/15/geschichte-wird-gemacht-aus-erster-und-zweiter-hand/

Der zweite Teil dieser Rekonstruktion berücksichtigt, dass das Autobiografische nur die »halbe Wahrheit« ist, und versucht, die Neugierde zu befriedigen, was die vielen anderen dazu sagen würden. Diesem Bedürfnis versucht der zweite Teil gerecht zu werden: Von der Person zur Un-Person.
https://wolfwetzel.de/index.php/2021/03/10/von-der-person-zur-unperson/

©Ludwig Krebbers

Wolf Wetzel hatte in Deutsch eine Sechs und schaffte es zum Autor, Publizisten und Kolumnisten. Er war Mitglied in der autonomen L.U.P.U.S.-Gruppe und ist bis zum »Meister der Verschwörungstheorie« aufgestiegen. Außerdem ist er für weitere Persönlichkeitsveränderungen und Aufstiegschancen offen.